新金融法律监管研究

杨军 著

Xin Jinrong
FaLü
Jianguan Yanjiu

中国财经出版传媒集团
中国财政经济出版社

图书在版编目（CIP）数据

新金融法律监管研究 / 杨军著．--北京： 中国财政经济出版社，2021.8

ISBN 978-7-5223-0741-1

Ⅰ.①新… Ⅱ.①杨… Ⅲ.①金融监管-金融法-研究-中国 Ⅳ.①D922.280.4

中国版本图书馆 CIP 数据核字（2021）第 171157 号

责任编辑：谷兴华　　责任校对：张　凡
封面设计：思梵星尚　　责任印制：党　辉

中国财政经济出版社 出版

URL：http：//www.cfeph.cn
E-mail：cfeph@cfeph.cn

社址：北京市海淀区阜成路甲 28 号　邮政编码：100142
营销中心电话：010-88191522
天猫网店：中国财政经济出版社旗舰店
网址：https：//zgczjjcbs.tmall.com
北京财经印刷厂印刷　各地新华书店经销
成品尺寸：170mm×240mm　16 开　22 印张　320 000 字
2021 年 8 月第 1 版　2021 年 8 月北京第 1 次印刷
定价：88.00 元
ISBN 978-7-5223-0741-1
（图书出现印装问题，本社负责调换，电话：010-88190548）
本社质量投诉电话：010-88190744
打击盗版举报热线：010-88191661　QQ：2242791300

前　　言

新金融是在第四次产业革命与中国经济服务化转型的大背景下，对金融服务的本质与表现形式的再思考与重新定义。第四次产业革命、数字科技的发展拓展了金融服务实体经济的能力，降低了金融服务的成本与风险。中国经济服务化转型，把金融服务推向引领社会发展的前沿，通过科技赋能金融、金融赋能社会，提升全社会服务的科技化、现代化水平。新金融综合了金融信息化、金融工程、科技产业金融、互联网金融、金融科技各方面的经验与教训，基于区块链、大数据、人工智能、云计算等技术手段，重构金融服务的手段、方法和流程，科技从底层基础设施跃升为顶层创新先导，驱动金融服务的流程再造、组织变革和战略转型。

新金融重在创新，市场快于监管的现象普遍存在。如何在新金融快速创新的过程中加强监管，提升监管效率和监管的智能化水平，是监管层要面临的重大挑战。新金融监管立法是平衡新金融创新发展与风险防控的必然选择。

本书第一个专题以新金融核心——金融科技监管立法为研究起点和重点，全面展示我国金融科技立法现状、存在问题，并提出对策建议，深入探究了我国区块链金融法律监管、互联网非公开股权融资平台法律监管问题。第二个专题全面回顾了我国地方政府金融监管的历史，提出了实现我国地方政府金融监管法治化的路径。第三个专题立足于我国资金管理新政，分析了我国保险资金运用监管、环境责任保险法律问题。本书主要内容如下：

第一章为我国金融科技监管立法的创新思路和实践探索。作为普惠金融的重要组成部分、新金融的代名词，金融科技提供了新的金融产品和服务，满足了单位和个人的金融需求。同时，作为金融与科技深度结合的产物，金融科技呈现出金融风险与科技风险相互交织的特点。加之监管不到位，我国金融科技行业的风险较传统金融业的风险更加复杂。2013 年至今，金融科技行业的发展随着国家政策的变化而起伏。为了形成稳定的政策预期、维护金融稳定、促进金融科技行业健康发展，应当加快金融科技立法的进程，用法治化理念规范引导金融科技发展。本章界定了金融科技的概念和分类，阐述了金融科技立法的必要性和理论基础，并总结出我国金融科技立法中存在的主要问题，包括缺乏对社会发展的回应、过分注重政府管制、立法科学化水平不高、对金融消费者保护不足、缺乏公民的广泛参与等。通过对代表性国家和地区金融科技立法的考察，认为我国应通过立法规范金融科技的发展、不断创新金融监管手段、加强金融监管机构引导金融科技发展的职能。针对我国金融科技立法中存在的问题，提出加快我国金融科技立法步伐、实现从自治型法向回应型法的转变、金融监管从保守走向创新、提升科学化立法水平、加强金融消费者保护、提升公民的立法参与度等建议。

第二章为我国地方政府金融监管的理论证成与法治化实现。金融抑制与融资需求的矛盾催生了大量地方金融组织（业态）。这些地方金融组织（业态）既不同于全国性金融机构采取牌照许可制，又因为具有金融属性不同于普通工商企业，因而中央和地方都不对其进行监管，就出现了监管真空问题。监管真空问题的根源在于未清晰划分中央和地方政府金融监管权，应从立法、权限划分、机构协调、金融消费者保护等法治化的核心要义出发予以解决。首先，明确了地方政府金融监管的概念，并提出以金融监管有效性理论、分权理论和法治政府理论等作为理论基础。回顾了我国地方政府金融监管权力规范历程和机构设立历程，并对现有规范性文件和监管机构进行梳理。其次，考察了美国、加拿大等国相关制度，提出借鉴统筹协调机制与金融消费者保护等经验。对我国地方政府金融监管法治化内涵进行深入分析，指出我国地方政府金融监管的非法治化表征为地方政府金融监管法律规范不完备、地方金融市场参与者权利保障不充分、地方政府金融监管权力划分不清晰和地方金融监管协作机制不完善。最后，针对非法治化表征提出健全地方政府金融监管法律规范体系、落实地方金融市场参与者主体权利保障、明确地方政府金融监管权限范围、建立全覆盖的地方金融监管协调合作机制等安排。

第三章为我国互联网非公开股权融资平台法律监管研究。互联网非公开股权融资平台基于投融资者双方的委托在互联网非公开股权融资过程中起着关键枢纽作用，其不仅可以解决众多中小企业的融资难题，还可满足投资者日益增长的融资需求。互联网非公开股权融资平台具有双边性、正外部性、不对称性特点，在法律性质上属于特殊证券公司，其主流的投资方式是“领投 + 跟投”模式。参考当前诸多与融资平台相关的政策性法律文件可知，我国融资平台在融资过程中存在法律法规缺失、信用风险突出、格式条款滥用等问题。结合以上问题对美国 Wefunder 平台的第三方主体识别、日本 Crowd 平台的资金托管以及英国 Crowdcube 平台的融资服务进行实践考察可知，美国融资平台公开发行豁免的法律制度、日本融资平台的双重监督主体保障平台责任的承担、英国融资平台分化监管加强平台的信用建设等制度对我国具有一定的启示意义。最后，提出我国融资平台在发行方式上，应制定公开劝诱解禁等相关制度，以双重监管主体保障融资平台责任的承担，通过分级管理加强融资平台的信用建设，以促进融资平台的“新生”。

第四章为我国区块链金融法律监管研究。区块链作为比特币的技术支撑与底层逻辑成为数字金融科技创新的先驱。伴随革新技术与传统金融业嵌套融合，“技术风险防范的现实诉求与法律监管缺失的内在要求”成为推动区块链金融法律监管研究的动因。我国现有法律规制滞后于区块链金融创新，如何以法律监管视角完善区块链金融监管是把握数字金融发展机遇的重要课题。首先，探讨了区块链金融法律监管的理论基础。基于区块链金融概念释义和应用业态介绍，以及公共利益监管需求和现实必要性分析，梳理区块链金融法律监管理念与模式，指出我国区块链金融法律监管的现状及面临的问题，主要包括现有监管理念与模式同区块链特性不匹配、区块链金融法律监管主体不明确、区块链金融法律监管制度不完备、区块链金融法律监管体系不健全等问题。其次，通过了解美国、英国、日本以及欧盟区块链金融法律监管研究动态，吸收监管理念与模式、监管主体、法律制度体系等层面的先进经验。最后，提出我国区块链金融法律监管的完善路径：区块链金融法律监管模式从“机构性”向“功能性”、从“制度化”向“技术化”、从“单一中心”向“多中心”转换，应进一步明确和完善我国区块链金融法律监管主体与监管制度，并着力构建“自我监管”“自律监管”“政府监管”的多重监管体系。

第五章为我国保险资金运用监管法律问题研究。保险资金运用效率的高低直接决定保险公司收益，而保险公司经营状况的好坏关联着整个保险市场的稳定。因此，如何提升保险资金运用效率和安全，促进我国保险行业长期健康发展，加强保险资金运用监管法律制度建设十分重要。首先，概括阐述了保险资金运用特征、原则、发展历程，说明对保险资金运用进行监管是保险业发展的内在要求。从委托、信托和直接三种保险资金运用模式入手，分析了三种模式相应的法律关系，并提出保险资金运用监管思路。其次，剖析了我国保险资金运用监管存在的主要法律问题：投资人、委托人与受托人资格准入要求不合理；非标资产缺失风险管控、期限较长增高流动性风险、缺乏有效信息披露机制与增信过度依赖银行信用；比例监管缺乏区别监管；排斥性经营存在保险公司未使用自有资金进行股权收购和虚报保险资金性质进行股权投资；投资审批中行政许可过于繁复、审批制不适合保险资金运用要求。通过借鉴美国、英国、德国和日本等国家保险资金运用监管的先进经验，以期获得相关立法启示。最后，提出完善我国保险资金运用监管法律建议：出台《保险投资法》单行法；完善保险资金运用监管措施，包括完善主体资格准入制度、建立以风险导向为中心的动态监管体系、实施穿透监管以完善信息披露制度、区分保险资金不同来源和性质分别进行监管；完善非标资产运用监管以及形成保险行业自律组织的多层监管制度。

第六章为我国环境责任保险法律问题研究。保险具有风险分散和积极补偿功能，在环境损害赔偿中发挥着关键作用，大众期盼环境责任保险的功能得到发挥，进而能够成为建设生态文明社会的保障。虽然我国环境责任保险试点取得了一些效果，但是相关理论研究及制度设计仍然存在不足，影响了环境责任保险的效果。本章以我国环境责任保险两次试点情况为背景，分析了环境责任保险的一般理论：环境正义论、风险责任的分担理论、最大诚信原则理论以及环境侵权责任理论。另外，指出了我国环境责任保险制度存在的主要问题：立法缺失、环境责任法律体系不完善、保险费率偏高、承保范围过窄、企业违法成本过低、司法救济存在短板、政府扶持力度不够等。总结了英国、美国、德国的环境责任保险制度的经验，并提出了完善我国环境责任保险和相关配套政策制度的建议：完善环境责任保险法律、加强环境责任保险的监管、提高违法成本、明确环境责任保险限额制度、建立科学的风险评估机构、合理确定承保范围、建立环境责任再保险制度等。

2021 年 8 月

目　录

第一章　我国金融科技监管立法的创新思路和实践探索　/ 1

第一节　问题的提出　/ 3

第二节　金融科技监管立法的一般考察　/ 5

第三节　金融科技监管立法现状及主要问题　/ 21

第四节　代表性国家和地区金融科技监管立法的经验与借鉴　/ 35

第五节　回应型金融科技法的立法实现　/ 45

第六节　结论与展望　/ 62

本章参考文献　/ 63

第二章　我国地方政府金融监管的理论证成与法治化实现　/ 71

第一节　问题的提出　/ 73

第二节　地方政府金融监管的一般考察　/ 75

第三节　地方政府金融监管法制建设的渐进性历程　/ 84

第四节　地方政府金融监管法治化的现实反思　/ 104

第五节　地方政府金融监管法治化的实现　/ 119

第六节　结论与展望　/ 136

本章参考文献　/ 137

第三章　我国互联网非公开股权融资平台法律监管研究　/ 145

第一节　问题的提出　/ 147

第二节　互联网非公开股权融资平台的一般考察　/ 148

第三节　我国互联网非公开股权融资平台法律监管现状及其问题　/ 154

第四节　代表性国家互联网非公开股权融资平台法律监管考察与启示　/ 166

第五节　完善我国互联网非公开股权融资平台法律监管的建议　/ 177

第六节　结论与展望　/ 188

本章参考文献　/ 189

第四章　我国区块链金融法律监管研究　/ 195

第一节　问题的提出　/ 197

第二节　区块链金融法律监管的一般考察　/ 198

第三节　我国区块链金融法律监管的现状及面临的问题　/ 216

第四节　代表性国家和地区区块链金融法律监管的考察与启示　/ 225

第五节　我国区块链金融法律监管的完善路径　/ 233

第六节　结论与展望　/ 242

本章参考文献　/ 243

第五章　我国保险资金运用监管法律问题研究　/ 249

第一节　问题的提出　/ 251

第二节　保险资金运用监管的一般考察　/ 252

第三节　保险资金运用监管存在的法律问题　/ 266

第四节　代表性国家保险资金运用监管考察　/ 279

第五节　完善我国保险资金运用监管法律制度的建议　/ 284

第六节　结论与展望　/ 292

本章参考文献　/ 293

第六章　我国环境责任保险法律问题研究　/ 299

第一节　问题的提出　/ 301

第二节　环境责任保险的一般考察　/ 302
第三节　我国环境责任保险的立法实践和存在问题　/ 312
第四节　代表性国家环境责任保险制度分析与经验　/ 319
第五节　完善我国环境责任保险制度的建议　/ 327
第六节　结论与展望　/ 335
本章参考文献　/ 336

第一章

我国金融科技监管立法的创新思路和实践探索

第一节　问题的提出

金融科技（FinTech）是金融（Financial）与科技（Technology）的结合，它利用大数据、云计算、分布式账户等新兴技术，在传统金融业的基础上进行创新，创造出新的金融产品和服务，改变了传统金融业的业务模式和盈利模式，成为区别于传统金融业的新兴金融业。虽然金融科技在发展过程中运用了大量的新兴技术，但它始终是经营金融商品和服务的金融业。巴塞尔银行监管委员会将金融科技分为四类，分别是支付结算、存贷款与资本筹集、投资管理和市场设施。①

我国金融科技的发展并不是一帆风顺的。2013—2015 年，金融科技作为一种新事物出现在人们的视线中，发展前景尚不明朗，政府部门给予金融科技一个相对宽松的成长环境。由于发展前期缺乏足够的监管，金融科技经历了一段野蛮生长的过程，利用金融科技进行非法融资、集资诈骗违法犯罪事件频频发生，金融科技行业乱象加剧了系统性金融风险的累积。2015—2017 年，有关部门开始对金融科技行业进行一系列整顿，相继出台了《关于促进互联网金融健康发展的指导意见》（银发〔2015〕221 号）、《网络借贷信息中介机构业务活动管理暂行办法》《互联网金融风险专项整治工作实施方案》《网络借贷资金存管业务指引》等文件，金融科技的发展一度遇冷。2017 年，监管沙盒（Sandbox）引入中国，而后相继在北京、上海、广州等 10 个省市进行试点，金融科技的发展逐渐回暖。2019 年 10 月 26 日，中国人大网公布了全国人大财经委《关于第十三届全国人民代表大会第二次会议主席团交付审议的代表提出的议案审议结果的报告》，

① 李文红，蒋则沈．金融科技（FinTech）发展与监管：一个监管者的视角［J］．金融监管研究，2017（3）：1—13.

其提到“互联网金融法”争取列入年度立法计划安排审议。① 这对完善金融科技法律体系、引导金融科技行业健康发展具有重要意义。2020 年 7 月 23 日，中国人民银行（央行）审议通过了《金融控股公司监督管理试行办法》，该办法的实施目的主要在于规范金融控股公司行为，加强对非金融企业等设立金融控股公司的监督管理，防范系统性金融风险的发生。2020 年 9 月 13 日，国务院发布了《关于实施金融控股公司准入管理的决定》，明确了对金融控股公司实施准入管理，由中国人民银行对符合条件的金融控股公司颁发许可证，不符合准入条件的则不得发放牌照，没有获取牌照的公司不得随意使用“金融控股”或者“金融集团”等名称。《金融控股公司监督管理试行办法》《关于实施金融控股公司准入管理的决定》已于 2020 年 11 月 1 日正式开始实施。2020 年 10 月 21 日，中国人民银行正式发布了《金融科技创新应用测试规范》《金融科技创新安全通用规范》《金融科技创新风险监管规范》三项金融行业的标准，自此我国对金融科技的监管进入严监管阶段。2020 年 12 月 14 日，中国银行保险监督管理委员会（以下简称银保监会）发布了《互联网保险业务监管办法》，许可特定的机构开展互联网保险业务，其他机构和个人不得违法违规私自从事该业务活动，从事互联网保险业务的机构必须在权限范围内从事活动，不得滥用职权，该办法将于 2021 年 2 月 1 日正式开始实施。

金融科技满足了人们的金融需求，推动了经济的发展，也暴露出一些问题和风险。由于金融科技的科技性、虚拟性、开放性和风险隐蔽性等特点，较之传统金融行业，金融科技行业更容易发生信息科技风险、操作风险和系统性风险，因此需要更为严格的风险防范型监管措施；与此同时，金融科技的目标在于前瞻探索与创新，有较传统金融更为敏感的社会回应度和契合度，因此金融监管应当为其前沿探索性创新预留一定的空间。这就需要监管政策在风险防范与鼓励创新之间寻找一个适当的平衡点，而通过立法实现监管法治化是达到这种平衡的必由之路。

---

① 王姝．全国人大财经委：“互联网金融法”争取列入年度立法计划［EB/OL］．(2019－10－27)［2020－03－09］．https：//mp. weixin. qq. com/s/dKLuiD0_z5CIAYTTjIbR9g.

关于金融科技监管立法的路径，学界认为有三种选择：一是先发展、后立法。孙国峰（2017）提出随着金融科技的发展，有必要为金融科技建立完整的法律体系。只有对金融科技进行立法，监管机构才能有法可依，从而为金融科技新生态提供法律制度基础。① 二是边发展、边立法。费方域（2018）认为，金融科技是国家战略，但需地方承载，确实存在一定的困难，需要明确顶层设计、协调事权等问题。应采取双层立法，一部分是国家立法，另一部分是地方立法。② 三是先立法、后发展。刘志云（2018）认为金融科技外部性强、涉及面广、创新能力强，仅靠部门法规和“运动式治理”难以为金融科技的发展兴利除弊、维护国家金融安全，相关立法与监管部门必须对金融科技作出系统周密的立法安排。③

比较以上观点，笔者认为应采取边发展、边立法的路径。立法的介入时机很重要，过早的立法容易限制金融科技的发展，过晚的立法难以维护国家金融秩序和金融安全。采取边发展、边立法的路径，既可以鼓励金融科技创新，增强我国金融领域的竞争性，又可以保持政府在经济领域的谦抑性，对金融科技进行适时有效的监管，从而促进金融业健康发展。

第二节　金融科技监管立法的一般考察

研究我国金融科技监管立法问题，需先界定金融科技的概念、确定金融科技的分类，这是此项研究的逻辑起点。只有在主体明确的情况下，才能进一步探讨金融科技监管立法的必要性和立法的理论基础问题，奠定研究我国金融科技监管立法问题的基础。

---

① 孙国峰．共建金融科技新生态［J］．中国金融，2017（13）：24—26.

② 费方域．金融科技与监管科技：生态的视角［J］．新金融，2018（5）：4—8.

③ 刘志云．互联网金融整治背景下的立法思考［J］．企业经济，2018（7）：5—11.

一、金融科技概念的厘清

（一）金融科技的概念

目前全国对金融科技尚未作出统一的界定。金融稳定理事会（FSB）认为金融科技是一种金融创新，通过现有的区块链、大数据、人工智能等一系列技术手段改变原有的业务模式、技术应用、产品服务等，并且通过技术手段更新金融科技产品、服务的提供方式。① Gomber（2017）等认为金融科技是一种技术创新，可以用来提升金融服务效率。②

2016 年，我国发布的《中国金融科技发展概览》指出，金融科技是一种新兴科技，它在原本的金融中融入科技因素，通过利用新兴技术，以达到降低成本、节约资源、提高资源配置效率、丰富金融产品和服务等目的。巴曙松等（2018）认为技术可以推动金融的发展，而金融科技就是在金融中融入科学技术，通过科技的手段推动金融行业的发展和进步。③ 易宪容（2017）认为金融科技是利用技术手段提升效率、降低成本、提供更多不同种类的金融产品和服务。④

学界对金融科技争议的焦点在于金融科技是对传统金融业的提升改变还是对传统金融业的颠覆性或破坏性创新，由此产生两派观点。一是金融改变说，易宪容（2017）、朱柯达（2018）认为金融科技是对传统金融业的改变。二是金融颠覆性或破坏性说，蔡元庆和黄海燕（2017）、许多奇（2018）认为金融科技是对传统金融业的颠覆性或破坏性创新。

---

① Financial Stability Board. Financial Stability Implications from FinTech [R]. Financial Regulation Research，2017.

② Peter Gomber，Jascha - Alexander Koch，Michael Siering. Digital Finance and FinTech：current research and future research directions [J]. Journal of Business Economics，2017，87（5）.

③ 巴曙松，慈庆琪，郑焕卓. 金融科技浪潮下，银行业如何转型 [J]. 当代金融研究，2018（02）：22—29.

④ 易宪容. 金融科技的内涵、实质及未来发展——基于金融理论的一般性分析 [J]. 江海学刊，2017（02）：13—20.

比较以上观点，笔者赞同金融改变说。金融改变说一方面认识到了金融科技的创新性，另一方面也更加肯定了金融科技是金融业的本质属性。金融科技虽然与传统金融业在形态、业务模式、目标客户等方面存在很大差别，但是尚未达至对金融业颠覆性或破坏性创新的程度。颠覆性或破坏性创新，即对事物本质的颠覆或破坏。但是，就目前金融科技的业务领域、发展现状以及国家对其的监管来看，金融科技并未脱离金融的本质，金融科技是对传统金融业的改变和提升。

笔者认为，金融科技是金融与科技深度融合的产物。它通过利用大数据、云计算、分布式账本等新兴技术，在传统金融业的基础上进行创新，创造出新的金融产品和服务，改变了传统金融业的业务模式和盈利模式，成为区别于传统金融业的新金融业。虽然金融科技在发展过程中运用了大量的新兴技术，但它始终是经营金融商品和服务的金融业。

（二）互联网金融与金融科技的概念辨析

中国人民银行等十部门发布的《关于促进互联网金融健康发展的指导意见》（银发〔2015〕221 号）指出，互联网金融是利用互联网技术和信息通信技术实现资金融通、支付、投资及信息中介服务的新型金融业务模式。①

关于金融科技与互联网金融的关系问题，学界存在两种观点。宋佳儒（2017）、贺建清（2017）认为，金融科技与互联网金融是完全不同的两个概念。宋佳儒（2017）强调金融科技虽与互联网金融同源，但更强调金融科技的独特性，认为金融科技以技术见长。② 贺建清（2017）提出互联网金融是一种商业模式，而金融科技则是一种新型的金融产品，注重技术在金融产品和服务上的应用。③ 李文红和蒋则沈（2017）、杨松和张永亮

---

① 中央政府门户网站．人民银行等十部门发布《关于促进互联网金融健康发展的指导意见》［EB/OL］．（2015－07－18）［2020－03－14］．http：//www. gov. cn/xinwen/2015－07/18/content_2899360. htm.

② 宋佳儒．金融监管在 Fintech 兴起背景下的制度选择——以“沙盒模式”的移植与本土化为进路［J］．福建金融，2017（7）：22—25.

③ 贺建清．金融科技：发展、影响与监管［J］．金融发展研究，2017（6）：54—61.

(2017)、许多奇（2018）认为，互联网金融只是金融科技的一个组成部分、一个发展阶段，长远来看，互联网金融这一概念可能逐步趋近并融入金融科技的概念，最终与国际通行概念保持一致。笔者赞同互联网金融与金融科技的概念相一致的观点。由于金融科技的概念已经为多数国家所认可，而互联网金融更凸显本土性特征，因此选择金融科技作为立法的名称，以体现其交易跨越地域、跨越国境的特点，同时还能与国际通行概念保持一致。

（三）金融科技与科技金融的概念辨析

科技金融这一概念的提出要早于金融科技，对于金融科技与科技金融是两个不同的概念，学界已经达成共识。科技部发布的《国家“十二五”科学和技术发展规划》指出，科技金融是指通过创新财政科技投入方式，引导和促进银行业、证券业、保险业金融科技企业及创业投资等各类资本，创新金融产品，改进服务模式，搭建服务平台，实现科技创新链条与金融资本链条的有机结合，为初创期到成熟期各发展阶段的科技企业提供融资支持和金融服务的一系列政策和制度的系统安排。[①] 赵昌文（2009）认为，“科技金融”指的是一系列金融工具、金融制度、金融政策与金融服务为促进高新技术产业发展的系统性和创新性安排。房汉廷（2010）将科技金融的本质概括为四点，即一种创新活动、一种技术——经济范式、一种科学技术资本化过程、一种金融资本有机构成提高的过程。简而言之，科技金融就是金融服务科技产业，其侧重点在科技产业上。对于金融科技的定义，虽然不同的学者、组织机构各有看法，但是金融科技的目的在于促进金融业的发展，科技只是手段。笔者认为金融科技与科技金融之间不仅是概念的不同，更是分属于两个不同的行业，金融科技属于金融业，科技金融属于科技业，两者之间虽然有相似之处，但是却有业务领域的不同。

---

① 中央政府门户网站．科技部发布《国家“十二五”科学和技术发展规划》［EB/OL］．（2011－07－13）［2020－03－14］．http：//www.gov.cn/gzdt/2011－07/13/content_1905915.htm.

二、金融科技的分类

金融科技发展速度较快，创新能力较强，对金融科技进行市场细分，一是便于金融科技进一步发挥创新能力，针对不同类型的金融消费者提供差异化的金融产品和服务，提升资源配置的效率。二是便于监管机构针对各个不同类型的细分市场进行后续监督管理。三是在细分市场的情况下，各个不同类型的金融科技企业均有各自对口的监管机构，监管的专业化程度逐步提升，有利于对金融消费者的保护。

金融科技横跨金融业与科技业两大行业，其行业内部各个不同领域存在差异化，可对其进行进一步的领域划分。按照传统金融业的分类方式，可以将金融科技分为银行领域的金融科技、保险领域的金融科技、证券领域的金融科技、信托领域的金融科技等。巴塞尔银行监管委员会将金融科技分为支付结算、存贷款与资本筹集、投资管理和市场设施四类。[①] 结合我国金融科技发展现状以及以不同领域业务模式的差异性为标准，可以将金融科技划分为以下五类，分别是支付结算、存贷款与资本筹集、投资管理、市场设施和互联网保险（见表1－1）。

表1－1　　金融科技业态及主要依托技术

类型	具体内容	主要依托技术
支付结算	跨境支付、移动钱包、点对点汇款、数字货币	区块链 云计算
存贷款与资本筹集	借贷平台、投资性众筹、信用评分、贷款清收	移动互联网 大数据
投资管理	智能投顾、线上理财、电子交易	人工智能 大数据
市场设施	跨行业通用服务、多维数据收集处理、分布式账本、客户身份数字认证	区块链、大数据、云计算
互联网保险	互联网保险	移动互联网、人工智能

① 李文红，蒋则沈．金融科技（FinTech）发展与监管：一个监管者的视角［J］．金融监管研究，2017（3）：1—13.

三、金融科技监管立法的必要性

（一）防范金融科技风险

金融科技的风险主要集中在两个方面：一是金融行业本身具有的金融风险。二是金融科技由于运用了大量新型技术而带来的技术性风险。较之传统金融业，金融科技行业的风险更为复杂，因为上述两种风险并不是相互独立存在的，现实中两者常常相互交织在一起，增加了金融科技行业防范金融风险工作的难度。

金融科技的金融风险主要体现在三个方面：一是金融科技的“脱媒”① 容易使金融交易游离于现行金融监管之外。二是部分金融科技公司利用监管漏洞进行监管套利，更加剧了金融科技市场交易活动难以被监管的情况。监管机构难以判断不知情的金融交易行为的风险，这就为整个金融科技行业的风险防控工作埋下了隐患。三是虽然大多数金融科技企业 24 小时提供金融商品和金融服务，但不可回避的是会出现攻击服务器或者其他的危急事项，金融科技企业应对危急情况的应变能力就受到了考验。

金融科技的技术性风险主要体现在两个方面：一是技术上的操作失误和交易平台的技术漏洞容易给金融科技带来较大的损失，导致金融科技企业的抗风险能力下降。二是金融科技的技术性使得金融风险相较传统金融业的金融风险更为隐蔽、风险传播速度更快，波及范围更广，同时金融消费者在面对金融科技企业的负面信息时容易传播不利信息，出现群体性非理性行为，从而影响整个金融系统的稳定，加大引发系统性金融风险的可能。特别是金融风险和技术性风险相互交织时，加剧了两种风险之间的转化速度，更易发生金融科技行业的风险积聚。

面对金融科技行业中如此复杂多变的风险，单靠现有的监管手段略显不足，希望通过立法的方式，从金融科技企业和金融监管两个方面入手，

---

① “脱媒”一般是指在进行交易时跳过所有中间人而直接在供需双方间进行。金融脱媒又称金融非中介化，是指在金融管制的情况下，资金供给绕开商业银行体系，直接输送给需求方和融资者，完成资金的体外循环。

解决金融科技行业的风险问题。

（二）规范金融科技行业发展

金融科技行业的发展日趋成熟，虽然未来金融科技行业中仍有出现新业态的可能，但是大部分金融科技行业内部的类型已经基本确定，也逐步为社会公众和我国各个金融监管机构熟知。展现在人们视野中的不再是一个个零散的金融科技企业而是整个金融科技行业。通过立法可以明确规定金融科技的主体、客体等范畴。随着金融科技的不断发展，金融产品和服务的种类日益繁多，越来越容易获得也更容易负担，打破了传统的金融壁垒，没有了这道墙金融产品与生活的联系逐渐紧密，更新换代的速度也越来越快，很难明确区分新兴的金融产物到底是否属于金融的主体或者客体。在明确了立法对象的情况下，逐步开展我国金融科技监管立法相关工作正当时。过早的开始我国金融科技监管立法工作，金融科技行业内部类型的多样化尚未完全表现出来，容易限制金融科技行业的创新性，不利于金融科技行业的整体发展。过晚的开始研究我国金融科技监管立法问题，并为相关立法工作做准备，会出现金融科技行业的发展速度已经远超法律对金融科技变化的回应速度，致使引导金融科技发展的难度增大的情形，同时对于规范金融科技的发展而言，仅有部门规章层面的立法略显单薄。因此，当下或许是着手开始金融科技监管立法工作的良好时机。一方面，可以缓解金融科技的快速发展与法律出台的相对滞后性之间的矛盾，使法律能够尽可能回应我国金融科技的发展，引导金融科技行业走向健康有序的发展。另一方面，对我国金融科技进行立法，可以提高金融科技法律的位阶，在金融科技监管立法中出台更有针对性的监管方式，并加强对金融科技行业金融消费者的保护。

（三）完善我国金融科技法律体系

金融科技企业的逐步创新和金融科技行业的不断升级，为人们带来了便捷的金融服务，提供了多样化的金融商品，但是随之而来的还有金融科技行业发展不规范、金融科技现行监管有效性不强、金融消费者保护不到位等一系列问题。面对这样的现状，需要国家运用法律手段对金融科技进行立法，提升法律对金融科技发展回应的速度，不断调整目前的金融科技法律规范，要在实践中不断探索我国金融科技监管立法路径，以回应并解决金融科技存在的问题。

随着金融科技逐渐融入人们的日常生活中，金融科技行业与每一个人都紧密相关，不论是从金融消费者保护的角度，还是从维护国家金融安全与稳定的角度来看，我们都应该意识到我国金融科技监管立法的重要性和必要性。解决金融科技发展中存在的问题，要建立健全金融科技相关法律，统一我国金融科技监管立法体系，这也是目前金融科技监管立法工作中急需解决的问题。因此，需要立足于我国金融科技的发展现状与现行金融科技相关法律的情况，逐步梳理我国金融科技发展中存在的问题以及现行立法中存在的不足之处，在借鉴和学习代表性国家和地区立法的基础上，有选择性的纳入我国金融科技监管立法中来，探索出一条适合我国金融科技监管立法的路径。通过立法可以对金融科技进行系统性的管理，制定有针对性的法律规章，从而更好地保护金融强有力的发展。探索我国金融科技基础性法律，丰富我国金融科技相关法律法规，完善我国金融科技法律体系，对贯彻落实依法治国、完善社会主义法律体系以及金融法治化建设等都具有重要的意义。

（四）保护金融消费者权益

随着国家经济的持续发展和国民收入水平的不断提高，金融消费者正在悄然成为推动金融业发展的重要力量。特别是我国金融科技企业的用户主要是社会大众，这就将金融消费者的问题提上了日程，有必要在我国金融科技监管立法中强化此部分内容。毕竟相较于普通的缺乏相关知识背景的金融消费者，各个金融科技企业却拥有大量具有不同专业知识背景的工作人员，其所提供的金融产品和金融服务也是复杂而多样的，同时合同内容也往往存在晦涩难懂的问题，面对庞杂的金融商品、金融服务和专业化的合同内容，金融消费者缺乏鉴别能力，常常无所适从，在无法深刻理解金融科技企业提供的金融商品、金融服务以及合同内容的情况下，消费者容易根据直观感觉作出判断，进而出现非理性的金融消费行为。另外，甚至有一些不法金融科技企业打着高收益的幌子欺骗金融消费者投资，在吸纳了大量金钱之后“跑路”，致使部分金融消费者蒙受了经济损失。这些都是金融科技领域金融消费者保护中出现的一些现实问题，急需金融科技在立法过程中予以解决。

金融消费者保护工作不到位，损害的不仅仅是作为个人的金融消费者的正当权益，还会对国家金融稳定造成影响。因此，有必要将金融科技领域的金融消费者保护问题提高到立法层面。通过立法的方式，可以引导金融科技企业规范化发展，平衡金融科技企业和金融消费者之间地位的不平衡，同时在立法中加强金融消费者保护，维护金融消费者的合法权益，使其在自身合法利益受损的情况下能够通过运用法律武器进行维权。

四、金融科技监管立法的理论基础

（一）宪法秩序理论

刘茂林（2009）在《中国宪法导论》中提出宪法秩序理论，也可以理解为法律秩序理论。他认为法律秩序是一种社会秩序，它是基于人们对一定社会规律的认识，通过制定法律对该社会所需要的“一致性、连续性和确定性”进行确认，形成一种法律上的（应然）秩序，再通过法律的各种调整手段，而将法律上的（应然）秩序变成实际（实然）社会秩序。法律秩序既可以指“应然”的法律秩序，也可以指“实然”的法律秩序。①

法律秩序由成文法律、观念法律和现实法律构成。一个国家存在法律秩序，要求成文法律、观念法律和现实法律三者之间相互协调，成为一个具有耦合关系的统一体。

我国金融科技法律秩序存在“应然”法律秩序和“实然”法律秩序两种状态。有时会出现金融科技法律秩序在“应然”状态与“实然”状态不同的情形。例如，《网络借贷信息中介机构业务活动管理暂行办法》将网络借贷平台定义为专门从事网络借贷信息中介业务活动的金融信息中介公司。这就意味着在“应然”法律秩序中，网络借贷平台不属于金融机构，而在“实然”法律秩序中，网络借贷平台提供金融借贷服务，开展信贷业

① 刘茂林．中国宪法导论［M］．北京大学出版社，2009：50—55.

务，从事与银行相同的金融活动，可以将网络借贷平台认定为金融机构。同样面对网络借贷平台，“应然”法律秩序将其定义为信息中介机构，“实然”法律秩序认定其为金融机构。这里，金融科技“应然”法律秩序与“实然”法律秩序并不一致，且两者之间的差距过大。由于金融科技法律秩序由成文金融科技法律、观念金融科技法律和现实金融科技法律构成，因此三者之间的不协调是造成金融科技“应然”法律秩序与“实然”法律秩序不一致的主要原因。为了解决法律秩序在现实中与理想状态之间的差距，要对金融科技进行立法，将成文金融科技法律、观念金融科技法律和现实金融科技法律协调一致。

金融科技法律秩序的实现是指将“应然”的法律秩序转化为“实然”的法律秩序的过程。这一过程包括两个方面。一方面，是成文金融科技法律适应、回应现实金融科技法律的过程，要求成文金融科技法律如实地反映现实金融科技法律。在这一过程中，金融科技法律秩序的实现有两个任务。一是提出带有普遍意义、反映社会倾向性的金融科技的立法建议。二是建构适应性较强的、能够反映社会要求的金融科技监管立法体制，或者通过修改成文金融科技法律吸收带有普遍意义、反映社会倾向性的金融科技的立法建议，或者通过对成文金融科技法律的有权解释完成这种吸收，从而实现成文金融科技法律与现实金融科技法律相适应。另一方面，是成文金融科技法律要规范和协调现实金融科技法律的适应过程，即现实金融科技法律对成文金融科技法律的适应。这一过程的主要任务是形成统一的金融科技法律价值观，即统一金融科技法律观念，在认同成文金融科技法律的基础上，使全部金融科技法律主体的行为与成文金融科技法律保持一致。但是，现实中不可能保证所有金融科技法律主体的价值观完全一致，也不可能做到金融科技法律主体的思维和行为与成文金融科技法律完全一致。因此，在这一过程中需要加强金融科技法律的监督机制。

需要说明的是，虽然理论上将金融科技法律秩序的实现分成了泾渭分明的两个方面，但是事实上，在观念金融科技法律的影响下，成文金融科技法律和现实金融科技法律相互适应的过程往往是相互交融的，不存在十分明显的变化节点。同时，金融科技“应然”法律秩序与“实然”法律秩序永远不可能完全一致。所以，我国金融科技法律秩序的实现是成文金融科技法律、观念金融科技法律和现实金融科技法律三者之间相互影响，不断协调的循环过程，这个过程可能会一直持续下去。

（二）回应型法理论

诺内特和塞尔兹尼克（1978）从法与社会的角度开展研究，在其著作《转变中的法律与社会：迈向回应型法》① 提出要改造法制，建立一种适应社会变化发展的规范性模式。作者把社会上存在的法律现象分为三种类型：压制型法②、自治型法③和回应型法④。这三种类型的法与其说是历史发展的经验总结，毋宁说是按照理想型的方法建立的用以分析和判断同一社会的不同法律现象的工具性框架。⑤ 由于这三种类型的法律现象是抽象出来的，在同一社会的法律现象中，我们仅以该法律现象最突出、最本质的特点认定法律现象的类型是压制型法、自治型法或回应型法，但是不能否认现实的立法和法律中在基本类型之外可能还存在着某些压制型法、自

① 20世纪60年代，美国国内各种矛盾相互交织，社会处于动荡不安的状态，国家迫切地需要新的方式来解决当时的社会矛盾和社会问题，探索寻找适合美国发展的法治化路径。诺内特和塞尔兹尼克的研究目的在于改造法制，设定一个符合社会变革需要的规范性模式。

② 压制型法的特点：一是法律机构易受政治权力的影响，法律服从于国家利益；二是法律官员先关注对权威的维护；三是诸如警察这类专门的控制力量变成了独立的权力中心，它们与那些起节制作用的社会因素相隔离，并且能够抵制政治权威；四是“二元法”体制通过强化社会服从模式并使它们合法正当；五是刑法反映居支配地位的道德态度，法律道德主义盛行。

③ 自治型法的特点：一是政治与法律的分离，在立法职能和司法职能之间划出严格的界限；二是法律秩序采纳“规则模型”，以规则作为某种衡量官员所负责任的尺度，限制法律机构的创造性；三是“程序是法律的中心”，法律秩序的首要目的和主要效能是规则性和公平，而非实质正义；四是“忠于法律”被理解为严格服从实在法的规则。

④ 回应型法的特点：一是强化法律推理过程中的目的和权威性；二是注重法律目的，降低了法律对服从的要求，较为灵活而文明的公共秩序的概念有了出现并发展的契机；三是赋予法律以开放性和灵活性，并以此促进法制的变革；四是需要在压力环境中设计出法律机构，仍能保持其法律目的的权威和法律秩序的完整。

⑤ ［美］诺内特，赛尔兹尼克．转变中的法律与社会：迈向回应型法［M］．北京：中国政法大学出版社，2002：Ⅲ—Ⅵ.

治型法和回应型法的痕迹。

根据上述三种法律类型的特点分析我国金融类法律的发展历程，改革开放以来，我国金融类法律逐步从压制型法走向了自治型法。社会的进步和发展推动了法律的进步和发展，没有出现社会越来越进步，而法律的演变出现倒退的状态。目前我国金融科技法律现象基本处于自治型法的范围，但是金融科技监管立法中还存在压制型法和回应型法的痕迹和内容。自治型法主要体现在金融科技企业从事金融活动的条件、金融科技企业的行为规范以及法律责任方面。例如，《非金融机构支付服务管理办法》中规定了非金融机构应当取得《支付业务许可证》后才能够成为支付机构，提供支付服务和《支付业务许可证》的申请人应当具备的条件等内容；《中国人民银行金融消费者权益保护实施办法》中规定了金融科技企业的行为规范以及投诉受理与处理等内容；《非银行支付机构网络支付业务管理办法》规定了支付机构从事网络支付业务的法律责任。这体现了自治型法以程序为中心、注重规则的特点。压制型法主要表现为《中华人民共和国刑法》（以下简称《刑法》）对各类金融违法犯罪行为的惩罚。例如，《刑法》的第一百九十二条至第一百九十八条规定了集资诈骗罪、贷款诈骗罪、票据诈骗罪、信用证诈骗罪、信用卡诈骗罪、有价证券诈骗罪和保险诈骗罪的内容。这体现出压制型法以国家为本位、注重对经济秩序的维护和强调国家强制力手段的特点。回应型法主要表现在 2015 年十部委联合出台了我国第一部金融科技的规范性文件《关于促进互联网金融健康发展的指导意见》，结束了我国金融科技行业缺乏准入门槛、缺乏监管和缺乏法律规则的乱象。这体现出回应型法能够对社会剧烈变化作出回应的特点。综合金融科技监管立法的特点，笔者认为我国金融科技法律已经完成了从压制型金融法向自治型金融法的转变，目前金融科技监管立法基本上属于自治型法。未来金融科技监管立法应当从自治型转变为回应型，应以回应型法为模板开展金融科技监管立法活动。

回应型法注重对法律和政策的内在价值的探索。面对现实中存在的矛盾，回应型法不会一味地坚持规则，而是从法律的目的出发，甄选出社会变革中存在的问题，根据具体情况调整法律适用，使法律在解决现实问题的过程中获得自我矫正的契机，并具有完善自身的能动性，保持了法律的开放性与完整性之间的平衡关系。

法律目的的实现不能仅依靠法律的现实运用，还需要道德判断、政治博弈与协调的方法等的相互配合。诺内特和塞尔兹尼克对社会公众参与和价值多元化进行综合考量，提出将国家政策与民间政策相结合，使得两者之间相互配合，创造出更加富有效率、全面的法律体系，使法律更能回应社会的发展。①

我国金融科技监管立法的目的应该是多元的，而不应像之前那样仅以金融监管为目标，只注重对金融秩序的维护。在回应型金融科技监管立法中，要注重对社会需求的回应，立法目的表现出多元化的特点：一是维护国家金融安全与稳定；二是引导金融科技行业健康有序发展；三是保护金融消费者。以这三者为金融科技的立法目的，可以了解各方法律主体由于法益的不同而有不同的诉求，找到立法过程中各方法律主体由于立场和法益的不同导致的争议所在，进一步平衡不同的法益，也是在这一过程中，法律实现了自我的矫正，保持了法律开放性与完整性之间的平衡关系。

五、创建与发展适合我国金融科技监管立法的新思路

（一）回应型法治

目前，金融科技的发展已经如火如荼，中国对金融科技的发展也越来越重视，不论是金融机构还是社会群众也都开始关注金融科技发展所带来的影响。密切关注金融主要是为了满足人们日益增长的物质文化需求，建立符合发展需要的法律制度，回应人民的需求，这种体系就是回应型法治体系。

对金融科技进行立法是为了更好地对金融市场进行管理、规范金融的交易活动、维护金融消费者的合法权益等，归根结底都是为了保护人民的

---

① 田桂花．转型时期的中国法治及其主体性建构——“回应型法”的启示与实践[D]．中国政法大学，2014（3）．

利益。所以，在通过了解人们真实需求的情况下制定出来的法律规章才能够发挥出巨大的积极作用。想要建立好的回应型法治先要让金融消费者充分了解金融领域的信息，在了解的基础上才知道自身的真正需求。在知道真实需求之后金融科技监管立法才可以积极回应金融消费者的期待，不断加强普惠金融和绿色发展的理念。回应型法重点强调的是立法的目的。[①]既然立法主要是为了维护社会的稳定、人民的幸福，那么金融科技监管立法更应该切实符合人民的真实需求。

（二）预警型法治

国家的金融风险防御能力的强弱主要依赖于它是否具有好的金融体系健康评估制度和金融风险预警制度。[②] 大数据、云计算、人工智能等金融科技的发展促进了数据的收集和信息的整合，有效地解决了信息不对等、不真实、不充分的问题。金融企业或机构可以根据已获得的具体金融数据分析出下一阶段应制定的金融方略，使决策更加精准、合理，所以科技的发展让金融机构更好地预测到未来金融的发展方向和预期目标，更具有前瞻性。根据大数据应用统计出来的金融数据，预测出未来金融的发展趋势，如果有违法的可能则及时进行预警。建立预警型法治，能够有效地预测到金融发展的方向和预期效果，及时提醒有可能违犯法治的客户。

技术在金融创新领域中可以促进金融的发展，在金融监管领域也能增强监管部门的能力。建立预警型法治，首先要将预警机制与科技相结合起来，通过人工智能或者电子技术去分析或感应即将出现风险的金融机构、产品或服务等，然后对存在风险的金融机构或其他行为给予一定的警告，经过多次预警仍然不予更正的，可以做出相应的处罚。所有应该在法律中明确规定预警机制的具体内容，以什么样的形式进行警示（如电话通知、短信告知、当面提醒等），多次警示不予理睬或者无视警示的应该采取什么样的措施（如令其暂停营业、罚款等）。马小林（2020）认为应该利用

① 梅传强，张永强．金融刑法的范式转换与立法实现——从“压制型法”到“回应型法”[J]．华东政法大学学报，2017，20（05）：102—109.

② 靳文辉．金融风险预警的法制逻辑[J]．法学，2020（11）：51—66.

大数据和人工智能技术，制定出金融风险防控预警机制。① 我国可以通过设立金融风险防控模型，实时监管金融消费者以及金融机构的发展动向，及时对有违反法律法规倾向或者处在违法违规边缘的主体发送预警信息，告知其不利后果，避免不必要的金融风险的发生，从而更好地维护金融市场的繁荣发展和欣欣向荣的展望。

（三）跷跷板式法治

金融科技发展的过程中带来的难题主要是平衡创新与监管的关系。监管与创新的协同发展被称为“监管辩证法”，监管与创新必须相互适应，共同发展。② 所以，建立跷跷板式法治主要是为了平衡创新与监管之间的关系，当创新发展到达一定程度时，监管对其进行一定的管理限制，不能任由其随意发展，而当监管过于严苛或者限制了金融创新的发展时，应该适当的放松给予其一定幅度的发展空间。将这种一高一低、一低一高的态势维持在安全的范围内，有助于防范金融市场的混乱和金融垄断的威胁。

面对目前金融科技带来的风险，通过大数据分析出来的数据信息可以大致分析出未来一定期限内金融发展的趋势以及结果，根据这个结果和趋势给予金融科技创新发展一定的自由发展幅度，当达到有可能突破法律的边界时，监管机构开始加强对金融机构的管理，规范存在潜在风险的金融机构、产品或服务等。当监管限制了创新时，可以继续分析大数据下的金融发展方向，再重新确定一个新的高度或范围，让创新在该范围内自由开拓。这样螺旋式上升的跷跷板的波动范围，既能够保证金融科技的创新发展，又能够避免金融领域违法操作、经营、交易的发生。

金融监管机构可以通过招录金融专业人员，或者时常咨询金融专家，了解当下金融发展的情况和对未来金融前景的预计，听取他们的相关意见，并且通过已经掌握的数据资源总结和归纳出未来金融创新的发展规划，制定相应的政策法规和进行相关立法，让金融创新和监管在跷跷板的

---

① 马小林．金融科技引领银行信用风险管理转型的路径［N］．金融时报，2020—12—28（010）．

② 安辉．金融监管、金融创新与金融危机的动态演化机制研究［M］．北京：中国人民大学出版社，2016．

合理范围内进行相关活动，从而避免金融科技的过分自由，危及金融市场的稳定秩序。提升监管机构捕捉未来金融发展趋势是提升跷跷板上下波动浮动的基础，掌握相关金融信息是制定法律法规的关键。新冠肺炎疫情暴发以来，金融科技实现了即使社会公众不接触也能够接触到金融服务，使在疫情期间经济能够平稳运行发展，不至于发生严重经济危机，所以金融科技应该守正创新，做到“正心”“正位”“正言”“正行”。① 所以，在新冠肺炎疫情期间更应该加强对金融科技的监管。

（四）技治型法治

技治型法治建设主要是将智慧监管与智能监管相结合。目前金融科技监管机构对金融科技发展产生的影响的管理方式主要遵循谨慎的技治主义模式，也就是先通过被动地观察，然后再进行轻微的调整。主要是害怕过度的干预会影响金融科技的发展，过早的扼杀金融创新的发展势头。对于智能监管主要是在监管中融入云计算、大数据等技术，如对金融科技管理可以将人工智能（AI）或者云计算等技术手段融入，从而代替原有的手动信息处理，达到智能监管，减少重复或者不准确的处理，提高监管数据的质量。

智慧监管主要是将技术融入规范中，随着金融在技术上变得越来越细化，监管应该更加自觉地由原则和规范来推动。根据 AI 或者云计算等技术手段分析出来的数据制定金融科技具体应该如何实施监督和管理的法律或规章，将融入技术因素的监管方式应用于金融市场中就是一种智慧监管。智慧监管能够有效地稳定金融市场的秩序，明确规定监管机构的职权划分，规范金融科技的范围，对金融市场的繁荣发展发挥着重要作用。建立技治型法治能够将智能监管与智慧监管两者相融合，从规范到技术，再从技术到规范，两者相互补充、相互促进，对金融科技的创新发展与全面监管具有一定的积极作用。程雪军（2020）认为金融监管主要包括法律和科技两种形式的监管，这种创新的监管方式需要融入 AI、互联网监管等科技

---

① 李东荣．金融科技守正创新应着力做到“四正”［N］．联合时报，2021—01—05（006）．

因素，从而使金融监管机构能够更好地面对金融科技带来的挑战，有效地解决金融科技下的互联网金融困境，防止金融市场出现巨大波动，维护金融市场稳定。

第三节　金融科技监管立法现状及主要问题

一、金融科技的立法现状

笔者根据我国中央人民政府官方网站、中国人民银行官方网站和中国银行保险监督管理委员会官方网站和中国证券监督管理委员会官方网站等网站相关资料整理出部分金融科技规范性文件，如表1－2所示。

表1－2　部分金融科技规范性文件

序号	法律法规和政策	颁布部门	发布时间
1	《非金融机构支付服务管理办法》（中国人民银行令〔2010〕第2号）	中国人民银行	2010年6月14日
2	《关于促进互联网金融健康发展的指导意见》（银发〔2015〕221号）	中国人民银行等十部委	2015年7月18日
3	《互联网保险业务监管暂行办法》（保监发〔2015〕69号）	保监会	2015年7月22日
4	《非银行支付机构网络支付业务管理办法》（中国人民银行公告〔2015〕第43号）	中国人民银行	2015年12月28日
5	《股权众筹风险专项整治工作实施方案》（证监发〔2016〕29号）	证监会等十五部委	2016年4月14日
6	《中国人民银行金融消费者权益保护实施办法》	中国人民银行	2016年12月14日

续表

序号	法律法规和政策	颁布部门	发布时间
7	《关于规范证券公司借助第三方平台开展网上开户交易及相关活动的指导意见（征求意见稿）》	证监会	2017年5月
8	《关于将非银行支付机构网络支付业务由直连模式迁移至网联平台处理的通知》（银支付〔2017〕209号）	中国人民银行	2017年8月4日
9	《关于防范代币发行融资风险的公告》	中国人民银行等七部委	2017年9月4日
10	《条码支付业务规范（试行）》（银发〔2017〕296号）	中国人民银行	2017年12月25日
11	《区块链信息服务管理规定》	国家互联网信息办公室	2019年1月10日
12	《金融科技（FinTech）发展规划（2019—2021年）》（银发〔2019〕209号）	中国人民银行	2019年8月
13	《金融控股公司监督管理试行办法》（中国人民银行令〔2020〕第4号）	中国人民银行	2020年7月23日
14	《关于实施金融控股公司准入管理的决定》	国务院	2020年9月13日
15	《金融科技创新应用测试规范》	中国人民银行	2020年10月21日
16	《金融科技创新安全通用规范》	中国人民银行	2020年10月21日
17	《金融科技创新风险监管规范》	中国人民银行	2020年10月21日
18	《互联网保险业务监管办法》（中国银行保险监督管理委员会令2020年第13号）	银保监会	2020年12月14日

除表1-2所示的规范性文件外，与金融科技有关的法律还包括《中华人民共和国商业银行法》（以下简称《商业银行法》）、《中华人民共和国保险法》（以下简称《保险法》）、《中华人民共和国证券法》（以下简称

《证券法》)、《中华人民共和国中国人民银行法》(以下简称《中国人民银行法》)、《中华人民共和国银行业监督管理法》(以下简称《银行业监督管理法》)、《中华人民共和国网络安全法》(以下简称《网络安全法》),以及正在制定的《中华人民共和国个人信息保护法》(以下简称《个人信息保护法》)和《中华人民共和国数据安全法》(以下简称《数据安全法》)等。①

从现有的法律法规来看,专门针对金融科技的法律法规主要以部门规章和其他规范性文件为主,有关金融科技的立法层级较低,在立法层面上缺失关于金融科技的专门性、基础性的法律。虽然《商业银行法》《保险法》《证券法》等法律可以从金融的一般意义上对金融科技进行监管,《网络安全法》以及正在制定的《个人信息保护法》和《数据安全法》可以从信息安全的角度对金融科技发挥监管作用,但仍旧不能代替专门针对金融科技的基础性法律的作用。因此,立法层面急需具有专门性和基础性的金融科技法律。

另外,与金融科技监管立法现状密切相关的是我国金融监管模式的变革。目前,金融科技的快速发展使得传统的金融监管模式不再适应新出现的金融产业或服务等,存在一定的滞后性。传统监管模式主要是以微观审慎监管为基础对金融领域展开监督管理工作,比较重视对金融机构的个体行为和存有风险的机关、产业、服务等进行监管,关注具体的金融机构暴露出来的风险情况,从而避免金融投资者、消费者等个体遭受不必要的金融损失。

传统的监管模式采用的是分业监管。分业监管是指由不同的监管机构分别对金融业进行监管,其中负责监管的主体有银监会、中国保险监督管理委员会(以下简称保监会)和中国证券监督管理委员会(以下简称证监会)(目前银监会和保监会已经合并)。这种模式的优点在于可以让金融领域中各金融行业的无序竞争变得有秩序,市场交易安全也有所保障。分业

---

① 梁晓辉. 中国2020年将制定个人信息保护法、数据安全法[EB/OL]. (2019-12-21) [2020-04-10]. https://baijiahao.baidu.com/s?id=1653489251325332814&wfr=spider&for=pc.

监管起到了一定的积极作用，但是其同样存在着一定的不足之处。在2011年出现了“温州危机”，主要是由于我国温州地区的民间借贷导致的，有很多中小企业的老板由于经营不善而使得企业倒闭，有的老板卷款潜逃，这使得金融界受到了严重的冲击，究其原因主要是因为央行与银监会之间不能达成良好的协调关系。我国在2013年出现了货币市场“钱荒”的危机，发生的主要原因也是央行和银监会在监管的过程中不能有效协调监管工作。在2015年发生了“股灾”，同样发生的原因也是因为央行与银监会之间对监管的办法不能协调一致。

由于种种危机的出现，我国认识到传统的金融监管模式已经不能适应金融领域的变化，因此将分业监管改为混业监管模式，这种模式主要由政府统一对金融体系进行监管。这种模式的优点在于可以将所有信息统一收集起来，从而有利于监管机构制定策略，提高管理效率，降低非系统性风险，还可以使银行和企业之间的联系更加密切，增强银行和企业之间的综合竞争力。但是，这种模式同样存在一定的缺点，混合监管将所有的监管机构合成一个监管部门，机构庞大，人员密集，成本较高，如果将部分人员进行裁员会导致人才的流失问题出现，而且合并后的监管机构由于业务不熟悉、人员的就业压力等因素很难充分发挥作用。

二、金融科技监管立法的主要问题

（一）缺乏对社会发展的回应

金融科技的发展是瞬息万变的，但是出台相关的法律法规、地方政策等是需要经过一定时间的研究和讨论才能开始运行和实施，所以管理规则具有一定的滞后性。我国金融科技正在迅速发展，但是对金融科技的监管仍然使用传统的监管模式，这种传统的监管是金融监管机构根据金融系统内部自己呈报的具体数据进行分析和评估，而且监管机构进行的监管活动是一种事后性审查评价，也就是金融活动结束之后监管机构才开始进行评估和考量，这样的方式不能及时、准确、真实地对金融活动作出正确的判断，而且对金融科技的监管往往滞后于金融创新的发展，不能充分收集和利用金融发展的实时情况进行有效监管，监管机构也无法及时有效地制定出适宜的监管政策。所以，监管规则的滞后性与金融科技的快速迭代的不相适应，给监管带来了困难和挑战，也为金融科技的发展带来了风险和阻碍。

如前所述，根据法律现象的特征来判断，我国金融类法律已经完成了从压制型法到自治型法的转变。在这样的法律环境中，金融科技监管立法是以自治型法为模板建立的。因此，现行金融科技相关法律不可避免地具有自治型法的特点，具体表现为四个方面。一是目前我国没有全国性的、基础性的金融科技法律，难以统领整个金融科技法律体系。二是自治型金融科技监管立法以国家本位为中心，注重对现有秩序的维护，这里的秩序包括金融领域的金融秩序和法律层面的金融法律秩序。在维护现存秩序的情况下，金融科技监管立法会本能地排斥变化，自然也难以对金融科技的变化做出有效的回应。三是自治型金融科技监管立法以规则为中心，现行的金融监管规则已经出现了难以有效监管金融科技的情形，要通过旧的规则去解决新的问题具有一定的困难。在金融科技监管中缺乏创新、有效的金融监管规则，这也是自治型金融科技监管立法缺乏对金融科技发展的回应的表现。四是自治型金融科技监管立法以程序正义为中心，因此它要求严格地服从现行金融科技法律的相关规则，对现有金融科技相关法律的批判和建议必须通过既定的程序进行。然而，启动新的立法程序或是修改现行立法都是一项耗时、耗力的巨大工程，在这一过程中，金融科技的发展可能又会出现新的变化，导致法律的应变能力始终难以跟上社会发展变化的速度，从而难以对社会的发展变化及时做出回应。

综上所述，以自治型法为模板的现行金融科技监管立法难以对金融科技的发展变化做出及时的回应，在部分情况下，甚至会出现监管漏洞，这不仅难以形成对金融科技的有效监管，还容易引起社会公众对现行规则的质疑，不利于对法律秩序的维护。

（二）过分注重政府管制

我国金融类法律的变迁表现为从压制型金融法走向自治型金融法，所以长期以来，我国金融立法受“重政府管制，轻市场自律”的思想影响较深，经常表现出“家长”主义的特点，现行的自治型金融科技监管立法也存在这样的问题。

首先，“家长”式的金融科技监管立法观念将国家金融稳定与安全放在首位予以优先保护，特别强调对国家金融秩序的维护。这样的立法观念固然能够在一定程度上维持金融稳定的局面，但是却忽视了作为市场参与主体的企业和金融消费者的利益。这样可能会导致一种结构性失衡，这种失衡表现为对金融科技市场参与主体的保护不平等。这种失衡可能会引发以下问题：一是金融科技相关法律的工具性增强。为了达到维护金融稳定与安全以及金融市场秩序的目的，金融科技相关法律中的刑罚会增多，惩罚力度也会同时加强，容易走向重刑化。二是由于对金融科技企业的监管权主要由人民银行、银保监会、证监会以及地方各级金融监管局行使，监管权的行政性较为突出，易受公权力的影响，在监管过程中可能会出现滥用监管权以及监管不到位两者并存的情况。特别是各个省市金融发展的状况不尽相同，面对同样的金融风险和金融违法行为，可能会出现处理结果差距甚远的情况。

其次，我国金融科技的监管体系设置不合理。自治型金融科技监管立法注重监管机构的完整性，忽视由于开放性给机构带来的能够灵活变通适应社会变化的能力。因此，我国在金融科技监管过程中注重金融监管机构职能的发挥，相对忽视行业自律机构这样的非行政机构在金融监管领域的作用。当然，这是由自治型金融科技监管立法的特点决定的。由于我国目前处于自治型金融科技法的发展阶段，因此形成了以行政机关为主、行业自律组织为辅的金融科技监管体系。一是行政机关。我国金融科技的主要监管者是人民银行。2017 年 5 月，人民银行成立了金融科技委员会，旨在做好我国金融科技的发展战略规划与政策指引工作。① 同时，在地方层面，各省、自治区、直辖市的地方金融监管局也拥有对金融科技企业监管的权力。二是行业协会。金融科技涉足领域广泛，涵盖银行、证券、保险、数

---

① 温源．人民银行成立金融科技委员会［N/OL］．光明日报，2017－05－16（10）［2020－03－19］．http：//epaper. gmw. cn/gmrb/html/2017－05/16/nw. D110000gmrb_20170516_6－10. htm.

字货币等多个行业，因此有权对金融科技进行自律性监管的行业协会也有很多。如，中国互联网金融协会、中国银行业协会、中国证券业协会、中国保险行业协会等。① 这种以国家行政机关为主、行业自律组织为辅的监管体系过于依赖行政权力的行使，使得行业自律监管在金融科技的监管中发挥的作用有限。由于金融科技缺乏足够的行业自律监管，目前尚未形成统一的行业内部管理、评价体系，金融科技企业仍然存在发展水平参差不齐的问题。

再次，金融科技的监管体系和监管权设置也相应存在一些不合理性问题。由于金融科技的发展导致金融领域范围日益扩大，带来了更多新的、易获得的并且更容易负担的金融服务和产品，金融产品和服务种类的增多，监管边界的日益模糊等情况的出现，可以看出新兴的金融行业为传统的金融监管机构的监管工作带来了一定的难度和挑战。由于金融科技的发展，传统的金融监管模式出现了监管失灵、过度监管或者不监管等问题，而且对于新出现的金融产品和服务监管机构不能清楚地划分其应进行监管的范围，以及应由哪一监管机构进行管理等问题，存在重叠监管或者监管灰色地带等问题，因此缺乏有序的监管体制。加之金融科技的监管机构较为繁多，因此在金融科技相关法律的适用上可能会存在一些问题，尤其是惩罚性法律在适用上容易出现随机性和倾向性，同样的金融违规操作可能会由于不法金融科技企业的运作，出现与公权力相互“暧昧”的情况，进而造成同法不同罚的现象。李敏（2019）认为我国目前还没有立法对金融科技监管的主体以及监管主体的相关职责进行明确规定，所以对金融科技的管理存在很多灰色地带，应完善监管体系，明确监管行为以及监管的主体、客体和内容，这样才能更好地维护金融市场安定。② 蒙杰（2020）认为金融科技的不断创新与发展会更趋向于技术化和专业化的方向，金融科技企业的经营范围也在逐渐打破传统的金融壁垒，其提供的金融产品或者

---

① 范明珠．我国金融科技监管立法目的和模式探析［J］．海南金融，2019（12）：50—54.

② 李敏．金融科技的系统性风险：监管挑战及应对［J］．证券市场导报，2019（02）：69—78.

服务更为复杂化，使得传统的监管机构对新兴的金融科技产品和服务难以全面、有效、准确地进行管理，对于不同领域的金融机构之间也很难明确监管机构的监管职权。①

最后，在自治型金融科技监管立法语境下，金融科技的监管有效性下降。这主要表现在两个方面：一是监管范围扩大缺乏准确追踪新兴金融产业的敏感度。金融科技企业运用分布式账本、大数据、云计算等新兴技术，改变了部分金融交易的方式和习惯，使得传统的金融监管难以有效界定并监管金融科技。金融科技扩大了传统金融的范围。由于金融中融入了技术因素，使得金融体系的范围和金融科技的规模都被扩大，这意味着金融科技监管机构的监管规模和范围也要随之扩大。目前金融科技正在快速发展，在金融领域出现了许多新兴产品和服务，但是有很大一部分新兴的金融科技企业还没有被发放金融牌照，也没有被纳入监管的范畴。有的金融公司还处于初步阶段，并未全面发展起来，且不能全面保证符合金融法律法规要求的业务或者其他要求。同时，由于新的金融科技业态和新的金融科技交易行为难以被现行的自治型金融科技相关法律所囊括，从而可能存在监管合规的问题。现实中确实存在很多金融企业没有纳入管理的范围，使得金融监管机构难以准确追踪这些新兴企业的发展动态，也很难有效控制每天都在增加的新兴企业的金融市场活动。目前金融市场的交易主要是采用“端到端”的处理方式，这样的处理方式的优点在于它的处理速度很快，但是它也为监管机构对金融领域的监管带来一定的挑战。由于金融交易运行的速度加快，使得金融市场的交易频繁，金融消费者在交易时可能会缺少冷静的判断，增大金融市场遇到冲击时价格波动的幅度，还会经常引起突发性的金融危机的出现，从而导致大面积的金融市场受到破坏、危害社会发展、破坏金融市场的稳定性。谭书卿（2019）认为传统的静态监管规则过于固定化，很容易增加被监管机构的金融运行成本，限制了金融科技发展的速度并且使得金融监管机构的监管不具有实时性，对金

① 蒙杰．论金融科技风险的法律监管［J］．对外经贸，2020（08）：111—115.

融市场动向和风险性现状不能及时掌握了解并作出决定。[①] 二是分业化的金融监管措施难以对混业化的金融科技及金融科技交易形成有效监管。对金融科技企业而言，分业监管模式下会存在部分监管空白，某些金融科技企业可能会游离于监管体制之外，走在合法与非法的边缘，变相规避金融监管，实施监管套利行为。我国金融界正面临着双失灵。对金融科技的管理主要是通过市场自行进行调节和政府对其进行调控，但是目前金融市场上出现了大量的新兴金融产业，传统的金融市场管理方法已经不能适应目前的发展情况，传统的市场调节存在自发性、盲目性和滞后性的弊端，政府的监管也出现了低效和无效的现象。如，2020 年发生的“蚂蚁金服”暂停上市事件就是政府失灵的表现。而金融科技的发展，扩大了金融产品、金融服务的范围，改变了原有的金融服务和金融交易的方式，信息也越来越不对称，公民对产品的认识主要是通过商业广告或者品牌标志来判断，传统的金融市场调控方式不能全方面地进行调控，也就意味着出现了政府调控和市场规制的双失灵。所以，面对双失灵问题的出现，我们应该制定不同以往的立法或政策进行规制。

（三）立法科学化水平不高

金融科技在我国的发展时间不长，相关立法经验也有限，特别是我国一向提倡“宜粗不宜细”的立法思想，加之立法语言、立法技术等立法能力的限制，我国金融科技相关法律略显粗糙，且存在缺陷和不足之处，立法的科学化水平有待提高。

首先，金融科技的立法模式尚未确定。我国金融科技的立法模式要根据我国的政治体制、法律制度、经济社会发展现状决定。金融科技监管立法模式的选择是对金融科技的认识和发展做出的法律安排。我国金融科技的立法模式有三种选择：一是选择《关于促进互联网金融健康发展的指导意见》和《金融科技（FinTech）发展规划》模式对金融科技统一立法，制定金融科技基础性法律。二是针对支付结算、存贷款与资本筹集、投资

---

① 谭书卿．金融科技背景下的监管转型——以“监管沙盒”本土化进路为视角［J］．西南金融，2019（10）：90—96.

管理和市场设施等金融科技具体类别进行分别立法，不对金融科技整体立法。三是在相关法律法规的基础上，细化金融科技相关规定，如明确互联网保险经营范围、落实网络助贷监管政策、完善移动支付自律监管规则等。① 我国金融科技的立法模式不确定会带来两个方面的问题：一是难以形成长期稳定的政策预期，容易出现经济形势好时，投资人一拥而上大量投资，经济形势遇冷时，投资人大量撤资的情形。如果继续这种投资方式，长期来看可能会不利于投资人和金融科技企业的发展。二是无法确定金融科技相关法律主体之间的权利义务关系、法律责任等。法律对人们的行为有引导作用。在没有明确金融科技法律主体的权利义务关系和法律责任的情况下，部分金融科技法律主体容易利用法律的漏洞为自身牟利，这样相当于损害了其他守法的金融科技法律主体的利益。一旦不法行为得逞，其他守法的金融科技法律主体也会效仿，进而造成金融科技行业违法行为增多，行业内部混乱，甚至影响金融安全和稳定。

其次，我国金融科技监管立法层级较低，相关立法主要停留在部门规章和政府规范性文件的层面，大多数法规属于国务院有关部门分别或联合颁布的部门规章以及规范性文件，如人民银行颁布的《非银行支付机构网络支付业务管理办法》、七部委联合发布的《关于防范代币发行融资风险公告》等。我国至今没有基础性的金融科技法，与金融科技相关的基础性法律仅有《网络安全法》。金融科技的基础性法律一直处于空缺状态，导致高位阶的金融科技法律在所有金融科技监管立法中占比较小，容易造成法律的效力不强，执行程度不高的问题。

再次，金融科技的立法体系不完善，特别是我国金融科技中央及地方法律法规的缺失。目前，我国对金融科技的管理是通过颁布一系列的政策对金融行业进行规范，并且在 2020 年 11 月 1 日开始施行《金融控股公司监督管理试行办法》，该办法主要是为了有效地规范金融控股公司在从事金融活动的过程中的交易行为，采取有效的监管政策，防止金融风险的发

---

① 范明珠．我国金融科技监管立法目的和模式探析［J］．海南金融，2019（12）：50—54.

生。但这并不能充分解决金融科技在快速发展的过程中带来的挑战，目前我国在金融科技监管立法上还存在一定的空白，不论是地方还是中央，都没有严格地对新兴的金融科技的主体、客体、内容的范围等进行规定，也没有明确规定金融科技监管机构的职权范围以及各级监督机构的权限划分，缺乏对中央及地方金融监管机构法律地位的肯定。李有星和王琳（2019）认为现在的金融监管机构往往只是采取警告或者交谈等柔性的监管方式，不能够独立行使处罚权，现在的金融监管机构仅仅是一个议事协调机构。[①] 董新义（2020）认为我国目前还没有专门为金融科技进行立法，对金融科技的管理也是一直沿用传统的对金融行业进行治理的监管政策。[②] 杜青雨（2020）认为金融监管机构对金融科技的发展带来的影响并不能只简单依靠政策进行规范，还应通过立法、制定法规等手段进行规范，尽管不同的互联网金融业态模式出台了许多合规性监管政策和策略，但是不同业务模式仍存在许多问题有待解决。[③]

由于缺乏基础性的金融科技法，与金融科技有关的内容以零散的形式出现在各个部门法、行政法规以及地方性立法中。（1）对金融科技法律主体的规定以行政法规或部门规章的形式出现在不同的法律中。例如：中国人民银行于 2010 年 6 月 14 日发布的《非金融科技企业支付服务管理办法》；2015 年 7 月 22 日，中国保监会发布的《互联网保险业务监管暂行办法》（保监发〔2015〕69 号印发）；2019 年 1 月 10 日，国家互联网信息办公室发布的《区块链信息服务管理规定》；2020 年 7 月 23 日，中国人民银行发布的《金融控股公司监督管理试行办法》；2020 年 12 月 7 日，中国保监会发布的《互联网保险业务监管办法》。（2）对金融科技行业标准的规范较少、较新。2020 年 10 月 21 日，中国人民银行正式发布《金融科技创

---

① 李有星，王琳．金融科技监管的合作治理路径［J］．浙江大学学报（人文社会科学版），2019，49（01）：214—226.

② 董新义．金融科技法律如何制定？——来自韩国的立法经验［J］．暨南学报（哲学社会科学版），2020，42（09）：103—117.

③ 杜青雨．我国金融科技监管体系构建策略研究［J］．技术经济与管理研究，2020（01）：84—88.

新应用测试规范》《金融科技创新安全通用规范》《金融科技创新风险监控规范》三项金融行业标准，这意味着我国金融科技行业正在走向规范化。(3) 关于金融科技消费者保护的内容较少。一是存在于《消费者权益保护法》《网络安全法》等基础性法律中。例如：《消费者权益保护法》第五十条规定了经营者侵害消费者个人信息的，应当停止侵害、消除影响、赔偿损失等，但并未明确规定对金融消费者个人隐私权的保护；《网络安全法》第四十条至第四十四条明确规定了网络运营者保护个人信息安全的义务。二是存在于中国人民银行、银保监会、证监会等监管机构制定的行政法规和规章制度中。例如，《中国人民银行金融消费者权益保护实施办法》第三章规定了个人金融信息保护的内容；《商业银行金融创新指引》第三十二条规定了区分银行资产和客户资产，做好风险隔离管理以保护客户资产的安全。(4) 部分有关侵害金融消费者权益的法律责任出现在《刑法修正案（六）》中，例如《刑法修正案（六）》第十二条规定了金融科技企业违背受托义务所负刑事责任并处罚金的法律责任。《网络安全法》第六十四条规定了网络运营者、网络产品或者服务的提供者违反有关规定，侵害个人信息依法得到保护的权利，有关部门可以处以警告、责令暂停相关业务、吊销营业执照、处以罚金等。

最后，自治型金融科技监管立法缺乏国际的交流与合作。自治型法追求法律的稳定性与完整性，将我国金融科技监管立法的视线局限于本国范围内。然而，金融科技属于金融行业，其本身就带有互联互通的特点，它连通的是世界范围内的金融科技交易活动。因此，自治型金融科技监管立法的视野仅仅囿于本国范围内不利于金融科技发挥其融通资本的作用。同时，虽然我国的金融科技企业众多、实力强大，但是从世界范围来看，英国、美国、澳大利亚、新加坡等国的金融科技企业也不容小觑。以英国为例，伦敦本就是世界级的金融中心，加之英国金融监管的理念和方式都较为先进，还有相应配套的法律，在这些因素的影响下，伦敦的金融科技企业在全球范围内处于领先地位。扩大我国金融科技的立法视野，更有利于促进各国在金融科技监管立法方面的交流与合作，更好地促进我国金融科技行业的发展。

（四）对金融消费者保护不足

自治型金融科技监管立法始终以国家主义为核心，进而其立法的首要目的在于维护国家金融安全与金融秩序。在这样的立法目的的引导下，容易忽略对金融消费者的保护。自治型金融科技监管立法相对会忽略对金融消费者的保护，主要体现在三个方面：一是在法律层面上对金融消费者保护的重视程度不够，相关法律内容不健全，在具体的各类金融交易活动中难以保障金融消费者的合法权益。二是立法没有完全平衡金融科技企业与金融消费者的市场地位。金融消费者对于理解以计算机程序为金融产品和金融服务的内部工作原理存在一定的困难，由于金融科技的发展使得金融产品、服务、交易的种类越来越个性化，金融体系变得更不透明并且更不易管理，一个不透明的金融市场会很难预测、控制和引导。现代金融企业几乎都会利用现代化技术的网络效应，通过网络将公司业务不断地拓展到支付、借贷、资产管理等方方面面，从而带动更大的经济效益。尽管金融科技公司可以为更多的金融消费者提供服务和产品，但是大部分的金融消费者并不能清楚地认识被提供信息的质量和真实性，增加了欺骗、欺诈等危害市场安全稳定和金融消费者权益的潜在风险。辛紫琦（2020）认为现在的网络信息技术主要依赖于大数据、云计算等技术，网络的运行程序是人为设计的，很有可能会出现编程错误或者网络自身出现问题，在严重依赖复杂且不透明的计算机编程的情况下，一旦网络系统或程序出现问题，就会对这些紧密联系的金融网络系统造成难以弥补的伤害和损失，并且由于网络安全受到冲击，就会难以有效保障金融消费者的个人信息安全和相关融资数据安全，使金融消费者处于劣势地位。① 我国在2015年发布了《关于加强金融消费者权益保护工作的指导意见》（以下简称《意见》），《意见》并没有提出强制性的措施，也没有具体的规定金融消费者求偿途径，只是对保护金融消费者的权益提供了一些倡导性的建议。何倩（2019）认为《意见》没有明晰划分金融科技的主体责任与金融消费者保护的主体责任，为相关平台逃避

① 辛紫琦．我国金融科技的风险防控研究［J］．中国市场，2020（23）：41—42.

消费者保护责任创造了空间。[①] 三是金融消费者维权困难。基于上述两点，金融消费者由于缺乏足够的法律上的保护，同时还要面对与金融科技企业之间巨大的市场地位的差别，很难进行自身维权活动。即便有部分金融消费者进入维权程序中，面对维权过程中需要耗费大量的时间和精力，金融消费者容易产生退缩心理，进而常常出现部分金融消费者愿意进行维权活动，当面对维权所需付出的巨额成本，又会使部分金融消费者望而却步的情形，这就导致最终完成维权过程的金融消费者人数下降，而最后维权成功的金融消费者人数就会更少。从结果来看，这是不利于金融消费者保护的。

（五）缺乏公民的广泛参与

从立法程序来看，自治型金融科技监管立法以政府为主导。目前我国金融科技相关法律主要以行政法规和部门规章居多，其中有权对金融科技进行立法的行政机关发挥着重要的作用。然而，这些行政机关往往是根据有关条例规定的立法程序开展立法活动的，这样的立法程序和立法方式使得有权对金融科技监管立法的行政机关集“运动员”与“裁判员”的身份于一身，难以实现公平立法和科学立法的目标。同时，这些行政机关在具体的立法过程中大多未经过严密的科学论证，部分法律出台前仅在行业内部小范围的讨论草案意见稿，部分法律在立法过程中甚至可能没有召集相关人员开展听证会，难以有效倾听有关部门、组织和社会大众的意见与建议，不符合民主立法的原则。这样的立法过程缺乏广泛的公民参与，一方面难以收集到各方面对金融科技相关立法的不同意见与建议，另一方面与公民参与度较高的立法相比较，公民参与度较低的立法在最终出台后，公民对该法律的认可、遵守以及秩序维护程度较低。

因此，相关立法机关在具体的金融科技监管立法活动中，要提升公民的参与度，倾听来自各方不同的意见与建议，注重对有关金融科技法律主体合法利益的保护，未来应采取多种手段提升公民参与金融科技监管立法的意愿，调动公民参与立法的积极性，充分认识到公民在立法过程中所发挥的作用。[②]

---

① 何倩．论我国金融科技沙盒监管法律制度构建［D］．华中科技大学，2019.

② 赵丽平．我国网络安全立法问题研究［D］．河北大学，2016（6）．

第四节　代表性国家和地区金融科技监管立法的经验与借鉴

一、代表性国家和地区金融科技的立法现状

目前，国际上并未形成统一的金融科技监管和立法的框架。不同国家和组织均高度关注金融科技的发展趋势，在实践中也及时调整立法与监管措施以期平衡鼓励创新与风险防范之间的关系。

（一）美国

美国关于金融科技的相关立法主要有《企业振兴法案》[①]《CFPB 创新细则》和《基于技术创新的证券业监管合规（“监管科技”）》。

1. 2012 年，美国颁布了《企业振兴法案》（Jumpstart Our Business Start - ups Act）。该法案放宽了金融外部监管，鼓励美国中小企业融资，并扶持企业的发展，进而提供了更多的就业机会。该法案规定了众筹融资参与主体的权利和义务，在促进投融资平衡的同时，保护了投资者的合法权益。下面介绍该法案的部分规则。

一是对发行人的限制。包括要求发行人必须在美国证监会备案，并向投资者和众筹融资平台披露相关信息；不允许进行广告宣传；按季度向美国证监会和投资者披露公司运营情况和财务状况；每年通过众筹融资平台募集资金的总额不得超过 100 万美元。

二是对众筹融资平台的限制。必须同时在美国证监会和自律监管组织（SRO）登记；必须向投资者披露融资风险并进行风险教育；未完成预定

---

① U. S. securities and exchange commission . Jumpstart Our Business Startups (JOBS) Act [EB/OL]. (2012 - 4 - 5) [2020 - 04 - 15]. https://www. govinfo. gov/content/pkg/BILLS - 112hr3606enr/pdf/BILLS - 112hr3606enr. pdf.

融资目标时，不得将资金交给发行人；保护投资者的隐私权等。

三是投资者适当性管理。个人投资者适当性管理以 10 万美元为界限，当个人投资者的年收入或净资产少 10 万美元，投资限额为 2000 美元；当个人投资者的年收入或净资产中某项达到或者超过 10 万美元时，则投资限额为该年收入或净资产的 10%。

2. 2016 年美国金融消费者权益保护局（Consumer Financial Protection Bureau，CFPB）发布了《CFPB 创新细则》促进对消费者有利的创新。其中，包括“无异议函”的相关内容。出台《无异议函细则》（Policy on No - Action Letters）[①] 的目的在于通过降低监管和法律方面的风险，为金融科技企业提供良好的法律和政策环境以促进金融科技企业在金融产品和金融服务方面的创新。“无异议函”是一种事先认可机制，它仅停留在产品的设想阶段，正式推出的产品不得申请“无异议函”。“无异议函”的部分内容包括：为金融消费者提供与当前市场中不同的更为便利的产品；产品的潜在风险可能与当前市场上存在的风险不同；能够降低金融消费者的成本和风险；能够让金融消费者充分了解合同条款、内容、产品的价值和风险等。

3. 2019 年，美国证券业自律监管组织金融业监管局（FINRA）发表了一份名为《基于技术创新的证券业监管合规》[②] 的报告。报告中指出监管科技不仅是协助市场参与主体履行合规义务的工具，也是金融业监管局利用新型技术加强市场监管的重要手段。

一是市场监控与行为监测。市场参与主体利用云计算、人工智能等监管科技，获得了较为准确的风险预警，提升了企业内部的风险监控效率。监管科技通过历史数据建立风险监控模型预测风险，并识别、分析大量的

---

① Federal Register. Policy On No - Action Letters [EB/OL].（2014 - 10 - 16）[2020 - 04 - 15]. https：//www. federalregister. gov/documents/2014/10/16/2014 - 24645/policy - on - no - action - letters.

② 金融界.《基于技术创新的证券业监管合规》报告与解读（上） [EB/OL].（2019 - 06 - 13）[2020 - 04 - 10]. https：//baijiahao. baidu. com/s?id = 1636195827054103436&wfr = spider&for = pc.

数据寻找风险的规律和未来发展的趋势以协助决策。在这一过程中，会定期将新的数据纳入监管科技的工具中，建立反馈流程，进一步提升风险预测的准确性。部分监管科技工具可以协助金融科技企业加强监管合规的工作。例如，供应商可以提供各类工具记录、监测、分析各种形式的通信，这样企业就可以筛查通信样本，审查所有相关通信。另外，监管科技工具可以提供超远文字和数据列表审查的方式，即使用自然语言处理和机器学习的方式识别规律以及异常，同时进行风险审查。

二是客户身份识别和反洗钱合规。目前的主要措施包括：使用生物识别技术识别和跟踪客户的行为；通过分布式账本技术减轻金融机构识别、监控到某一具体客户的负担；有的金融科技企业希望从客户方直接获取数据并将该数据与外部数据相连，通过数据分析的方式处理内外部数据，以获得全面的客户画像；部分监管科技工具甚至可以实施实时交易监控。

除了上述方式，金融科技公司也希望通过建立行业中央公共设施解决客户身份识别和反洗钱合规的问题。这样可以汇聚、整合全行业的数据，加强追踪跨机构交易行为，提升资金流动的关联能力，从而降低整个金融科技行业的合规风险。

三是监管情报。金融科技企业通过使用监管情报可以持续识别最新的监管规则和法律法规，从而提升企业的合规体系。具体来讲，就是监管情报根据金融科技企业的需求提供相应的监管要求目录，并实时更新该目录，及时提醒企业最新的监管和法律动向，以便企业根据监管要求完成最新的合规目标。另外，有的监管科技工具希望将监管情报纳入企业的日常运营中，在企业进行任何行为之前，先筛查监管和法律对该行为的要求，并对照相关要求审查该行为，以保证交易前该行为是合规合法的。

另外，金融监管机构也可以使用监管科技工具实现金融监管。例如，实现监管规则数字化，将监管规则转化为自然语言，便于通过机器处理和解释，同时将其嵌入金融科技企业的监管情报中。

四是报告和风险管理。金融科技企业通过新兴技术汇总风险数据、建立风险衡量标准用于企业的内部风险模型建设，以及完善企业的监管报告。

五是投资者风险评估。监管科技工具将先进技术与行为科学结合，在大量收集客户的资产信息、行为偏好等信息的基础上，建立较为完整的客户画像，分析客户的风险偏好以及抗风险能力，并进一步挖掘相关数据以获得客户面对市场变化、不同金融产品和金融服务时的不同行为表现。在此基础上，向客户提供与其自身资金实力与未来发展相符合的投资建议。

综上所述，美国对金融科技管理主要采取立法和监管的方式，严格遵循“负责任的创新”的监管理念，采用的是严监管模式，根据金融科技的本质、特征、主体等业务实质，按照传统的金融科技体系对新兴的金融科技业态进行监督和管理。美国沿用传统的金融科技监管框架，由联邦政府和州政府的相关部门对金融机构进行监管，具有“两广双层多重”的特点。“两广”是指金融监管的范围和内容广泛；“双层”是指由联邦政府和州政府对金融领域进行监管；“多重”是指多个部门对金融机构享有监管的职权。另外，美国还采取了“创新中心”等监管模式，主要是通过金融机构对金融监管框架的深刻认知，使金融机构或企业遵守金融管理的政策和法规，政府部门也会通过提供一定的资金支持金融创新的发展，具有一定的灵活性。可以借鉴美国通过立法和监管对金融领域进行监管，利用“创新中心”监管模式和“两广双层多重”的监管特点，我国可以通过地方和中央的“双层”监管来严格管理市场，政府机关也要支持金融科技的发展，给予金融行业一定的发展空间，在合理的范围内允许金融行业灵活发展。

（二）英国

2017 年 4 月，英国财政部发布了《监管创新计划》（Regulatory Innovation Plan）①，其目的在于通过灵活变更金融监管和执法，保证政府支持新的商业模式和破坏性技术的发展。其部分内容如下。

1. 创新项目。此项目的目的在于：一是鼓励保护金融消费者的利益；二是通过向金融消费者提供破坏性、创新性的产品或服务以提高金融市场

---

① HM Treasury. Regulatory Innovation Plan [EB/OL]. (2017 - 4 - 4) [2020 - 04 - 15]. https://assets.publishing.service.gov.uk/government/uploads/system/uploads/attachment_data/file/606953/HM_Treasury_Regulatory_Innovation_Plan.pdf.

的竞争性。

首先，创新项目将与创新型金融科技企业合作，努力消除不必要的创新障碍，解决阻碍企业进入市场的结构性问题。其次，创新项目的核心在于创新中心。创新中心主要帮助新兴的和既有的金融科技企业向市场推出新的金融产品和服务。同时，要确定新技术和监管框架的领域范围以保护金融消费者的利益。最后，金融行为监管局设立专门的创新项目授权流程处理获得创新中心支持的金融科技企业的授权申请。金融行为监管局会为金融科技企业提供专门的监督支持，一般在一年后为企业提供无缝管理经验，尽可能地降低延误风险。

2. 监管沙盒。监管沙盒是一个安全的空间，金融科技企业可以在其中试验创新的金融产品、服务、商业模式和交付机制，而不会立刻引发在监管沙盒之外的正常监管的后果。

金融行为监管局希望金融科技行业自主建立监管沙盒，允许金融科技公司和监管沙盒“保护伞”公司使用企业自身的或者公开的数据在沙盒中进行实验，而不进入真实的市场。自主建立的监管沙盒允许金融科技企业相互协作，更好地解决在沙盒中遇到的问题。同时，希望金融科技行业组建一个领导小组，探讨沙盒试验过程中遇到的问题和解决措施，尽可能多地搜集金融科技行业的建议和信息。

扩大并加强创新项目的工作，使创新中心和监管沙盒提供的服务能够尽量满足金融科技企业的需求。金融行为监管局仍在探究监管的不确定性是否阻碍了金融科技企业在金融消费者保护方面的潜在创新能力。

3. 进一步支持竞争和创新的措施。一是继续开展金融行为监管局的主题活动周，重点在自动化咨询，即机器咨询和支付创新。金融行为监管局将大量接触金融科技企业，了解监管中存在的问题，努力消除监管的不确定性。二是金融行为监管局正在与金融科技企业开展合作，改进与金融消费者的沟通方式，提升金融消费者所获信息的有效性。三是目前金融行为监管局加强与金融科技行业的合作，希望可以通过放弃或修改信息披露规则鼓励创新型通信的测试工作。四是与政府合作，将数字货币交易纳入反洗钱监管的范围中。五是金融行为监管局正在与财政部合作实施修改后的付款服务指令（PSD2）①，2018 年后，金融消费者有权使用访问其账户信息的服务，并在获得同意的情况下依其行为进行付款。

（三）新加坡

新加坡金融管理局（MAS）2016 年发布了《新加坡金融科技沙盒监管指导方针》②，其主要内容包括沙盒监管的受众、扩展和退出机制以及批准程序等。

1. 沙盒监管的受众主要是寻找技术应用性金融服务的创新型公司，包括但不限于金融机构、金融科技公司以及与其合作或为其提供支持的专业服务公司。

2. 申请要求主要包括：一是申请中含有新兴技术或对现有技术的创新应用。二是解决当前金融行业中存在的某个问题，如金融消费者保护。三是申请者有能力或有意愿退出沙盒后在新加坡国内实施经监管沙盒测试过的金融产品或服务。四是沙盒实体必须明确测试的预期结果并与金融管理局协商测试进程，同时将测试进程报告给金融管理局。五是要求监管沙盒有明确的界限以保护金融消费者和金融行业的安全。六是沙盒实体要有能够应对、化解在实验中发生重大风险的能力。七是有退出或扩大监管沙盒的过渡方案，以防止实验的停止或者接续日后更大范围的实验。

3. 退出机制。在监管沙盒实验期结束时，金融管理局相对宽松的监管和法律要求将过期，沙盒实体必须退出沙盒。沙盒实体需要延长实验期的，需要至少提前一个月向金融管理局申请，同时要附带申请理由。沙盒实体可以在完全符合法律法规要求，以及得到金融管理局和沙盒实体满意的情况下进行更大规模的实验。停止沙盒试验的情况包括：金融管理局认为最新的沙盒实体测试没有达到预期目的；沙盒实体完成实验时仍无法完全与现行法律法规相符合；在沙盒实验中沙盒实体对金融消费者和金融体系造成了巨大的损害，且受损的利益大于实验的利益；金融管理局单方面终止

① 欧盟颁布的支付服务修订法案第二版（Payment Service Directive），于 2019 年开始在欧盟范围内正式生效推行。

② 李爱君．新加坡金融科技沙盒监管指导方针［C］．金融创新法律评论：中国政法大学互联网金融法律研究院，2017：165—174.

沙盒实验以及沙盒实体在通知金融管理局的前提下自动退出沙盒实验。

（四）欧盟

2019 年，欧洲证券市场管理局（ESMA）、欧洲银行管理局（EBA）以及欧洲保险和职业养老金管理局（EIOPA）联合发布了以金融科技监管为主题的报告《金融科技：监管沙盒和创新中心》（FinTech：Regulatory sandboxes and innovation hubs）①，主要内容包括创新中心和监管沙盒。创新中心可以为金融科技企业提供专门的联络点，以便它们向监管部门提出金融技术方面的咨询，并就创新金融产品、金融服务或商业模式是否符合许可证或注册要求以及监管和监督预期寻求非约束性的指导。监管沙盒允许金融科技企业在金融监管机构的授权和监督下，与金融监管部门商定具体的测试计划，对创新金融产品、金融服务或商业模式进行测试。金融监管机构在监管沙盒中拥有一定的自由裁量权（自由裁量权的适用范围取决于适用的欧盟法律与国家法律），但监管沙盒并不一定要应用欧盟法律的监管要求。

报告中指出，多数欧盟成员国都在本国建立了创新中心，但建立监管沙盒的国家较少。各国不同的监管模式有可能会阻碍金融科技的跨地域发展和跨境监管。发布此报告的目的在于，希望建立一个创新促进者网络，加强欧盟国家在金融科技监管领域的沟通、交流和协调。

另外，欧盟先后颁布了《一般数据保护条例》《机器人民事法律规则》《通用数据保护条例》等，目的主要是通过对金融科技监管立法加强对金融消费者、金融企业等主体数据和信息的保护，让金融信息更加透明且被公众知悉，从而利用法律手段维护正当权益。《机器人民事法律规则》中规定了算法透明原则，在人工智能的大环境下，人们对金融领域具体算法应用的了解越来越困难，面对复杂的公式和抽象的专业技术，没有具备一定知识的公民是很难全面了解内部系统操作是否正确的，而且金融信息也

---

① European Supervisory Authorities. FinTech：Regulatory sandboxes and innovation hubs [EB/OL].（2019 - 1 - 7）[2020 - 04 - 15]. https：//www. esma. europa. eu/sites/default/files/library/jc_2018_74_joint_report_on_regulatory_sandboxes_and_innovation_hubs. pdf.

越来越不向大众公开，使人们对金融的了解难度又增添了一层隔膜，所以算法透明原则可以降低公众获取金融信息的难度。《通用数据保护条例》是欧盟史上最严厉的数据保护法，通过对金融进行立法规范，保护金融行业的稳定发展。我国也可以学习欧盟的算法透明原则，将金融领域内的运行方式和与消费者密切相关的信息公之于众，提高公民对金融知识的理解，让金融消费者清楚地认识到自己投资目标的真实情况，从而做出正确的判断，并且通过对金融科技监管立法保障金融行业的正常运行。

二、代表性国家和地区金融科技监管立法的经验借鉴

（一）通过立法规范金融科技发展

2012 年，美国颁布了《企业振兴法案》，放松了金融监管，为美国中小型金融科技的发展提供了良好的外部环境，鼓励了中小型金融科技企业的创新。2016 年，美国颁布的《CFPB 创新细则》，以金融科技促进对消费者有利的金融创新。其中，《无异议函细则》将创新的金融产品控制在设想阶段，降低了监管和法律方面的不确定性，希望金融科技企业从金融消费者的角度出发设计金融产品和服务，从而为金融消费者提供与市场上不同的、更加便捷的金融服务。2019 年，美国颁布了《基于技术创新的证券业监管合规》，从市场监控与行为监测、客户身份识别和反洗钱合规、监管情报和报告、风险管理以及投资者风险评估等方面提出要将监管科技运用到金融科技的日常监管过程中，以满足对快速发展、日趋复杂的金融科技的监管需求。美国多部金融科技相关法律的制定并出台紧跟金融科技发展的步伐，解决了不同时期金融科技的监管问题。英国发布的《监管创新计划》、新加坡发布的《新加坡金融科技沙盒监管指导方针》以及欧盟组织发布的以金融科技监管为主题的报告，都是将创新型金融监管手段通过立法的方式确定下来。同时，英国、新加坡和欧盟的创新监管手段，如监管沙盒和创新中心都改变了以往金融监管只注重监管的立场，加强了与金融科技企业的合作，希望能够共同推进金融科技行业的发展。

同时，笔者通过分析代表性国家和地区的金融监管法律和监管模式，

发现金融监管措施与金融监管追求的目标相适应。美国金融市场规模较大、创新能力较强，因此选择了功能性监管。英国设计出监管沙盒和创新项目，这既是通过政府力量鼓励金融科技企业创新，也是对实现英国成为国际金融科技中心这一目的的追求。新加坡引入监管沙盒放松了对金融科技在金融监管层面的限制，有利于实现其追求亚洲金融中心的目标。我国金融科技市场规模较大，金融科技企业创新能力较强，有必要进一步扩大金融科技市场，促进金融科技企业创新，但同时也需要引入创新型监管措施来满足防范和化解金融风险的需求。可以说，代表性国家和地区的金融科技监管立法及时回应了社会发展变化的需要。因此，在我国金融科技监管立法中，也应当及时制定并不断完善金融科技相关法律。

（二）不断创新金融科技监管手段

目前，英国、新加坡以及欧盟部分国家都将监管沙盒加入金融科技的监管中。美国将监管科技引入金融科技的监管中。这些经济发达国家正在不断更新、升级金融监管手段，并将这些创新型监管模式纳入立法，通过立法的形式确认着金融监管的重要性，也使得创新型监管走向常态化。

监管沙盒创造了一个较为稳定的环境鼓励金融科技企业创新，不必担心金融创新为现实的金融秩序增加额外的负担。金融科技企业可以在这个虚拟环境中不断试验、创新，测试金融产品和服务，为日后向市场正式推出金融产品或服务做准备。金融科技的监管机构可以实时跟进监管沙盒的情况，深入了解行业发展现状，对日后金融政策变化和金融监管手段的升级提供决策依据。可以说，监管沙盒在试验过程中使得市场参与者与市场监管者的关系更为密切，或许在未来两者可以形成一种合作关系，共同促进金融科技的发展。监管科技通过运用大量新兴技术，以数字化的方式实现金融监管，这是一种双向化的过程。一是金融科技企业通过数字化的方式向金融科技的监管机构报送监管合规数据；二是金融科技的监管部门通过数字化的方式获取金融科技企业的信息和数据，并将监管要求以数字化的方式传送到金融科技企业。在这一过程中，通过运用新兴技术极大地提高了监管的效率和监管的有效性，很可能成为未来金融科技监管的发展方向。但监管科技面临着一个难题，即如何保障金融监管机构获取数据和信息的真实性，在这样一个数字化的时代，市场参与主体和市场监管主体都对数据和信息有着较高的依赖性，如果不能保障数据和信息的真实性，那么监管科技基础就不复存在了。因此，在运用监管科技的过程中要注重数据和信息的真实性问题。

不论是监管沙盒还是监管科技，它们都丰富了现有的金融监管手段，提升了监管效率和监管有效性，因此有必要将创新型监管手段纳入金融科技监管立法中，使之成为金融科技监管的常态化手段。

（三）加强金融监管机构引导金融科技发展的职能

代表性国家和地区的金融科技监管立法不断调整，金融监管机构的职能也在不断转变，提升了金融科技监管机构的开放性，满足了社会不断变化带来的新需求。英国财政部发布了《监管创新计划》，其目的在于使英国的金融服务在世界上最有竞争力和创新性，补充现有服务，为消费者提供更多的选择。金融监管机构也强化了引导金融科技发展的职能。一是通过创新项目、监管沙盒等创新型监管手段鼓励、促进金融科技企业创新，同时金融科技企业的创新又会对现有的商业模式形成挑战，从而促进了金融行业的竞争。二是通过改进与金融科技企业、金融消费者的沟通方式，加强与金融科技企业、金融消费者之间的联系，深入了解监管制度和金融消费者保护制度中存在的问题，努力消除监管不确定性，提高金融消费者获得信息的有效性。新加坡金融管理局认为，新加坡转型为智能金融中心的关键在于提供有利于技术创新运用的监管环境。因此，发布了《新加坡金融科技沙盒监管指导方针》，通过监管沙盒引导金融科技的发展，在鼓励金融科技企业创新的同时，帮助其逐渐走向真实的金融市场。欧盟多个监管部门联合发布了《金融科技：监管沙盒和创新中心》，自此金融科技监管部门的职能从之前的单纯实施金融监管走向了与金融科技企业的相互合作，通过合作方式，金融科技的监管部门能够更加全面了解金融科技行业的发展情况以及金融监管在实际运行中存在的问题，这有利于实现鼓励金融创新和维护金融市场秩序的目标。国外经验中有关金融科技监管机构的职能变化、监管者和监管对象相互合作的内容值得我国在金融科技监管立法时加以借鉴。

第五节　回应型金融科技法的立法实现

一、从自治型法走向回应型法

当前，金融服务实体经济和经济高质量发展、加大金融供给侧结构性改革力度、守住不发生区域性和系统性金融风险的底线，已经成为全社会的共识。发展金融科技，有利于优化经济和金融发展的要素基础和结构，助推我国经济高质量发展，提高国家核心竞争力。金融科技监管立法，就是要主动回应社会的广泛关切，顺应当前我国金融改革和金融法治化建设的要求，健全金融科技监管基本规则体系，加快金融科技监管立法从自治型向回应型的转变，为普惠金融和绿色金融发展创造良好的法治环境。为了规范和引导金融科技发展，保持金融科技稳定性和市场完整性，不发生互联网金融乱局，应构建以回应型法为模板的金融科技基础性法律，建议由全国人大常委会制定金融科技基础性法律，或者由国务院制定金融科技行政法规。

自治型金融科技监管立法为向回应型法转变提供了条件和契机。一是虽然自治型法仍以国家为本位开展立法活动，但它毕竟弥补了压制型法的缺陷，逐渐从人治走向法治。自治型法既强调对现有法律秩序和规则的遵守，同时又允许公民参与讨论法律，对现有法律进行批判。实践中，人们不断地批判法律和现有权威，同时也为法律秩序注入了新的动力，产生了对法律灵活回应社会发展变化的期待，也造就了自治型法逐渐转变成为回应型法的契机。二是回应型法的构建以法律目的为中心和出发点，强调法律目的在立法和法律变革中的支配地位，法律规则应服从于法律原则，法律愿望与政治愿望应该是一体化的。当前我们开展金融科技监管立法工作，应以回应型法为蓝本，以金融科技法律目的为中心和出发点，更多地引入公民对现有法律的探讨和批判，满足金融科技法律对社会变化的回应。①

（一）确立回应型金融科技监管立法的目的

基于回应型法是以立法目的为中心的，因此先要确立回应型金融科技监管立法的目的。一是维护国家经济秩序和金融安全与稳定。金融行业相较于传统的农业和制造业，本就属于风险较高的行业，而金融安全与稳定又对国家的稳定有着重要的影响。因此，有必要将维护国家金融秩序纳入金融科技的立法目的中。同时，金融科技不仅结合了金融与科技，还将金融风险与科技风险相结合，使得相较于传统金融业，金融科技领域防范和化解金融风险的难度更高，任务更重。一旦金融科技领域发生金融危机，其产生的破坏性效应也会更加难以处置，故而回应型金融科技的首要立法目的就在于维护国家金融安全与稳定。二是引导金融科技行业健康发展。金融科技一方面作为普惠金融的中坚力量，为我国金融业的发展贡献了自己的力量；另一方面由于缺乏有效的监管和引导，部分金融科技企业实施金融诈骗、非法融资等行为屡见不鲜，侵犯了金融消费者的合法利益，扰乱了金融秩序。面对金融科技的“双刃剑”作用，有必要通过立法的方式引导金融科技的发展，发挥金融科技对经济的推动作用，尽量减少金融科技领域中违法犯罪事件的发生。三是保护金融消费者合法权益。一个市场的良好发展离不开市场参与者的助推作用。同样的，金融消费者也在金融科技市场中具有重要的作用。面对金融消费者与金融科技企业在市场地位方面的巨大差距，有必要加强对金融消费者的保护。保护金融消费者的合法权益不受侵害，不仅是对单个金融消费者利益的保护，还有利于提升金融消费者进一步参与金融科技市场交易的意愿，从而推动金融科技行业的发展，拉动国民经济的提升。

（二）金融科技监管立法应遵循的原则

金融科技监管立法应当遵循以下几个原则：一是服务实体经济。习近平总

---

① 梅传强，张永强．金融刑法的范式转换与立法实现——从“压制型法”到“回应型法”[J]．华东政法大学学报，2017（5）：102—109.

书记在2017年全国金融工作会议上强调，金融是第二性的，它从来不可能离开实体经济而独自存在。① 回应型金融科技监管立法应立足于金融科技服务实体经济的要求，切实发挥金融科技对实体经济的支持作用。二是防范和化解金融风险。防范和化解金融风险是金融工作的根本性任务，也是金融科技监管立法工作的重点。要明确各类金融科技企业的准入规定，建立金融科技统计、信息发布管理规则，创新金融科技监管手段，将近年来整顿互联网金融的经验及时纳入立法当中。三是坚持政府监管与行业自律监管相结合。政府监管与行业自律监管各有所长，将两者有机结合，有助于完善金融监管体系，促进金融监管和引导金融科技创新这两个目标的实现。四是尊重金融科技自身发展的规律。金融行业和科技行业都具有很强的专业性，在立法过程中一定要注意它们自身的发展变化规律，不能抛开金融与科技的行业特性开展立法活动。五是遵循中央部署严厉打击垄断或不正当竞争行为，维护金融市场的公平竞争关系。党中央极为重视金融科技和金融平台的发展，近期在中央政治局会议、中央经济工作会议中对强化反垄断和防止资本无序扩张等作出了一系列的重要部署，严厉打击各种违法金融操作。六是持牌经营，严守金融门槛。对符合从事金融活动的机构发放牌照，严禁不具备金融资格的主体进入金融领域，严格落实监管要求，确保金融交易合法合规。七是准确捕捉新兴事物的发展动态，中央与地方及时进行整改。在审慎监管的基础上，支持金融科技企业大力发展实体经济，推动金融科技成为国家竞争力的重要力量，在发展的同时要及时准确地把握好发展的态势，不断制定与之相适应的措施建议。八是保护金融参与者的合法权益。部分金融主导者的法治意识淡薄，无视监管规则，进行监管套利等损害金融消费者或者其他企业权益的行为，而且金融消费者对金融机构内部的算法很难清楚明确地理解，如加密资产、加密代币等，所以应保证合法参与金融活动的主体不受非法侵害，将必要的信息透明化。

---

① 李扬．推进金融供给侧改革六大方向［EB/OL］．（2019－4－10）［2020－04－10］．http：//finance. sina. com. cn/roll/2019－04－10/doc－ihvhiqax1311322. shtml.

二、金融监管从保守走向创新

金融科技运用大数据、云计算、区块链、人工智能技术，开发出数字货币等金融工具，开展场景化、定制化、便捷化、个性化金融服务和综合性财富管理，突破了传统金融业务的范围，呈现跨界混业经营和跨区域经营的金融市场特征，加大了我国金融监管的难度，给我国金融监管法律制度带来了全新的挑战。在金融科技监管立法由自治型向回应型转变过程中，不能只是简单地提一下混业监管和智慧监管的概念，应从国家金融治理体系和治理能力现代化的高度，从提高金融治理的效能的高度，认真审视金融科技监管立法以及金融科技监管问题。在回应型金融科技监管立法中，要充分发挥我国的制度优势，发挥全国金融“一盘棋”和科技服务经济的长处，将金融监管与金融发展的目标统一起来、政府监管与行业自律监管结合起来，以及中央与地方金融监管职能协调起来，与时俱进发展监管科技，不断丰富监管手段，不断提升金融科技监管的时效性、精准性和穿透性。

（一）采用宏观和微观相结合的监管模式

在宏观层面，政府可以加强对金融科技的审慎监管策略，根据金融科技发展的周期变化、动态趋势、内部信息等因素制定出具有前瞻性的战略，提高捕捉新事物的敏感度。在微观层面，各地区的相关机关制定适合本地区发展的相关政策，对从事金融行业的企业制定准入许可标准，监管机构时刻关注金融市场的发展情况，当出现垄断问题或者限制竞争问题时，监管机关应及时发现并扼制这种情况的进一步恶化，可以通过责令其停产停业、判处罚金、没收财产、赔偿损失等方式维护金融市场的公平竞争关系。

宏观监管与微观监管两者相结合，可以有效避免在监管过程中出现的监管空白问题，实现对金融科技全方位的监管。宏观上制定的规章政策为微观监管提供一定的方向和目标，微观监管是宏观监管的细化和具体实施的方案。在面对新兴的金融产业微观监管不能有效调节金融的创新与发展的关系时，可以通过宏观的角度进行分析，看它是否符合发展的方向以及法律规定。目前我国金融领域正面临着双失灵的问题，需要充分发挥国家宏观调控和市场规制的作用，通过宏观层面的监管和各地方微观层面的监管策略，实现市场公平竞争。

（二）加强金融科技行业自律监管

目前，我国的金融科技监管体系以国家金融监管机关和地方金融监管机关为主，以行业自律组织的监管为辅。但是，在这种行政色彩浓厚、自律监管薄弱的监管体系中，已经出现了不法金融科技企业利用监管漏洞和监管空白进行监管套利的行为。现行的金融监管体系难以形成对金融科技的有效监管，因此在回应型金融科技监管立法中，有必要加强金融科技行业自律组织在金融科技监管中的作用。在具体的立法过程中，要将金融科技行业自律组织界定为金融科技的监管机构，从法律上确立金融科技行业自律组织作为监管者的地位，赋予其法定的监管权。同时，为了发挥市场的自我调节功能，保持国家和地方金融监管行政机关的谦抑性，可以将金融科技行业自律组织的监管前置，积极引导、鼓励并规范金融科技行业自律规则的形成。在金融科技行业整体发展稳定的情况下，不需要国家和地方层面的金融监管机构过多干预金融科技的市场行为，可主要由金融科技行业自律组织实施具体的监管行为。当金融科技行业出现风险大量聚积、滥用市场支配地位、严重侵害金融消费者利益等情形时，国家和地方层面的金融监管机构要及时介入，做好风险的化解工作，维护金融科技市场秩序，保护金融消费者的合法权益。在金融科技市场创新多变的环境中，希望以回应型法为金融科技监管立法模板，形成国家、地方金融监管与行业自律监管之间的平衡。既以行政化的金融监管保持法律的稳定性，又以自律化的金融监管保持法律的灵活性。

（三）完善金融科技监管机构的监管职能

回应型金融科技监管立法的目的之一就是积极引导金融科技行业健康发展。金融监管与金融创新是一个双向的过程。一方面，监管部门有积极引导金融科技发展的职能，通过运用监管沙盒、监管科技等手段监管金融科技企业，为金融科技企业提供了专业性、差异性的指导意见，有助于金融科技企业完成监管合规，促进了金融科技企业的创新。另一方面，在监管部门指导下进行的金融科技企业创新，金融监管机构能够实现与金融科技企业间的相互协作，帮助金融监管机构深入了解行业内部发展情况，降低金融风险，有助于金融秩序的稳定。由于金融科技监管立法是鼓励金融创新与金融监管并重的，因此金融科技监管立法的名称不是《金融科技促进法》，也不是《金融科技监管法》，而是《金融科技法》。另外，金融科技的发展路径是自上而下的，从国外的金融科技监管立法以及具体的监管措施来看，弱化传统的金融监管是未来发展的方向。在具体的立法过程中，可以将金融监管权一分为二，形成促进发展与监管约束的双重结构。① 针对金融科技的监管，可以采取将更多的行为监管的权力交予地方，实施按地域划分的金融监管，将金融监管的监管职能落到实处，将统一规划发展的职能主要交由国家层面的金融监管机构执行，发挥央行金融科技委员会统筹、规划和协调的职能。

（四）丰富金融科技监管手段

一是监管沙盒。在回应型金融科技监管立法中，监管沙盒是我国创新金融产品和服务的“孵化器”，以开放性履行鼓励、引导金融科技发展的职能。我国具有巨大的人口红利和金融消费者市场，监管沙盒模式可以通过实验的方式对现有的风险进行检验，从而找到更适合的监管方式，更好地保护金融市场秩序和金融消费者权益，有助于金融监管机构和金融科技企业更好地合作交流，强化金融科技监管。

在回应型金融科技监管立法中，监管沙盒将以原则导向作为主要监管理念，而后根据实际运行情况细化相关规则。具体来讲，可以将人民银行下属的金融科技委员会确立为主要的责任主体。首先，会同金融监管机构与金融科技的相关行业自律组织协商制订监管沙盒的实施方案，其中包括申请监管沙盒的条件和方法、监管沙盒的运行程序和退出程序以及金融消费者保护等内容。通过监管沙盒申请的金融科技企业，可根据实际情况与

---

① 吴烨．论金融科技监管权的本质及展开［J］．社会科学研究，2019（5）：110—118.

金融监管机构协商测试的时长、参与测试的用户数量、测试涉及的金额等具体细节。其次，为每一个进入监管沙盒的金融科技企业配备数名专业指导，这些专业指导必须拥有金融、法律和科技等方面的知识背景。一方面，这些专业指导可以引导金融科技企业更好的理解相关的政策和法律法规，降低企业的合规风险，帮助金融科技企业努力消除创新障碍，逐步走向真实的金融市场。另一方面，监管部门可以及时了解到监管沙盒运行的最新动态，以及金融科技企业将新的金融产品和服务推向市场后带来的影响，为日后在现实中的监管积累经验，有针对性地开展后续的金融监管工作。金融监管部门应参与监管沙盒运行的全过程，包括前期的申请、中期的具体测试以及后期的退出过程。最后，在监管沙盒运行的全过程中，金融监管机构要为金融科技企业提供差异化的指导和建议，根据测试中出现的各类问题进行评估和风险管理，总结经验不断完善监管沙盒制度。①

二是监管科技。英国金融市场行为监管局（FCA）于 2015 年年底提出了“监管科技”的概念，即高效、低成本地解决监管与合规要求的科技创新应用，主要应用对象是金融机构。监管科技可看作是广义金融科技分支，关注的是金融科技行业的合规问题。② 金融科技的监管机构运用监管科技可以获得即时性、整合性的数据，便于监测金融科技企业的个体风险以及金融科技行业整体性、系统性风险，同时可以更好地了解到金融科技市场参与主体的行为，了解行业发展动向。③

在监管科技的具体运用中，可以通过自动报告技术直接从各金融科技市场参与主体的交易行为中获取数据。例如，金融科技的监管机构可以运用分布式账本技术将自身纳入金融科技行业的分布式账本节点中，从而获得分布式账本上所有节点的信息。换言之，金融科技监管机构可以直接获取金融科技企业所有的交易数据，如了解每笔交易的合同金额。传统的金

① 张景智.“监管沙盒”的国际模式和中国内地的发展路径［J］. 金融监管研究，2017（5）：22—35.

② 曹硕. RegTech：金融科技服务合规监管的新趋势［J］. 证券市场导报，2017（6）：1.

③ 周仲飞，李敬伟. 金融科技背景下金融监管范式的转变［J］. 法学研究，2018（5）：3—19.

融监管要求企业定期向金融监管机关报送数据，而运用监管科技，金融科技的监管机关可以获得实时的、真实的交易数据，降低企业修改数据的可能性，可以更加准确、客观地判断金融科技行业的整体发展情况，更有针对性地防范和化解金融风险。中国的监管科技发展仍处于起步阶段，许多方面的应用尚在探索阶段。在自治型金融科技监管立法中，要大力推进监管科技统一应用框架的建设，并逐步形成监管科技产业链。首先，金融科技监管机构要将最新的监管政策与合规要求以数字化的方式发送给金融科技企业。其次，金融科技企业将自身的数据传输给监管机构，监管机构在获得最新数据后可进行相关风险分析。最后，利用合规分析结果进行风险处置、信息共享等。

三是反垄断。2018 年 3 月 23 日，科技部正式发布《2017 年中国独角兽企业发展报告》。报告显示，“蚂蚁金服”以 750 亿美元估值位列第一，“滴滴”以 560 亿美元位列第二，“小米”以 460 亿美元估值位列第三。排名前十位的“独角兽”企业中金融科技企业占据三席。在鼓励金融科技企业发展的同时，也要警惕“独角兽”企业形成垄断的问题。金融科技监管的一个重要问题就是维护金融科技行业稳定发展，保障各金融科技企业之间的公平竞争。另外，要尤其注意部分金融科技企业利用自身市场地位进行数据垄断成为数据寡头，形成信息孤岛等。金融科技企业尤其依赖大数据，一旦形成信息孤岛将不利于行业整体的良好发展态势。①

预警型法治是在立法中规定，当金融监管机构发现有违反金融市场规定或者扰乱金融市场秩序的行为时，应提前对该企业或其他主体进行警示，责令其进行整改或者进行口头警示，如果依然不加以改正，可以对其进行罚款或者责令关闭等措施。这样可以在一定程度上避免金融科技企业滥用自身权利，扰乱金融市场秩序。为了防止垄断的发生，应该提前做好防范工作，及时预警。监管机构在制定相关金融监管制度时，必须准确、及时地关注金融市场的信息发展动态，根据金融市场的信息变化情况做出

① 范明珠．我国金融科技监管立法目的和模式探析［J］．海南金融，2019（12）：50—54.

相应调整或制定新的监管制度。建立健全风险防范措施，完善金融风险的追责机制，及时规避风险，不断深化金融供给侧结构性改革，日益满足人们不断增长的美好生活需求。2020 年 12 月 21 日，央行党委在召开扩大会议中指出防范垄断和不正当竞争的发生，应该提前做好部署，防患于未然。在金融科技监管立法过程中，要建立反垄断执法部门与金融监管部门的协同治理机制，具体工作可由国务院下属的反垄断委员会与金融稳定发展委员会承担。由于金融科技属于金融行业，为保证专事专管原则的落实，当反垄断委员会与金融稳定发展委员会的职能、权力或责任发生重叠或交叉，金融科技企业出现疑似垄断行为时，可先由金融稳定发展委员会裁决该企业的行为是否构成垄断。当金融稳定发展委员会认定该行为构成垄断时，由金融监管部门主要负责该事宜，再与反垄断委员会协商、共同决定具体的处理细节和处理结果。如果金融稳定发展委员会认为应当由反垄断执法部门主要负责时，就由反垄断执法部门按照《反垄断法》的相关内容进行处理。同时，由于金融科技涉及金融行业与科技行业，在具体执法过程中应由反垄断执法部门负责，金融监管部门与之配合协调，共同维护市场环境，保持金融科技行业内部的良好、适度竞争。金融监管部门在日常的监管过程中应当关注金融科技企业的经营情况及其在市场竞争中所处的市场地位，一旦金融科技企业出现垄断行为应立刻会同反垄断执法部门进行处理。①

金融科技的监管是我国回应型金融科技监管立法的重要组成部分。一种适当的、有效性较强的金融监管会对整个金融科技行业的发展起到推动作用。在回应型金融科技监管立法中，采取微观与宏观监管相结合的监管模式，尽量避免监管空白和漏洞。在监管机构方面，金融监管机构由国家金融监管机构和行业自律监管机构组成；在监管职能方面，肯定并保留了传统金融监管的职能和目标，同时提出鼓励、促进金融科技创新的金融监管职能和目标；在监管措施方面，加入了监管沙盒和监管科技的内容，

---

① 许恋天．互联网金融监管与反垄断执法二元共治［J］．经济与管理，2019（1）：59—62.

提升了金融监管的能力建设，使得金融监管能够与金融科技的发展相适应。另外，笔者也特别提出金融科技反垄断方面的问题，在金融监管的具体过程中要加强对反垄断问题的审查，注重对整个金融科技市场秩序的维护。

三、提升科学化立法水平

推动金融科技监管立法是解决金融科技发展过程中存在的问题的解决方式之一，通过立法给予监管机构与金融科技相应的法律地位，明确金融科技的主体、客体、内容等，推动区块链、大数据等技术在金融领域中依法合规地进行运转，鼓励区块链、云计算等技术手段和监管科技在金融领域中不断发展和广泛应用。监管机构能够基于法律的规定对金融机构的交易信息数据进行监管，通过立法授予金融监管机构对金融数据的收集、评估、监测等金融数据一定的监管裁量权。对于金融科技的立法应采取“总—分”的立法框架结构，并应采取特别法的立法模式。通过对金融科技进行立法可以有效地对金融科技的领域范畴、管理方法、监管形式进行统一规定，从而能够有效管理，在更好地推进金融科技发展的同时也能够有效维护市场的秩序和稳定，所以对金融科技监管立法是非常有必要的，尤其是对监管立法更应该严格规范。

（一）确立金融科技监管立法的立法模式

回应型金融科技监管立法应采取从宏观层面统一立法、从微观层面单项立法的立法模式。统一立法可以降低法律和政策方面的不确定性风险，明确金融科技各交易主体之间的权利义务关系和法律责任，有利于减少盲目投资，保护金融消费者利益。从宏观层面统一立法、从微观层面分别立法的立法模式有助于金融科技监管立法对金融科技发展的回应，同时解决由于各地区经济发展不平衡而导致的法律“一刀切”问题。董新义（2020）认为在制定管理金融科技相关的法律规范的过程中，不仅要对金融网络技术安全和金融信息安全等金融科技的技术方面进行整体的监管，制定严格的监管制度，还应该将技术手段融入金融监管中，设计出特殊的监管规则，确立一个可以进行监管创新实验的制度。① 在立法中融入技术治理是很有必要的。将智慧监管与智能监管结合，在地方上制定符合地区情况的地方性法规，明确规定本地区金融监管机构的各项职权，利用技术手段完善地区内的监管协调机制，细化监管细则。在立法中也要明确责任的追究问题，通过技术手段追踪出所有参与非法运营的相关机构及其实施的违法行为，根据违法程度、违法行为的危害等因素判断其应承担的法律责任。吴燕妮（2018）认为对金融科技的监管应该通过对金融科技监管立法、制定相关规则等多种方式实施，并且在现有的金融法律规范体系中融入区块链技术和监管科技等技术。②

从现有金融科技监管立法来看，金融科技监管立法中金融、科技、法律的关系尚不明朗，如表1－2所示，大量的金融科技法律集中在金融领域而非科技领域，仅有国家网信办出台的《区块链信息服务管理规定》与金融科技中科技的部分密切相关。金融科技基础性法律的着眼点就在于其基础性，不对金融科技的每个方面进行细致的规定，因此需要单行法发挥查缺补漏的功能。目前金融科技分类中市场基础设施方面的法律相对较少，日后可以针对分布式账本、客户身份数字认证、数据处理等方面进行分别立法。另外，在采取统一立法基础上再进行分别立法，给予了各个地区一定的自主选择的权力，各地区可以结合自身金融科技发展现状和发展金融科技的独特优势进一步开展立法活动。③ 例如，北京、上海等地可根据自身金融科技的发展实际出台地方性的“监管沙盒条例”。

（二）加快金融科技基础性法律的制定

针对前述我国金融科技监管立法层级不高的问题，主要的解决方式就是制定以回应型法为模板的金融科技基础性法律，构建以回应型金融科技

---

① 董新义．金融科技法律如何制定？——来自韩国的立法经验［J］．暨南学报（哲学社会科学版），2020，42（09）：103—117.

② 吴燕妮．金融科技前沿应用的法律挑战与监管——区块链和监管科技的视角［J］．大连理工大学学报（社会科学版），2018，39（03）：78—86.

③ 范明珠．我国金融科技监管立法目的和模式探析［J］．海南金融，2019（12）：50—54.

法为核心内容的金融科技法律体系。因此，我国急需建立回应型金融科技法。长远来看，需要做好金融科技监管立法的整体制度设计工作，制定一部具有可操作性的金融科技基础性法律。目前，建议由全国人大常委会制定一部金融科技基础性法律，即“金融科技法”；或者由国务院制定一部金融科技行政法规，即“金融科技条例”。

针对目前我国金融科技发展的现状，在回应型金融科技监管立法中需要关注以下两个问题。一是在制定金融科技基础性法律时要注意与现有法律之间的衔接。法律与法律之间并不是相互独立的，在一个完备而周密的法律体系中，从横向、纵向两种角度去观察，金融科技基础性法律应与其他相关法律保持一致，保证法律的稳定性和统一性。二是在制定我国回应型金融科技基础性法律时，一定要从我国金融科技发展的实际情况出发，根据我国金融科技发展的不同阶段的需求开展立法或者修改法律的工作。

从具体的立法内容来看，金融科技基础性法律应包括多方面的内容，既要引导金融科技企业的发展，又要对金融科技企业形成有效监管，还要保护金融消费者的合法权益。从涵盖的范围来讲，金融科技基础性法律应包括民事、行政、经济和刑事法律方面的内容。民事法律方面的内容主要是对金融科技交易主体的保护，特别是金融消费者的保护；行政法律方面主要涉及的内容是金融科技的监管机构对金融科技企业的监管；经济法律方面的内容主要是维护金融科技行业的市场秩序，尽量避免出现个别金融科技企业滥用市场支配地位的情形；刑事法律方面的内容主要在于对金融科技领域违法犯罪行为的打击，如对非法吸收公众存款和集资诈骗等行为的制裁。

笔者认为，一部回应型金融科技基础性法律不可能永久地解决金融科技领域存在的所有问题，并且金融科技基础性法律也有可能会与其他法律的部分内容重叠，但是一部全国性、基础性的金融科技法律的出台可以为金融科技市场参与主体提供行为指引，为解决金融科技领域的纠纷提供明确的法律依据。

（三）扩大金融科技监管立法的视野

金融科技的交易本就是在世界范围内进行的，加之回应型法注重法律的灵活性，因此回应型金融科技监管立法应将立法的视野从国内扩大到国际。

一是在具体的立法内容中加入金融科技国际交流与合作的相关内容。由于金融科技发展时间不长，缺乏国际层面的监管框架，国别间的监管合作也有待日后开展。① 国际金融稳定理事会、巴塞尔银行监管委员会和国际证监会组织等都高度关注金融科技的发展趋势，研究金融科技对金融行业的影响，评估现行的国际监管框架，日后可能会出台与金融科技有关的监管指引。我国应加强与国际经济组织和其他国家在金融科技领域的交流与合作，根据金融科技的发展现状，创新金融科技的监管方式，争取在未来国际层面的金融科技监管中获得话语权。

二是鼓励国内的金融科技企业在非核心的业务范围内开展与国外金融科技企业在技术领域的合作，也可以将其他国家成熟的金融监管产品和技术引进国内，提升我国金融科技监管的水平。

四、加强金融消费者保护

回应型金融科技监管立法应关注金融消费者保护问题，将金融消费者保护提高到了立法目的的层面。这里的金融消费者不是指某一个特定的人而是具有群体性的特点。应当提高金融消费者的市场地位，给予金融消费者倾斜性保护。需要强调的是，给予金融消费者倾斜性保护是为了缩小金融科技企业与金融消费者在市场地位方面的差距，使两者达至市场地位相对平衡的状态，不能对金融消费者保护过度，否则容易打破金融科技不同市场主体之间的平衡关系，反而不利于金融科技行业的发展。

金融科技中金融消费者的保护不同于传统金融业中的金融消费者保护。随着监管沙盒试点的不断增多和监管科技的逐步落地，金融消费者保护实际上从被动走向了主动，从后置走向了前置。监管沙盒的设立初衷就

---

① 杨宇焰．金融监管科技的实践探索、未来展望与政策建议［J］．西南金融，2017（11）：22—29.

是为了使金融消费者获得更好的产品和服务，以及更加完善的金融消费者保护制度。同时，监管科技在金融监管中对不正当交易和不法金融科技企业的识别，从源头上规避了一些金融风险，为金融消费者提供了良好的市场环境。这些都是金融科技中金融消费者保护不同于传统金融消费者保护之处，在此，仅阐述金融消费者权益受到侵害之后的保护机制。

（一）完善金融消费者纠纷解决机制

在回应型金融科技监管立法中可以建立一种双层金融消费者投诉机制及投诉监督制度。第一层金融消费者投诉机制设立在金融科技企业内部，可以在金融科技企业中专设独立的投诉部门负责解决金融消费者的投诉，完善投诉的受理、反馈、纠纷解决等投诉流程，尽可能在企业内部解决金融消费者投诉的问题，避免投诉升级。① 第二层金融消费者投诉机制设立在金融科技企业的外部，具体是指金融申诉专员（FOS）制度。该制度即受理各类金融消费纠纷，尊重双方当事人的意思自治，可自主选择和解、调解、仲裁等方式解决纠纷，提升了双方当事人对处理结果的认同程度。另外，金融申诉专员制度中保留了金融消费者诉讼的权力，注重了司法仲裁与调解制度的衔接。这一制度目前难以在全国范围内落地实施，可先在有条件、有基础的地区建立金融投诉平台，逐步开展试点工作，而后向全国推广。同时，建立金融申诉专员中的投诉监督制度，金融消费者对平台受理过程存疑的，可以对有关金融申诉专员进行金融投诉，然后启动再审查程序。

（二）构建有效的金融消费者投诉机制

第一，推广金融审判庭和金融仲裁院。金融审判庭是专门审理和处理金融商事案件的专业化审判机构。从 2008 年至今，金融审判庭经过了 10 多年的发展，受理了大量的金融商事案件，在不断总结审判经验的基础上，逐步提高审判质量，维护了金融消费者的合法权益，也平衡了金融创

---

① 黄梦奇，李瑞鹏．我国金融消费者权益保护的立法现状、监管模式及完善思路［EB/OL］．（2018－06－25）［2020－03－14］．https：//mp. weixin. qq. com/s/6aTlO6jq5S5zO_oTCXo7tA.

新与化解金融风险之间的紧张关系。① 金融仲裁制度为金融消费者和金融科技企业双方提供了一种便捷、灵活、有效的纠纷解决机制，在解决金融纠纷方面具有重要的意义。对于相对处于弱势地位的金融消费者而言，金融仲裁制度的平等性、保密性、权威性和快速性有助于降低其维权的成本。同时，金融仲裁制度的广泛推广也分担了部分司法审判的压力。第二，建立独立的第三方纠纷解决体系。面对金融消费者日益增长的解决金融纠纷的需求，有必要以公平、公正、公开为原则，建立独立的第三方投诉、调解和仲裁体系，让金融消费者维权走向大众化，降低金融消费者的维权成本，这样才能更好地保护金融消费者的合法权益。第三，推广金融科技领域的公益诉讼制度。公益诉讼的判决扩张性特点，可以有效保护同一金融纠纷中金融消费者的合法权益，也可以对不法金融科技企业起到震慑作用。

（三）提升金融消费者的维权意识

金融消费者与金融科技企业在市场地位上的不平衡，需要由国家的金融监管、金融司法审判补足，同时也需要金融消费者提高自身素质，在面对不同的金融产品和服务时，不要一味地听从别人的推销、追求收益高的产品，要结合自身的抗风险能力和需求去选择适合自己的金融产品和服务。另外，要提升金融消费者维权的意识。虽然目前金融消费者维权的难度较大，但是随着科技的发展和新技术的运用，异常交易会渐渐被金融监管机构所甄别。未来可以通过人工智能与监管科技的结合，识别金融科技企业的异常交易行为，遏制不法金融科技企业的侵权行为，保护金融消费者的利益，这也为金融消费者的保护提供了新的思路。同时，未来的维权渠道也会逐渐扩大，满足金融消费者维护自身利益的需求。

---

① 黄梦奇，李瑞鹏．我国金融消费者权益保护的立法现状、监管模式及完善思路［EB/OL］．（2018－06－25）［2020－03－14］．https：//mp. weixin. qq. com/s/6aTlO6jq5S5zO_oTCXo7tA.

五、提升公民的立法参与度

对于一个国家而言，立法活动应该是专业而理性的。从表面形态来看，法是一种社会规范，但究其本质，则是将某种价值观念通过立法的方式形成一种规范的集合体。立法是实现法治的重要路径，立法活动不仅仅是制定社会规则、维护社会生活的秩序，也是人民当家作主在法治建设中的主要体现。而法律想要获得公民的普遍认可和遵守，就应当反映社会公众的真实意志。因此，在回应型金融科技监管立法中应提升公民的参与度，尊重公民发表不同意见的权利。

金融科技在我国普惠金融领域发挥着重要的作用，它不断渗入人们的日常生活中，满足着社会公众的金融需求。面对庞大的受众群体，金融科技监管立法关系着每一个公民的利益。在回应型金融科技监管立法中应当切实保障公民的知情权、参与权、表达权和监督权，在法律的制定和完善过程中充分倾听各方的不同意见和建议，尽可能公开立法的相关信息，提升公民对法律草案的认知。

民主的开端在于对民众意见的重视。可以通过民主参与的程序和方式，从民意表达走向民主。具体而言，首先，可以将回应型金融科技法的草案通过网络、媒体的方式向社会公众公布；其次，召开座谈会、论证会、听证会了解公众对法律草案的看法和意见；再次，要制定意见反馈机制和电子卷宗制度，确保立法充分反映民意；最后，建立公开的立法档案，接受社会公众的监督。① 这样的立法程序不仅可以提升立法的透明度，也容易获得公众对法律的认可。

另外，要提升公民在回应型金融科技监管立法中的参与度，还要注重对公民法治思维的培养。刘茂林教授曾提出法律秩序理论，他认为法律秩序的实现是成文法律和现实法律在观念法律的作用下相互影响、相互适应

---

① 田桂花. 转型时期的中国法治及其主体性建构——“回应型法”的启示与实践[D]. 中国政法大学，2014 (3).

的过程。想要实现金融科技领域的法律秩序，就要注重观念层面的金融科技法律，提升公民对法律、秩序和法治的认知程度，培养公民在金融科技领域的法治思想。想要提高公民的法治思维必须让公民学习现有的法律规定并且要充分了解金融形势以及自身的需求，在充分掌握这些信息的基础上让公民参与立法活动才更有意义。回应型法制的建设是在充分了解民众需求的基础上建立起来的，公民自己目前面临的困难、需求、建议等都可以向国家立法机关反映，金融市场的内部信息由于越来越不透明化，使得金融消费者很难充分了解其中的运作和重要信息，因此让金融信息的透明化也是提高公民参与度的重要一环，立法机关在收集信息后作出能够满足公民需求的立法条文，才能更好地满足人们日益增长的美好生活需求。提高公民法治思维可以让公民在金融市场中面临垄断或者不公平竞争时拿起法律的武器维护自己的权益，而不是在受到侵害时不知所措或者做出违法的事情。

提高公民的法治思维可以通过在线教育、在各地区展开法制宣传活动、开展相关的金融法制栏目剧、举办一系列金融知识普及活动等，让公民充分了解金融科技带来的变化与目前的情事变更。这样公民在参与立法活动时可以提出更具有理论依据的建设性意见，立法机关也能够更具有针对性地解决问题，制定出符合社会发展、人民需求、具有前瞻性和科学性的法律规定。

综上所述，提升回应型金融科技监管立法中公民的参与度，一是要让公民参与到具体的金融科技监管立法活动中，充分认识法律、了解法律，培养民众的法治思维和法治观念，进而引导全社会，特别是金融科技法律关系主体信仰法律、自觉遵守法律。二是通过公民参与立法的方式，让不同的利益主体都拥有表达自身诉求的合理渠道，立法者也能够充分听取民意，发挥观念金融科技法律的作用，使得现实金融科技法律、观念金融科技法律与成文金融科技法律逐步走向一致。

第六节　结论与展望

金融科技在我国的发展历程可谓是一波三折，不论是金融科技初期的野蛮生长，还是在政府管控下的一度遇冷，我们都不难看出政府政策导向对金融科技这一新兴金融行业的巨大影响。可是，对一个行业的管控不能仅依赖政府的政策导向，这难免会出现行业发展随着政府导向“忽冷忽热”的局面。特别是金融科技仍旧属于金融业的范畴，这样关乎国计民生的行业更加需要合理的立法来引导整个金融科技行业的发展。我们探讨金融科技监管立法问题，既要关注作为新兴行业的监管有效性问题，又要关切金融科技行业的长远发展及其带来的社会影响。可以说，金融科技监管立法是一个牵一发而动全身的立法活动，要考虑到金融科技横跨金融与科技的双重属性，使金融科技监管立法具有前瞻性，能够快速回应金融科技行业实际发展的需求，又要考虑金融科技作为新兴金融业，与传统金融业之间在立法中的区别和衔接问题，还要考虑平衡金融监管与金融创新之间的关系，包括但不限于如何引导金融科技行业进一步发展，保护虚拟化交易中的金融消费者，金融科技行业反垄断的界定与处罚，以及满足金融科技的国际化特点，能够在实际的跨国交易中使我国金融科技企业处于有利地位等。怎样的一部法律才能满足上述需求，可见，金融科技的立法研究工作任重而道远，要从长远考虑，不能采取以前发现一个问题就出台一个政策的方式对待金融科技。笔者对金融科技监管立法问题的研究还不够深入，在宏观层面，提出了金融科技的立法模式、立法目的、立法原则等，大致勾勒出金融科技监管立法的框架；在微观层面，提出了对金融监管与金融创新、金融科技行业反垄断、金融消费者保护、提升公民在金融科技监管立法中的参与度等的一些看法和建议。

一部法律不能永久性解决金融科技行业出现的全部问题，但不可否认的是，未来金融科技领域出现的新问题和新变化，仍要通过立法的方式完善和解决。因此，笔者选择了回应型法这种能够对客观立法环境和立法实际需求作出回应的法律模型对金融科技进行立法。金融科技作为新兴行业，对它的各项研究还在路上，希望笔者的研究能起到抛砖引玉的作用，有更多的专家学者和金融科技的从业人员能够关注到金融科技的立法问题，共同思考、共同探讨金融科技未来的发展。

本章参考文献

[1] 李扬，孙国峰，朱烨东，伍旭川．金融科技蓝皮书：中国金融科技发展报告（2018）[M]．北京：社会科学文献出版社，2018.

[2] 杨涛，贲圣林，杨东，宋科．中国金融科技运行报告（2018）[M]．北京：中国金融出版社，2018.

[3] 陈元，黄益平．中国金融四十人看四十年 [M]．北京：中信出版社，2018.

[4] 许多奇．金融科技法律评论 [M]．北京：法律出版社，2017.

[5] 徐忠，孙国峰，姚前．金融科技：发展趋势与监管 [M]．北京：中国金融出版社，2017.

[6] 谢平，邹传伟．金融科技：解码金融与科技的融合 [M]．北京：中国金融出版社，2017.

[7] 安辉．金融监管、金融创新与金融危机的动态演化机制研究 [M]．北京：中国人民大学出版社，2016.

[8] 吴晓灵．金融科技：中国实践的法律透视 [M]．上海：上海远东出版社，2015.

[9] [美] 波斯纳．法律的经济分析 [M]．北京：法律出版社，2007.

[10] 赵昌文．科技金融 [M]．北京：科学出版社，2009.

[11] 刘茂林．中国宪法导论 [M]．北京：北京大学出版社，2009.

［12］［美］诺内特，赛尔兹尼克．转变中的法律与社会：迈向回应型法［M］．北京：中国政法大学出版社，2002.

［13］董新义．金融科技法律如何制定？——来自韩国的立法经验［J］．暨南学报（哲学社会科学版），2020，42（09）：103—117.

［14］马小林．金融科技引领银行信用风险管理转型的路径［N］．金融时报，2020—12—28（010）.

［15］辛紫琦．我国金融科技的风险防控研究［J］．中国市场，2020（23）：41—42.

［16］靳文辉．金融风险预警的法制逻辑［J］．法学，2020（11）：51—66.

［17］蒙杰．论金融科技风险的法律监管［J］．对外经贸，2020（08）：111—115.

［18］杜青雨．我国金融科技监管体系构建策略研究［J］．技术经济与管理研究，2020（01）：84—88.

［19］陆璐．“FinTech”赋能：科技金融法律规制的范式转移［J］．政法论丛，2020（1）：137—148.

［20］范明珠．我国金融科技监管立法目的和模式探析［J］．海南金融，2019（12）：50—54.

［21］许恋天．互联网金融监管与反垄断执法二元共治［J］．经济与管理，2019，33（1）：59—62.

［22］谭书卿．金融科技背景下的监管转型——以“监管沙盒”本土化进路为视角［J］．西南金融，2019（10）：90—96.

［23］吴烨．论金融科技监管权的本质及展开［J］．社会科学研究，2019（5）：110—118.

［24］李敏．金融科技的系统性风险：监管挑战及应对［J］．证券市场导报，2019（02）：69—78.

［25］吴燕妮．金融科技前沿应用的法律挑战与监管——区块链和监管科技的视角［J］．大连理工大学学报（社会科学版），2018，39（03）：78—86.

[26] 李明哲，王子宁. 金融科技的贡献、风险与监管 [J]. 北方金融，2018 (10)：74—76.

[27] 皮天雷，刘垚森，吴鸿燕. 金融科技：内涵、逻辑与风险监管 [J]. 财经科学，2018 (9)：16—25.

[28] 刘志云. 互联网金融整治背景下的立法思考 [J]. 企业经济，2018 (7)：5—11.

[29] 王宇. 金融科技创新之监管对策分析 [J]. 新金融，2018 (6)：41—45.

[30] 费方域. 金融科技与监管科技：生态的视角 [J]. 新金融，2018 (5)：4—8.

[31] 许多奇. 互联网金融风险的社会特性与监管创新 [J]. 法学研究，2018，(5)：20—39.

[32] 杨东. 监管科技：金融科技的监管挑战与维度建构 [J]. 中国社会科学，2018 (5)：69—91 + 205—206.

[33] 周仲飞，李敬伟. 金融科技背景下金融监管范式的转变 [J]. 法学研究，2018，(5)：3—19.

[34] 朱柯达. 金融科技"监管沙盒"的国际实践与启示 [J]. 浙江金融，2018 (4)：3—11.

[35] 肖兰华. FinTech 发展视角下的金融监管 [J]. 上海金融，2018 (4)：79—81.

[36] 张双梅. 中国互联网金融立法与科技乐观主义 [J]. 政法论坛，2018，36 (4)：57—68.

[37] 刘继兵，李舒谭. 中国金融科技发展路径优化研究 [J]. 西南金融，2018 (3)：48—52.

[38] 沈伟. 金融科技的去中心化和中心化的金融监管——金融创新的规制逻辑及分析维度 [J]. 现代法学，2018，(3)：70—93.

[39] 许多奇. 金融科技的"破坏性创新"本质与监管科技新思路 [J]. 东方法学，2018 (2)：4—13.

[40] 孟娜娜，蔺鹏. 监管沙盒机制与我国金融科技创新的适配性研究

——基于包容性监管视角［J］. 南方金融，2018（1）：42—49.

［41］汪可. 金融科技、价格竞争与银行风险承担［J］. 哈尔滨商业大学学报（社会科学版），2018（1）：40—48.

［42］朱太辉. 我国Fintech发展演进的综合分析框架［J］. 金融监管研究，2018（1）：55—67.

［43］杨东. 防范金融科技带来的金融风险［J］. 红旗文稿，2017（16）：23—25.

［44］孙国峰. 共建金融科技新生态［J］. 中国金融，2017（13）：24—26.

［45］杨宇焰. 金融监管科技的实践探索、未来展望与政策建议［J］. 西南金融，2017（11）：22—29.

［46］李有星，柯达. 我国监管沙盒的法律制度构建研究［J］. 金融监管研究，2017（10）：88—100.

［47］胡滨，郑联盛. 金融科技倒逼监管改革［J］. 中国经济报告，2017（9）：91—94.

［48］陈冠华. 英国监管沙盒项目对我国金融创新监管的启示［J］. 中国物价，2017（08）：79—82.

［49］陆岷峰，葛和平. 金融科技创新与金融科技监管的适度平衡研究［J］. 农村金融研究，2017（9）：7—12.

［50］柴瑞娟. 监管沙箱的域外经验及其启示［J］. 法学，2017（8）：27—40.

［51］杨松，张永亮. 金融科技监管的路径转换与中国选择［J］. 法学，2017（8）：3—14.

［52］边卫红，单文. Fintech发展与“监管沙箱”——基于主要国家的比较分析［J］. 金融监管研究，2017（7）：85—98.

［53］曹硕. RegTech：金融科技服务合规监管的新趋势［J］. 证券市场导报，2017（6）：1.

［54］宋佳儒. 金融监管在Fintech兴起背景下的制度选择——以“沙盒模式”的移植与本土化为进路［J］. 福建金融，2017（7）：22—25.

［55］伍旭川．金融科技监管的国际经验与启示［J］．北方金融，2017（7）：12—16.

［56］贺建清．金融科技：发展、影响与监管［J］．金融发展研究，2017（6）：54—61.

［57］李仁真，申晨．Fintech 监管的制度创新与改革［J］．湖北社会科学，2017（6）：156—163.

［58］孙国峰．从 FinTech 到 RegTech［J］．清华金融评论，2017（5）：93—96.

［59］伍旭川，刘学．金融科技的监管方向［J］．中国金融，2017（5）：55—56.

［60］梅传强，张永强．金融刑法的范式转换与立法实现——从“压制型法”到“回应型法”［J］．华东政法大学学报，2017（5）：102—109.

［61］张景智．“监管沙盒”的国际模式和中国内地的发展路径［J］．金融监管研究，2017（5）：22—35.

［62］中国人民银行广州分行课题组，李思敏．中美金融科技发展的比较与启示［J］．南方金融，2017（5）：3—9.

［63］李伟．金融科技发展与监管［J］．中国金融，2017（8）：14—16.

［64］李文红，蒋则沈．金融科技（FinTech）发展与监管：一个监管者的视角［J］．金融监管研究，2017（3）：1—13.

［65］张斌．互联网金融规制的反思与改进［J］．南方金融，2017（3）：37—45.

［66］刘永谋，李佩．科学技术与社会治理：技术治理运动的兴衰与反思［J］．科学与社会，2017，7（2）：58—69.

［67］易宪容．金融科技的内涵、实质及未来发展——基于金融理论的一般性分析［J］．江海学刊，2017（2）：13—20.

［68］蔡元庆，黄海燕．监管沙盒：兼容金融科技与金融监管的长效机制［J］．科技与法律，2017（1）：1—12.

［69］廖岷．全球金融科技监管的现状与未来走向［J］．新金融，2016

(10)：12—16.

[70] 杨涛．正视金融科技的变革与挑战［J］．清华金融评论，2016 (10)：30—33.

[71] 赵鹞．Fintech 的特征、兴起、功能及风险研究［J］．金融监管研究，2016 (9)：57—70.

[72] 朱太辉，陈璐．Fintech 的潜在风险与监管应对研究［J］．金融监管研究，2016 (7)：18—32.

[73] 刘志伟．地方金融监管权的理性归位［J］．法律科学（西北政法大学学报），2016 (5)：156—164.

[74] 房汉廷．关于科技金融理论、实践与政策的思考［J］．中国科技论坛，2010 (11)：5—10 +23.

[75] 李东荣．金融科技守正创新应着力做到"四正"［N］．联合时报，2021 -01 -05 (006).

[76] i199IT. 毕马威：2019 上半年全球金融科技投资趋势报告［EB/OL］．(2018 -08 -15)［2020 -02 -02］．http：//www. 01caijing. com/article/19859. htm.

[77] 王姝．全国人大财经委："互联网金融法"争取列入年度立法计划［EB/OL］．(2019 -10 -27)［2020 -03 -09］．https：//mp. weixin. qq. com/s/dKLuiD0_z5CIAYTTjIbR9g.

[78] 中央政府门户网站．人民银行等十部门发布《关于促进互联网金融健康发展的指导意》［EB/OL］．(2015 -07 -18)［2020 -03 -14］．http：//www. gov. cn/xinwen/2015 -07/18/content_2899360. htm.

[79] 中央政府门户网站．科技部发布国家"十二五"科学和技术发展规划［EB/OL］．(2011 -07 -13)［2020 -03 -14］．http：//www. gov. cn/gzdt/2011 -07/13/content_1905915. htm.

[80] 梁晓辉．中国 2020 年将制定个人信息保护法、数据安全法［EB/OL］．(2019 -12 -21)［2020 -04 -10］．https：//baijiahao. baidu. com/s? id =1653489251325332814&wfr = spider&for = pc.

[81] 温源．人民银行成立金融科技委员会［N/OL］．光明日报，

2017－05－16（10）［2020－03－19］. http：//epaper. gmw. cn/gmrb/html/2017－05/16/nw. D110000gmrb_20170516_6－10. htm.

［82］Chris Brummer，Yesha Yadav，Fintech and the innovation trilemma［J］. The Georgetown Law Journal. 2019，Vol. 107.

［83］Federico Ferretti，Consumer access to capital in the age of FinTech and big data：The limits of EU law［J］. Maastricht Journal of European and Comparative Law. 2018，Vol. 54.

［84］Douglas W Arner，Dirk A Zetzsche，Ross P Buckley，Janos N Barberis. FinTech and RegTech：Enabling Innovation While Preserving Financial Stability［J］. Georgetown Journal of International Affairs，2017，18（3）.

［85］Lev Bromberg，Andrew Godwin，Ian Ramsay，Cross－border cooperation in financial regulation：crossing the Fintech bridge［J］. Capital Markets Law Journal. 2018，Vol. 13.

［86］Charles W. Mooney，Fintech and Secured Transactions Systems of the Future［J］. Law and contemporary problems. 2018，Vol. 1.

［87］Anton Didenko，Regulating FinTech：Lessons from Africa［D］. UNSW Sydney. 2018.

［88］Financial Stability Board. Financial Stability Implications from FinTech［R］. Financial Regulation Research，2017.

［89］Peter Gomber，Jascha－Alexander Koch，Michael Siering. Digital Finance and FinTech：current research and future research directions［J］. Journal of Business Economics，2017，87（5）.

［90］Carmen Leong，Barney Tan，XiaoXiao，Felix Ter ChianTan，Yuan Sun，Nurturing a FinTech ecosystem：The case of a youth microloan startup in China［J］. International Journal of Information Management. 2017，Vol. 37.

［91］Gerard，O，Virtual Currencies：Growing Regulatory Framework and Challenges in the Emerging Fintech Ecosystem［J］. North Carolina Banking Institute. 2017，Vol. 21.

［92］Ryoji Kashiwagi，Regulatory sandboxes are going live［J］. Lakyara.

February, 2017.

[93] Crabb, John, CFTC could go further in regulating fintech [J]. International Financial Law Review. Jun, 2017.

[94] FCA, Regulatory Sandbox [EB/OL], https://www.fca.org.uk/news/regulatory-sandbox, September 2, 2017.

[95] Chang-Hsien, Kuan-Jung, The FinTech Revolution and Financial Regulation: The Case of Online Supply-Chain Financing [J]. Asian Journal of Law and Society. 2017, Vol. 4: p109-132.

[96] Susanna, C., et. all, The Financial Technology Handbook for Investors [J]. Entrepreneurs and Visionaries. 2016.

[97] Douglas, A., J. Barberis and R. Buckley, FinTech, RegTech and the Reconceptualization of Financial Regulation [J]. Northwestern Journal of International Law & Business. October, 2016.

[98] Knight B., Innovation Will Stall without a Regulatory FinTech Sandbox [J]. American Banker. November, 2016.

[99] Frederic, Mishkin., and S. Philip, What Will Technology Do To Financial Structure? [J]. NBER Working Paper No. 6892. January, 1999.

第二章

我国地方政府金融监管的理论证成与法治化实现

第一节　问题的提出

由于全国性金融机构不能满足地方的金融需求，越来越多的地方金融组织（业态）兴起。伴随着地方金融组织（业态）数量的不断增加和规模的不断扩大，其业务越来越接近全国性金融机构的金融经营行为。一方面，地方金融组织（业态）不同于全国性金融机构采取牌照许可制，中央金融监管机构不对其进行监管；另一方面，由于地方金融组织（业态）具有金融属性，地方政府不能将其按照一般工商企业进行监管，因而地方金融组织（业态）没有被纳入监管体系，就出现了监管真空问题。

地方金融组织（业态）在监管真空状态下无序发展，再加上其本身存在信息不透明问题，可能引发区域性和系统性金融风险，而且有些地方金融组织（业态）以互联网、区块链、比特币技术等金融科技手段作为掩护，披着金融科技创新“外衣”而实际进行违法犯罪活动，如“E 租宝”、杭州 P2P 网络小贷“暴雷”等，给监管带来一定的挑战，需要透过现象对其本质进行“穿透”监管。这些地方金融组织（业态）依托金融科技，设立简单、分布多、范围广，无实物资产，给监管和后续资产处置都带来一定的难度。在这类地方金融组织（业态）进行违法犯罪活动后，金融消费者或投资者往往寻求地方政府救济，地方政府成为此类案件实际上的责任人。同时，为防范此类风险，地方政府在“发展地方经济”职能的基础上增加了对部分地方金融组织（业态）的监管职能。这样一来，地方政府实际上对部分地方金融组织（业态）进行事前监管并承担事后风险处置责任。

2017 年 11 月，全国第五次金融工作会议召开，明确了在坚持金融监管为中央事权的基础上，压实地方风险处置责任。随后的文件明确了地方政府金融监管的范围为“7+4”类机构。[①] 此次会议还设立了国务院金融稳定发展委员会（以下简称金稳委）作为议事协调机构对地方金融监管和发展相应事项进行指导。2018年年初，中央金融监管机构改革落下帷幕，下半年各省级地方政府也纷纷进行改革，在原“金融服务办公室”（以下简称金融办）的基础上加挂“省地方金融监管局”的牌子，并明确地金融监管局成为政府组成部门或直属机构，具有行政编制。截至2019年年底，全国31个省（自治区、直辖市）均已完成由“办”到“局”的改革。从2017年至今，山东省、河北省、四川省、天津市陆续制定出台了有关地方金融监管的地方性法规，对地方政府的金融监管权予以明确，其余省份也在积极起草制定针对地方金融监管的地方性法规。

综上，为更好地服务地方金融组织（业态）和金融科技发展，打赢金融风险攻坚战和服务实体经济，加快推进我国金融体制改革，需要对地方政府金融监管问题从宏观战略和全局角度予以解决。党的十八届三中全会提出经济体制改革和建设法治政府，党的十八届四中全会提出“全面推进依法治国”的总目标都为地方政府金融监管法治化从宏观和全局提供解决方案。笔者从法治化的核心要义出发，提出由全国人大常委会授权国务院制定《地方金融监管条例》的前提下完善其他规范性法规，明确地方政府金融监管的权限范围，落实地方金融参与主体权利保障，并建立全覆盖的地方金融监管合作机制等对策建议。

---

① 中编办发布的《中共中央关于服务实体经济、防控金融风险、深化金融改革的若干意见》将地方金融监管对象划分为“7+4”类，其中7类由地方监管的有：小额贷款公司、融资担保公司、区域性股权市场、典当行、融资租赁公司、商业保理公司、地方资产管理公司；4类由地方加强监管的有：投资公司、农民专业合作社、社会众筹机构、地方各类交易场所。

第二节　地方政府金融监管的一般考察

一、地方金融的概念辨析

（一）地方金融的概念厘清

理论界与实务界对“地方金融”都未进行权威而规范的界定，甚至对其称谓都未达成一致。理论研究中，既有学者使用“地方金融机构”“地方金融组织”进行阐述，也有学者用“地方金融业态”表述；实践中，2017 年全国金融工作会议后的相关文件只明确了“地方金融监管对象为 7 +4”，已制定地方金融监管相关法规的省份采用“地方金融组织”[①] 这一概念，地方政府金融监管工作人员多使用“地方金融”这一表述。但“组织”和“机构”都忽略了其内涵还可能包括“区域性股权市场”“地方各类交易场所”等内容，这些内容用“机构”“组织”表述都不合适。因此，笔者暂用“地方金融”这一概念。[②]

笔者认为，地方金融是指满足一定地域性的组织或业态，其外延主要包括小额贷款公司、融资担保公司、融资租赁公司、典当行、保理公司、地方资产管理公司、农民专业合作社等几类。

从内涵上看，地方金融与全国性金融机构有所不同，后者往往从事货币流通与信用业务，受中央金融监管机构监管，拥有全国性的金融牌照。相对的，地方金融从事的业务活动具有金融属性，目前没有全国性的金融牌照。地方金融与全国性金融机构相比更具有地域性，是满足一定要求的

---

① 如山东省、四川省、河北省、天津市制定的有关地方金融的监管条例都在总则部分采用“地方金融组织”这一概念。

② 笔者在表述地方政府金融监管对象时，多采用“地方金融组织（业态）”一词，而“地方金融”和地方政府金融监管对象的区别详见下文，此处不再赘述。

主体出资设立的，总部与主要机构在地方，主要为服务当地经济而设立的法人单位或其他组织、业态等。

从外延上看，地方金融与全国性金融机构比较，后者主要包括银行业、证券业、保险业、交易及结算类金融机构以及金融控股公司;[①] 地方金融主要包括小额贷款公司、融资担保公司、融资租赁公司、典当行、保理公司、地方资产管理公司、农民专业合作社等。地方金融机构外延之所以只包括这几类主要是因为这几类不能单纯归于银行业、证券业、保险业中的任何一类，但又具有金融属性，地域性更强，所以在地方政府金融监管过程中应作为第一批监管对象，具有独特性。[②] 以小额贷款公司为例，发放贷款的性质类似于银行类金融机构，其发放贷款，但不吸收公众存款，因而不能被归为银行类金融机构，其他几类亦然。

（二）相关概念辨析

从“地方金融”与“非正规金融”的比较来看，“非正规金融”内涵主要从两方面界定，一是其未被税收、监管等制度囊括且不受法律规范；二是其运行主要靠关系网和声誉维系。[③] “地方金融”与“非正规金融”相比，更突出强调其地方性、区域性，而“非正规金融”更强调对“正规金融”的排除，因此“非正规金融”没有地域性限制，其将跨区域的主体也包含在内。

从“地方金融”与“民间金融”的比较来看，“民间金融”指国家法定金融机构组织之外的个人、企业和其他经济主体的资金融通行为，根据其合法性可分为：非法形式（如高利贷）、合理不合法形式（如友情借贷）、合法又合理形式。“地方金融”与“民间金融”相比，区别主要在于地域性与对“民间”的正向理解。如，某地城市银行具备地域性的特

---

① 中国人民银行2009年发布的《金融机构代码规范》明确规定了32类金融机构。

② 因为地方政府金融监管的法治化是一个过程，在这一过程中，其监管对象会随着其他条件的逐步成熟范围逐步扩大。因而应分批次、分阶段的研究地方政府金融监管的对象，但“地方金融”由于其独特性，应是地方政府第一批监管的对象，第二批、第三批监管对象详见下文，此处不再赘述。

③ 钱雪松. 非正规金融研究：评述与展望［J］. 华中科技大学学报（社会科学版），2018（4）：102—109.

征，有学者将其归为“地方金融”，但其并非为“民间金融”。

“地方金融”与上述相关概念也存在相同的地方。从属性上来看，“地方金融”与上述概念都有一定金融属性，开展业务都与金融活动相关。从监管上看，“地方金融”与上述概念都未从理论上明确其监管主体，对其监管都存在疑问。因此，“地方金融”与相关概念既有相同点，又有细微差别，从目前学术研究的内容上看，大部分概念无明显的界限，基本上可以相互替代，但为严谨起见，且更突出地域性、地方政府的参与性等因素而采用“地方金融”这一概念。

（三）地方金融的特征

在探讨地方金融的特征之前，需要明确地方政府确实对地方金融进行监管，但地方金融却非地方政府的唯一监管对象。现有研究存在一个误区，就是默认“地方政府的监管对象就是地方金融”，却缺少对“地方金融”这一概念内涵与外延进行的探讨。这样就会陷入“地方金融是地方政府的监管对象，地方政府金融监管的对象是地方金融”的概念循环，从而落入“用概念解释概念”的陷阱，既不能理清“地方金融”的概念，又不能对地方政府金融监管进行全面而深刻的认识，进而将“地方金融监管”与“地方政府金融监管”混淆。

首先，“地方金融”既具有金融属性，又不同于完全意义上的金融机构。这一特点也使其范围窄于“地方政府金融监管的对象”。因为法律虽未对“地方政府金融监管对象”的内涵进行规明确规定，但实践和学界多已默认其范围为“7 +4”类机构。那么，对比“7 +4”类机构的内涵，地方金融少了区域性股权市场、投资公司、地方各类交易场所、股权众筹等内容，因为这几类具有明确的证券业属性，而地方金融所包含的内容不属于银行、证券、保险业的任何一类。

其次，地方金融的另一个显著特点是地域性。在这一点上，“地方金融”和“地方政府的监管对象”在部分范围内有重合，但其却是不同于“非正规金融”“民间金融”等其他概念的主要特点。学者对地域性特点有不同理解，笔者认为，地方金融的地域性主要体现在机构设立范围和设立目标两方面。机构设立范围的地域性主要体现在其总部和主要机构主要设置在地方，设立目标的地域性主要表现在其业务经营主要为服务当地经济、为中小微企业提供资金支持等方面。这两个方面缺一不可，如总部和主要机构设立在地方，但服务范围辐射到全国的具有金融属性的机构就不能称为“地方金融”。

再次，地方金融设置上具有地方法人属性。相对于全国性金融机构与外资金融机构在地方的分支机构，地方金融属于现代型公司体制，具有独立法人地位。例如，小额贷款公司、融资担保公司等都具有法人性质。其不同于国有金融机构在地方的分支机构无法人资格，不能独立承担相应责任等。地方法人属性也体现在具有地方税收、地方业务和地方管理等内容方面。

最后，地方金融在规模上较其他市场竞争主体小，对于市场的垄断能力弱，风险相对较小。由于其业务经营范围主要局限于省内或狭小的区域，因此整体实力与市场份额较低，且引起系统性风险的可能性小，但对其所引发的风险仍需谨慎。

二、地方政府金融监管的概念辨析

（一）地方政府金融监管的语意逻辑

前文已述，“地方金融”与“地方政府金融监管的对象”内涵不同，而对这两者概念内涵的不同理解会导致对“地方金融监管”与“地方政府金融监管”相关概念的不同解读。前文已探究过“地方金融”的概念，本部分则对“地方金融监管”与“地方政府金融监管”进行区分，从而理顺地方政府金融监管的语义逻辑。

从字面意思看，“地方金融监管”是从“地方金融”角度出发，探讨对“地方金融”的监管。其存在两个问题：一是其监管主体仍难以确定，“地方金融”的监管主体是中央还是地方仍然模糊不清，是否对地方予以分权立场仍不明确。二是从“地方金融”角度出发探讨对其的监管，需要对“地方金融”的内涵与外延进行极为精准的界定。从理论上来看，现阶段学界对其内涵与外延界定并不清晰，争论较大；从实践上看，伴随金融创新的加快，新兴金融业态不断发展，无法从根本上穷尽相关内容，所以可能还是会遗漏相关内容。

“地方政府金融监管”则是从监管主体的角度出发，探讨其相应权力与责任。一方面，从监管主体角度出发，尤其是从地方政府角度出发探讨金融监管问题，重点在于探讨对地方政府的金融事权的赋予，这也是目前实践中监管地方金融组织（业态）面临的一个重要问题。“地方政府金融监管”既可以体现出地方政府作为全国金融监管体系的一部分承担地方一级的金融监管，又体现出其是中央与地方双层金融监管体系中的下一级地方金融监管。另一方面，从监管对象的角度看，“地方金融”是其监管对象中的一部分重要内容，但并非全部，可依据相应规范性标准合理划分中央与地方金融事权，并在此基础上，分地区、分阶段探索地方政府的监管对象，从而避免遗漏，并最大限度缩小金融发展与法律滞后性间的差距。

（二）地方政府金融监管的概念内涵

在对地方政府金融监管的概念进行界定之前，应明确地方政府金融监管问题并非在脱离中央金融监管的前提下进行的，而是在中央与地方双层金融监管体制的框架内进行研究，只是将研究重点聚焦于地方政府的金融监管法治化。具体可以从以下几个方面探讨中央与地方双层金融监管体制框架内的地方政府金融监管问题。

首先，地方政府不能脱离中央金融监管机构实施金融监管，原因如下：一是金融的事权属性以及我国单一制的权力结构形式决定了对于金融监管事权不能由地方政府单独承担。二是从金融资源的公共属性和金融资源配置的复杂性来看，需要地方政府与中央金融监管机构协同配合，以最大限度实现金融资源的有效配置。三是从地方政府金融监管实践来看，其人员编制、监管手段等不足，需要中央金融监管予以配合。

其次，双层金融监管体制赋予了地方政府相应金融监管权，原因如下：一是地方金融组织（业态）在基层分布数量大，但中央金融机构在基层分布少，中央难以实施有效监管，应赋予地方政府相应金融监管权。二是从监管机构改革来看，目前地方政府金融监管机构改革已开始，为地方政府金融监管打下基础。三是从监管规范来看，部分规范性文件已规定了地方政府的相应风险处置责任，为地方政府金融监管提供可能。四是从金融监管的有效性来看，需要中央与地方政府协调配合。①

在中央与地方双层监管体制框架内，笔者试着从主体、监管对象、权力属性等方面对地方政府金融监管进行合理界定。

首先，地方政府毫无疑问是本概念的主体。地方政府一般与中央政府相对，在我国，地方政府指省级及以下各级政府。我国《宪法》规定地方各级政府是国家权力的执行机关，从性质上看，是地方各级行政机关。地方政府的定义学界无较大分歧，此处主要探讨“地方政府金融监管”中“地方政府”的内涵，此处的“地方政府”主要指地方金融监管部门，其他政府部门在必要时也需进行辅助，如省级地方金融监管局和省级市场监督部门、发改部门等之间应进行统筹协调。

其次，地方政府金融监管的对象也应从多角度理解。在这之前，需先明确地方政府金融监管的对象仍受中央金融监管机构和地方政府的双重监管，不过中央金融监管机构多负责规则的制定，地方政府多负责具体的实施。从内容上看，在不同金融监管理念下的地方政府金融监管对象有所区别。在机构监管背景下，地方政府金融监管对象为地方金融组织或业态，具体包括银行保险业中的部分小型机构或业态，证券业中的地方各类交易场所、区域性股权市场，前文提及的不属于任何一类的地方金融，其他新型金融机构等；在行为监管背景下，地方政府金融监管对象为依照其业务类型划分的行为。

此外，还要明确地方政府金融监管权力是一种地方政府的监督管制与约束活动。但地方政府金融监管中有关“限制、约束”等内容并非目的，而是手段，其根本目标还是为地方金融组织（业态）创造良好的营商环境，保护地方金融消费者权利，从而更好地发展经济。从一般意义上讲，金融监管的对象不同，则监管权力内容侧重点也不相同。金融监管对象若为机构，则监管内容多注重准入、设立等内容，金融监管对象若为行为，则监管内容多注重日常经营、信息披露等，但地方金融组织（业态）的负

① 笔者在下文“金融监管有效性理论”部分详细阐述了这一点，此处不再赘述。

外部性以及地方政府的地缘优势要求其既要明确准入设立方面的职权，又要注重日常风险监管等。

综上，地方政府金融监管是指在中央与地方政府双层金融监管体制框架内，省级及以下各级政府依据国家法律法规的授权对地方金融组织（业态）或金融业务活动实施的，既注重准入设立又注重日常风险监管的限制、约束活动，而这种活动的目的是为地方金融组织（业态）创造良好的营商环境，保护地方金融消费者权利，从而防范地方金融风险，促进地方经济稳健运行。

三、地方政府金融监管的理论基础

（一）金融监管有效性理论

地方政府金融监管需要解决的首要问题就是地方政府能否拥有金融监管权。针对此问题，学界大多以央地事权划分的“重要程度”“影响程度”等作为标准进行讨论①，而对于这些标准的理解不同，衡量指标也难以统一，因此笔者从金融监管有效性理论着手更能从实效上解决这一问题。

国际货币基金组织认为，判定金融监管体制是否有效应从以下几个方面进行：一是监管目标是否清晰；二是监管部门是否具有独立性和可问责性，三是监管资源是否充足；四是监管部门是否享有灵活执法权；五是能否实现风险全覆盖。② 因此，可以根据以上五个标准，对中央金融监管机构和地方政府金融监管的有效性进行对比。从监管目标上看，中央金融监管机构的监管目标更注重系统性风险防范，地方政府则注重区域风险防范与发展经济双重目标。从监管部门的独立性和可问责性来看，中央金融监管机构的规制独立性和组织独立性更强，地方政府受“条”“块”双重管辖更具可问责性。从监管资源上看，地方政府具有天然的人缘、地缘优

---

① 余凌云．地方立法能力的适度释放——兼论“行政三法”的相关修改［J］．清华法学，2019（2）：149—162.

② Abrams R K, Taylor M W. Issues in the Unification of Financial Sector Supervision［J］. IMF Working Papers, 2000, 00（213）.

势，相比于中央金融监管机构在基层无派出机构，地方政府更有优势。从灵活执法权来看，银保监会及其派出机构作为事业单位缺乏相应手段。但是，2020 年银保监会出台《中国银保监会行政处罚办法》，明确赋予银保监会及其派出机构行政处罚权。

《中国银保监会行政处罚办法》仍然没有赋予地方金融监管机构相应执法权和处罚权。① 而从风险覆盖面看，地方能更早发现风险并采取相应措施。

综上，依据金融监管有效性理论，可以看出地方金融监管部门在可问责性、监管资源、金融风险覆盖方面更具有优势，中央金融监管机构在其他方面更具优势，因而应在中央与地方双层金融监管框架内，结合各自优势进行监管，从而提升我国金融监管有效性。

（二）分权理论

分权理论主要探讨事权在中央和地方政府之间的分配。向地方政府适度分权不仅可以满足各地区的不同需求，也可以促进地方政府间的合理竞争，推动创新性成果的诞生。而我国幅员辽阔、单一制政体等实际情况也存在对地方分权的现实需要。笔者主要探讨在双层金融监管体制下对金融监管权在中央和地方如何分配的问题。

从中央与地方分权的具体标准来看，《立法法》对央地事权的划分采用“重要性”标准，但其科学性和合理性难以界定。分权理论在对其他国家和地区分权标准进行研究并结合本国实际的基础上，提出对央地事权划分可采用“公共服务的受益范围”和“外部性程度”两方面标准。② 具体到金融监管权在中央和地方政府间的合理划分，也可从以上两方面入手。

---

① 2020 年 6 月，中国银行保险监督管理委员会令（2020 年第 8 号）。数据来源：http：// www. cbirc. gov. cn/cn/view/pages/ItemDetail. html? docId = 911627&itemId = 926。最后访问时间：2021 年 8 月 17 日。

② 从“公共服务的受益范围”角度看，中央政府和地方政府应视为服务提供者，应根据其所能提供的公共服务的受益范围确定是中央事权还是地方事权；“外部性程度”则主要指事权对民众影响的强度和广度。参见封丽霞：“中央与地方立法事权划分的理念、标准与中国实践——兼析我国央地立法事权法治化的基本思路”，载于《政治与法律》2017 年第 6 期。

从“公共服务的受益范围”看，中央金融监管机构监管目标具有宏观性，服务范围辐射全国，因而其受益对象应为全国性、跨区域的金融组织或业态。而地方政府的服务范围仅辐射在地方，因而应对地域性的、非跨区域的金融组织或业态进行监管。从金融组织（业态）的角度讲，也可称为“经营范围”因素。

从“外部性程度”对民众影响的广度因素看，涉众广泛的金融组织（业态）应由中央金融监管机构进行监管，反之，则应由地方政府进行监管；从“外部性程度”对民众影响的强度因素看，规模大、负面信息传播速度快的金融组织（业态）对民众的影响更大，因而应由中央金融监管机构进行监管，反之，则应由地方政府进行监管。而“外部性程度”的强度和广度因素表现在央地金融监管分权中，则可概括为金融组织（业态）的“涉众”和“系统重要性”因素。

因此，分权理论为合理配置中央和地方政府金融监管权提供了理论依据。具体来讲，对于金融监管权在央地政府间的划分从金融组织（业态）的角度看，应从“经营范围”“涉众”程度和“系统重要性”因素等方面着手进行考虑。

（三）法治政府理论

“分权”是现代经济体制的核心问题，不仅要依赖一般意义上的法律制度，更需要在“法治”的框架下展开①，而法治政府能够有效保障法治社会的建立和发展②。

法治政府理论作为一种综合治理理论，要求政府正确履行职能，划清公共权力与市场主体的边界、范围，进一步简政放权、放管结合、优化服务，激发企业内生动力和经济发展活力，使市场在资源配置中发挥决定性作用。③ 虽然各学者对法治政府理论的内涵表述略有差异，但“职权法定”和“权责一致”原则都贯穿始终。

---

① 张守文. 现代经济体制的构建及其法治保障［J］. 政法论丛，2019（1）：3—14.

② 杨柳. 法治政府与法治社会的内在关联［J］. 人民论坛，2018（35）：96—97.

③ 任进. 法治政府建设的实践发展和理论创新［J］. 行政管理改革，2017（10）：39—42.

从“职权法定”角度看，法治政府理论要求“法无授权不可为”，没有法律明确规定，政府不能超越职权、滥用职权。在地方政府金融监管中，首先需要明确的就是地方政府的金融监管权是否有法律进行规定，其次需明确政府在履行职能过程中应划清公共权力与市场主体的边界、范围，尤其要注重市场在资源配置中的决定性作用。具体来讲，地方政府是否有法律对于金融监管事权的合法授权、政府监管与市场自发调节之间的边界是什么、地方政府金融监管的范围是什么、实践中地方政府在无法律依据的情况下制定的地方金融法规是否合法等问题都涉及职权法定的内容。

从“权责一致”角度看，法治政府理论指出法律赋予行政机关一定权力也就意味着责任和义务，不能有权无责，也不能有责无权。具体到地方政府金融监管，就是要明确在现阶段地方政府被赋予风险处置责任之后，其是否应被赋予对应的金融监管权，以及如何赋予的问题。否则，就有可能陷入有责无权的困境之中。

因此，法治政府理论要求地方政府在履行职能过程中要遵从“职权法定”和“权责一致”原则，“职权法定”具体体现在地方政府金融监管应具有法律依据，并应理清监管与市场的边界；“权责一致”主要体现在地方政府金融监管权应与风险处置责任相匹配。这些内容都为地方政府金融监管法治化提供理论依据。

第三节　地方政府金融监管法制建设的渐进性历程

一、我国地方政府金融监管权力规范的实践考证

（一）我国地方政府金融监管权力规范的发展历程

地方政府金融监管权力的内容主要体现在对各类地方金融组织（业

态）监管的规范性文件、中央明确央地金融监管权限范围的政策性文件、地方性法规等规范性文件之中。对地方政府金融监管权力的规范历程进行回顾，有助于结合我国实际情况，明确地方政府金融监管的权限范围。笔者按照时间顺序对以上三类规范性文件进行梳理。

最初通过规范性文件将监管权下放到地方政府的是农民专业合作社。农民专业合作社是农村信用合作社（以下简称农信社）在经历一系列改革后形成的一种互助型经济组织。农信社在新中国成立前就有过尝试，后为实现服务“三农经济”的目标，国家再次试点设立农信社。新中国成立后农信社的性质及监管主体经历了多次变化，2003 年国务院深化农信社改革的规范性文件进行了明确，即农信社可改制为股份制、股份合作制和合作制三种，地方政府、省级信用联社、人民银行与银监会共同对农信社进行监管。农民专业合作社就是农信社合作制改革的产物，2007 年的《农民专业合作社法》和《农民专业合作社登记管理条例》将农民专业合作社设立和登记方面的权力赋予地方政府。

2005 年，为解决农村地区金融排斥问题，小额贷款公司在我国开展试点。2008 年，银监会发布《关于小额贷款公司试点的指导意见》（以下简称《指导意见》）明确由省级政府确定金融监管部门对小额贷款公司进行监管并承担风险处置责任。《指导意见》出台后，小额贷款公司的数量在一定时期内快速增长①，虽然之后增速放缓，但总量还是不容小觑。

2009 年，针对大量涌现的融资担保公司，全国开始对其进行整顿。2010 年，银监会联合七部门发布《融资担保公司暂行办法》，明确由省政府确定的部门对其进行监管。

2011 年，在天津市和北京市设立金融资产交易所后，国务院发布《关于清理整顿各类交易场所切实防范金融风险的决定》，明确由省级人民政府按照属地原则对地方各类交易场所进行清理整顿。截至 2016 年 6 月，全国经过批准的地方交易场所共有 11 家。② 同年，国家发展改革委发布《关

---

① 中国小额贷款公司协会．中国小额贷款公司行业发展报告（2005—2016）［M］．北京：中国经济出版社，2016：37.

② 王海军，张海亮．不良资产处置与管理［M］．北京：中国金融出版社，2017：95.

于促进股权投资企业规范发展的通知》，明确由省政府对资本规模不足5亿元的股权投资企业备案。

2012年，国务院通过《金融业发展和改革“十二五”规划》进一步明确地方政府对小额贷款公司和担保公司等机构的管理职责，强化地方政府的风险处置责任。同年，商务部发布《典当行业监管规定》明确省级商务主管部门的监管职责，并将典当行之前“非银行金融机构”的定位改为“特殊工商企业”。不仅如此，商务部还在天津和上海两地开展商业保理试点并规定由当地商务部门主管相应工作。

2013年，商务部持续发力，发布《融资租赁企业监督管理办法》明确商务部及省级主管部门作为监管主体对内资试点融资租赁公司①进行监管。这是商务部在经过10余年内资融资租赁试点后发布的，截至2013年，商务部和国家税务总局联合批准设立内资融资租赁公司123家②。同年，党的十八届三中全会通过《中共中央关于全面深化改革若干重大问题的决定》，重申界定中央和地方政府金融监管职责。

2014年，中编办下发《关于完善中央与地方金融管理体制的意见》，初步明确地方金融办对小额贷款公司、担保公司、地区性场外交易市场、典当四类主体进行监管；同时，地方金融管理机构不能承担地方发展融资职责和出资人职责，且省级政府的金融管理职责不能层层下放到市县政府。同年，温州市制定颁布全国第一个涉及地方金融的地方性法规。③ 这是依据2012年国务院针对温州市地方金融乱象提出的著名的“温州金改

① 融资租赁公司分为金融租赁公司和非金融类融资租赁公司，金融租赁公司由银监会进行监管，非金融类融资租赁公司由商务部监管。非金融类融资租赁公司本来分为内资试点的融资租赁公司和外资试点的融资租赁公司，但由于《融资租赁企业监督管理办法》的出台和《外商投资租赁业管理办法》的废止，现在统称为非金融类融资租赁公司。

② 零壹融资租赁研究中心．中国融资租赁行业2016年度报告［M］．北京：中国经济出版社，2017：281.

③ 李有星，陈飞．论温州金改的制度创新及其完善——以我国首部地方性金融法规为视角［J］．社会科学研究，2015（6）：103—109.

12 条”① 而制定的。

2016 年，银监会联合多部门发布《网络借贷信息中介机构业务活动管理暂行办法》《关于适当调整地方资产管理公司有关政策的函》等，明确地方政府对于网络借贷信息中介机构、地方资产管理公司等的主体监管责任。一改之前银监会对地方资产管理公司进行监管②，网络借贷信息中介机构监管真空的状态。同年，山东省制定并实施《山东省地方金融条例》。

2017 年，全国第五次金融工作会议再次明确“在坚持金融监管为中央事权的基础上，压实地方风险处置责任”，随后出台的文件明确了地方政府金融监管的范围为“7 +4”类机构。同年，国务院发布《融资担保公司监督管理条例》，再次明确省政府作为监管主体的职责；证监会也发布了《区域性股权市场监督管理试行办法》，明确规定省级人民政府依法对区域性股权市场进行监管，负责风险处置。2018 年，证券业协会发布相关文件明确了行业协会对区域性股权市场的自律管理和服务职责。

2018—2019 年，河北省、四川省、天津市陆续制定专门的有关地方金融监管的地方性法规明确地方政府的金融监管权。2020 年 4 月 10 日，上海市通过公布《上海市地方金融监督管理条例》，强调地方金融监督管理工作，应当遵循安全审慎、有序规范、创新发展的原则，坚持服务实体经济、防控金融风险和深化金融改革的目标，推动金融服务经济高质量发展。要建立地方金融监督管理信息平台，参与国家金融基础数据库建设，按照国家统一规划推动地方金融监督管理标准化建设。

2020 年出台的《浙江省地方金融条例》强调地方金融监管的目标为：防范和化解金融风险、维护区域金融稳定、促进地方金融健康发展、引导金融服务实体经济。对现行“7 +4”类监管范围做出调整，7 个类金融机构不变，4 个非主流金融机构除地方各类交易场所和农民专业合作社不变

---

① 2012 年 3 月 28 日，国务院常务会议决定设立温州市金融综合改革试验区，批准实施《浙江省温州市金融综合改革试验区总体方案》，该方案共有 12 条，作为温州市后续进行一系列改革的依据，因而被称为“温州金改 12 条”。

② 如，2012 年《金融企业不良资产批量转让管理办法》规定由银监会对地方资产管理公司进行监管。

外，删去投资公司和社会众筹机构，增添民间融资服务企业和法律法规规定及国务院授权交由省人民政府监管的金融组织。可见，《浙江省地方金融条例》将社会众筹机构范围扩大到了民间融资服务企业，不单纯拘泥于众筹行为，而是将民间融资服务吸纳进来以期进行更为全面的监管。此处变动直接将地方金融监管的职能明确为金融活动具备强烈地方性特征的金融组织和中央授权由地方监管的金融组织。进一步厘清了央地监管的事权划分，做出相对清晰的规定，具有极大的实践意义和参考价值。“法律责任”板块则针对上述地方金融组织的义务做出相关未履行其法定义务的惩罚性规定。

（二）我国地方政府金融监管权力规范现状

前文回顾了我国地方政府金融监管权通过规范性文件的下放过程，本部分将对我国现阶段地方金融监管规范性文件进行梳理，并对小额贷款公司的规范内容进行归纳。

从规范性文件来看，我国没有关于中央和地方金融监管分权的法律，但国家曾出台有关央地分权的政策性文件（见表2－1），针对地方金融组织（业态）的监管制定过较多的规范性文件（见表2－2），部分省份还制定了具体的关于地方金融组织（业态）的规范性文件。[①] 2016—2020年，部分省份制定了有关地方金融的地方性法规（见表2－3）。

表2－1　　有关央地分权的政策性文件

文件名称（发布时间）	发布机关	规范内容
《金融业发展和改革“十二五”规划》（2012年）	国务院	明确了地方政府对小额贷款公司和担保公司进行监管
《中共中央关于全面深化改革若干重大问题的决定》（2013年）	中共中央	明确了中央和地方政府金融监管职责和风险处置责任

① 这些规范性文件数量庞杂，笔者不一一进行列举。以小额贷款公司为例，江苏、四川、陕西等地都根据银监会制定的部门规章制定相应的地方小额贷款公司相关条例，如《江苏省小额贷款公司管理办法》《四川省小额贷款公司暂行管理办法》《陕西省小额贷款公司监管暂行办法》。

续表

文件名称（发布时间）	发布机关	规范内容
《国务院关于界定中央和地方金融监管职责和风险处置责任的意见》（2014 年）	国务院	进一步明确中央和地方政府金融监管职责和风险处置责任
《关于完善中央与地方金融管理体制的意见》（2014 年）	中编办	明确了地方金融办对小额贷款公司、担保公司、地区性场外交易市场、典当行等进行监管
《关于服务实体经济、防控金融风险、深化金融改革的若干意见》（2017 年）	中共中央	明确了地方金融监管对象为“7＋4”类机构
《国务院金融稳定发展委员会办公室关于建立地方协调机制的意见》（2020 年）	国务院金稳委	将在各省（自治区、直辖市）建立金稳委办公室地方协调机制，加强中央和地方在金融监管、风险处置、信息共享和消费者权益保护等方面的协作

从表 2－1 可以看到，关于地方政府金融监管的规范性文件繁多、复杂。为理清思路，笔者以小额贷款公司的监管为例，将未制定地方性法规的陕西省与已制定地方性法规的山东省、河北省、四川省、天津市、上海市等地监管情况进行对比，探讨地方政府的具体监管内容。

表 2－2　各类地方金融组织（业态）监管的规范性文件

各类地方金融组织（业态）	文件名称（发布时间）	文件属性	发布机关	规定监管主体
农村信用社	《深化农村信用社改革试点方案的通知》（2003 年）	其他	国务院	省政府、省级信用联社、银监会、人民银行共同监管
农民专业合作社	《农民专业合作社法》（2007 年制定，2017 年修订）	法律	全国人大	地方政府
小额贷款公司	《关于小额贷款公司试点的指导意见》（2008 年）	其他	银监会	省政府确定的金融监管部门

续表

各类地方金融组织（业态）	文件名称（发布时间）	文件属性	发布机关	规定监管主体
地方各类交易场所	《关于清理整顿各类交易场所切实防范金融风险的决定》（2011 年）	其他	国务院	省级人民政府
投资公司	《关于促进股权投资企业规范发展的通知》（2011 年）	其他	国家发展改革委	省政府（对资本规模不足 5 亿元的股权投资企业备案）
典当行	《典当行业监管规定》（2012 年）	部门规章	商务部	省级商务部门监管
融资租赁企业	《融资租赁企业监督管理办法》（2013 年）	部门规章	商务部	商务部门及省级主管部门
地方资产管理公司	《关于适当调整地方资产管理公司有关政策的函》（2016 年）	其他	银监会	省级人民政府
P2P 网络借贷信息中介	《网络借贷信息中介机构业务活动管理暂行办法》（2016 年）	部门规章	银监会、网信办、公安部等联合发布	省政府负责金融监管的部门
区域性股权市场	《区域性股权市场监督管理试行办法》（2017 年）	部门规章	证监会	省级人民政府
融资担保公司	《融资担保公司监督管理条例》（2017 年）	行政法规	国务院	省政府确定的金融监管部门

注：表中“其他”是指除部门规章之外的规范性文件。

从总体来看，《小额贷款公司指导意见》规定了小额贷款公司的性质为只贷不借的公司制企业，其注册资本须一次性足额缴纳，有限责任公司的注册资本不少于 500 万元，股份有限公司的注册资本不低于 1000 万元。在风险集中度方面，其规定了同一贷款人余额比例为 5%，但各省份可自行调整。

表 2 -3　　　　各省份地方性法规

<table>
<tr><th>省份</th><th>文件名称
（实施日期）</th><th colspan="4">地方金融组织范围</th></tr>
<tr><td>山东</td><td>《山东省地方金融条例》（2016 年 7 月）</td><td rowspan="6">小额贷款公司、融资担保公司</td><td rowspan="6">融资租赁公司、典当行、商业保理公司、地方资产管理公司</td><td rowspan="3">开展权益类交易和介于现货与期货之间的大宗商品交易的交易场所</td><td>民间融资机构、开展信用互助的农民专业合作社、私募投资管理机构</td></tr>
<tr><td>河北</td><td>《河北省地方金融监管条例》（2018 年 5 月）</td><td>地方金融控股企业</td></tr>
<tr><td>四川</td><td>《四川省地方金融监管条例》（2019 年 7 月）</td><td>开展信用互助的农民专业合作社、区域性股权市场</td></tr>
<tr><td>天津</td><td>《天津市地方金融监管条例》（2019 年 7 月）</td><td colspan="2" rowspan="2">区域性股权市场</td></tr>
<tr><td>上海</td><td>《上海市地方金融监督管理条例》（2020 年 7 月）</td></tr>
<tr><td>浙江</td><td>《浙江省地方金融条例》（2020 年 5 月）</td><td colspan="2">区域性股权市场和其他地方各类交易场所、农民专业合作社、民间融资服务企业</td></tr>
</table>

陕西省在《小额贷款公司指导意见》的基础上制定了《陕西省小额贷款公司监管暂行办法》《陕西省小额贷款公司试点管理办法》，在这些规范性文件约束下，陕西省规定了小额贷款公司由陕西省地方金融监管局监管，有限责任公司和股份有限公司的注册资本分别为 3000 万元和 6000 万元，针对同一贷款人余额不得超过 1%。①

山东省、河北省、四川省、天津市除了有类似于陕西省上述有关监管规定外，还通过制定地方金融法规进行了补充，上海市则未在地方金融监

① 参见《陕西省小额贷款公司试点管理办法》第六条第二款。

管法规中明确规定。在注册资本方面，山东省地方性法规制定较早，所以未详细规定；河北省在地方金融监管条例中规定一次性实缴资本不低于5000万元，还规定发起人须具备三年盈利业绩、出资资金为自有资金等，在有关小额贷款公司监管的文件中，规定股份有限公司和有限责任公司的注册资本分别为5000万元和8000万元；四川省和天津市制定的有关地方金融监管条例中没有明确规定注册资本额，相应内容分别规定在小额贷款公司监管条例中，四川省规定注册资本额不低于1亿元，天津市规定不低于5000万元。在风险集中度方面，四省份均未在地方金融监管地方性法规中规定，而都在对小额贷款公司的监管规范中规定，如山东省和河北省的规定与《小额贷款公司指导意见》相同①；四川省规定了最高贷款额度为20万元；天津市则规定了10%的同一贷款人余额比例。

从我国地方政府金融监管的规范文件的历程和现状看，具有以下特点：

一是从形式上看，地方政府金融监管规范经历了“政策性文件—部门规章—行政法规—地方性法规”的发展过程。其中“行政法规”和“地方性法规”的数量较少，大部分规范性文件都是“政策性文件”或“部门规章”。从内容上看，规范性文件中有些涉及中央和地方监管权限划分，有些规定明确了某一地方金融组织（业态）应由地方政府进行监管。

二是中央向地方政府下放金融监管权较为谨慎。中央向地方政府下放金融监管权一般采用先部分试点、后向全国推广实施的办法。如，小额贷款、商业保理、典当等都是先在多地进行长时间试点后，才在全国施行由地方政府进行监管。2017年，全国金融工作会议确定“7+4”类机构以后，中央向地方下放金融监管权呈现加快的态势。

三是对地方金融组织（业态）的监管呈现“运动式”特征。如，针对地方各类交易场所，监管机构进行过多次清理整顿，这种类型的“专项整治”已成为当今我国金融监管工作的常态性活动。这些常态性活动在短期内可能会取得一定成效，但难以形成有效应对地方金融风险的长

① 《山东省地方金融监督管理局关于促进全省小额贷款公司持续健康发展的通知》《河北省人民政府关于进一步加强小额贷款公司试点工作的实施意见》均规定了5%的同一贷款人余额比例。

效机制。

四是从成效上看，部分地方政府金融监管的规范性文件也起到一定作用。如，2017 年国务院制定出台了融资担保方面的行政法规，明确了地方政府对融资担保行业的相关事项。在这之后，各省份在有行政法规作为依据的前提下，纷纷对本地区内的融资担保公司进行有效监管。如，重庆市地方金融监管局依法注销本辖区内融资担保公司 11 家，并吊销 1 家营业执照、责令 2 家停产停业①，河北省、四川省也纷纷依据行政法规对辖区内融资担保公司进行有效监管，并对违法行为作出行政处罚。

二、我国中央与地方金融监管机构建设历程

（一）我国中央与地方金融监管机构改革历程

我国地方政府金融监管的历程不仅体现在地方政府金融监管权力规范过程中，也体现在中央与地方金融监管机构的改革历程中。

在 1997 年之前，我国采用“大央行”制，中国人民银行制定和执行货币政策并对金融业实施统一监管。直到 1997 年，证监会成立并对全国证券行业进行监管，但证监会在地市级及以下无派出机构。1998 年，央行将其对于保险行业的监管权赋予新成立的机构——保监会。同年，央行对其之前“省级—市级—县级”的机构设置进行更改，改为“九大分行—基层支行”的结构，从此确定了中央在金融领域的绝对话语权。② 2003 年，央行将其有关银行业金融监管职责划分给新成立的银监会，我国“一行三会”格局形成。

2002—2003 年，在银监会成立前期，由于央行的“九大行”形式以及证监会在地方无分支机构都体现了金融的中央高度集权，但这同时也使得地方政府具有发展地方金融、支持地方经济发展的冲动。因此，上海、北

① 重庆市地方金融监管局，市金融监管局公告 14 家融资担保公司处罚意见 [EB/OL].（2019 - 08 - 14）[2020 - 02 - 02]. http://jrjgj.cq.gov.cn/zwgk/news/2019-8/148_4451.shtml.

② 吕铖钢．地方金融权的法律配置 [J]. 现代经济探讨，2019（4）：127—132.

京等地纷纷在地方政府一级内设办公室作为议事协调机构，如“金融办”等来支持当地经济发展。

2003 年后，伴随着中央通过部门规章等形式逐渐将农信社、小额贷款公司、融资担保公司等的监管权下放到地方，以及地方政府的融资需求，其他省份也纷纷设立“金融办”等。但随着地方金融机构改革，部分金融办的属性发生了变化。之前作为省政府的议事协调机构，金融办无常设办事机构，无在编人员，而是挂靠在其他部门，但此后其由议事协调机构转为政府直属机构或事业单位，有了机构与人员。“金融办”的名称也发生了改变，由之前的“金融服务办公室”变为“金融工作办公室”“金融局”等，如 2009 年北京的金融办改为金融局、广东省改为金融工作办公室等。不仅如此，各地还在市、县两级设置金融办的相应工作部门。

2013 年，时任山东省省长的郭树清带领山东进行了大刀阔斧的改革，出台《关于加快全省金融改革发展的若干意见》，被业界称为“山东金改 22 条”，并随即在原金融办基础上设立地方金融监管局，使山东省成为国内首个设立地方金融监管局的省份。

2017 年的全国第五次金融工作会议再次明确地方属地风险处置责任，并宣布在中国人民银行下设国务院金融稳定发展委员会办公室，承担指导地方金融和履职问责等职能。① 其他省份的地方金融办纷纷进行改革，纷纷加挂“地方金融监管局”的牌子，并明确其性质属于省政府直属机构。②

2018 年 4 月，中国银行业监督管理委员会和中国保险业监督管理委员会合并成为中国银行保险监督管理委员会，标志我国“一行三会”的金融

---

① 邢会强：金融法中“三足定理”视域下的国务院金融稳定发展委员会［A］. 载于：顾功耘. 金融稳定发展的法治保障［C］. 北京：北京大学出版社，2019：5—16.

② 截至 2020 年 1 月 20 日，从笔者对全国各个省份人民政府、地方金融监管局的网站查询的结果来看，除了上海市和深圳市将其作为政府组成部门，其余各省份均将其作为省（自治区、直辖市）的政府直属机构。

监管格局正式退出舞台，以国务院金融稳定发展委员会、银保监会及证监会为龙头的“一委一行两会”金融监管新框架落地。同年12月，银保监会下辖的省级银保监局统一挂牌，省级银保监局的“三定”方案由各局分别上报，由银保监会分别批复。“一委一行两会”格局下，“一行两会”明确分工，对各自职能领域内的金融活动及市场活动进行监督管理。党的十九大明确要在金融改革发展过程中建立健全“双支柱”的金融调控框架，“双支柱”即为宏观审慎政策和货币政策的协调配合。① 央行接管拟定审慎监管基本制度和拟定保险业、银行业重要法律法规的职责，增强了央行的宏观审慎政策职能，并对“双支柱”框架做了进一步完善。央行与银保监会、证监会各司宏观审慎政策和微观审慎监管，各金融管理部门的工作由金稳委统筹协调，疏通信息交流与共享渠道，加强混业监管层面上的协同合作。

地方金融监管局的设置也在2019年进入尾声，全国各省市已基本挂牌成立地方金融监管局。不仅如此，在地方金融监管协调机制方面，国务院金稳委印发《国务院金融稳定发展委员会办公室关于建立地方协调机制的意见》（金稳委办发〔2020〕1号）指出，为加强央地在风险防控、金融监管、资讯互通和消费者保护等方面的协作，金稳委办公室地方协调机制应由国务院金稳委办公室牵头在各省（自治区、直辖市）建立起来。该意见还对金稳委办公室地方协调机制的机构及其人员设置作出规定，其办公机构应于央行省级分支机构设立，并由央行省级分支机构的主要负责人担任地方协调机制召集人，其成员包括银保监会、证监会、国家外汇管理局省级分支机构、省级地方金融监管部门的主要负责同志以及省级财政、发展改革部门的负责同志。形成一个以央行分支机构为核心，各中央金融监管部门派出机构及省级金融监管部门和经济发展部门统一接受央行分支机构领导的圆形机制。金稳委办公室地方协调机制的职能定位为协调和指导两大方向，在金稳委办公室领导下开展工作，直接对金稳委办公室负责。

① 马勇，姜伊晴．“双支柱”调控的研究进展：综述与评介［J］．金融评论，2019，11（06）：1—14＋120.

其职责并不在于重新划分央地事权，也不在于重新划分各部门职责，而是通过进一步促进各部门间的协调合作，达到将党中央和国务院金稳委有关金融监管的部署更好落到实处的目的，提高监管协调在金融监管中的地位，推动地方与地方、地方与中央的监管信息共享，促进金融稳定发展，加强对金融生态环境的建设和对金融消费者的保护。

（二）我国中央与地方金融监管机构设置现状

前文对我国中央与地方政府金融监管机构设置历程进行了回顾，本部分则对目前阶段中央与地方金融监管机构设置现状进行梳理。

从中央金融监管机构看，现阶段我国中央金融监管机构设置为“一委一行两会”。“一委”是指国务院金稳委，作为议事协调机构，办公室设在中国人民银行，统筹协调金融稳定与发展相关事项，并指导地方金融改革发展与监管。[①] 根据国务院金稳委最新意见，截至2020年3月，全国已有上海市、陕西省、福建省、广东省、四川省等多个省份建立了地方金融监管协调机制。“一行”是指中国人民银行，属于国务院组成部门，采取总分行制的组织结构，在上海市设立总部，在北京市、重庆市设两个营业部，还设立了跨行政区域的九大分行和若干支行。“两会”是指银保监会、证监会，属于国务院直属事业单位。目前，银保监会的“省、市、县”三级监管框架中[②]，省一级已基本设立，市、县两级有待进一步落实。证监会只有省级派出机构，无市、县级派出机构。

从地方金融监管机构设置上看，截至2020年2月2日，全国31个省（自治区、直辖市）均已成立“地方金融监管局”。除上海属于政府组成部门外，其余属性均为政府直属机构。[③] 上海市有关地方金融的政府部门较

---

① 中国政府网．国务院金融稳定发展委员会成立与召开第一次会议［EB/OL］．(2017-11-08)［2019-12-19］．http：//www.gov.cn/xinwen/2017-11/08/content_5238161.html.

② 佟亚涛，全国36家银保监局统一挂牌　省市县三级监管框架定格［EB/OL］．(2018-12-20)［2020-3-18］．https：//baijiahao.baidu.com/s？id=1620151466287531757&wfr=spider&for=pc.

③ 笔者在对全国31个省、自治区、直辖市政府官网中的政府组织结构、各省市地方金融监管局官网上的机构简介、三定方案等进行查询的基础上得出的结论。

为特殊，不仅包括上海市地方金融监管局，还包括中共上海市金融工作委员会。金融工作委员会作为市委的派出机构，负责联系指导有关在沪中央金融机构、各省份金融机构和其他金融机构党的工作；上海市地方金融监管局作为政府组成部门，主管全市地方金融监管和发展工作。[①] 但是，市、县两级地方金融监管机构在是否设置以及机构属性方面各地存在差异。部分市、县未设相应的地方金融监管机构，已设立的机构既有政府部门属性，又有事业单位、议事协调机构属性。在省、市、县三级设置的最为全面的是山东省，同时山东省也是首个在省、市、县三级建立地方金融体系的省份，其17个市、137个县（区）已全部独立设置金融工作机构，并加挂地方金融监管局的牌子；其余省份在省、市、县三级的地方金融监管部门较为混乱，如陕西省，西安市为“金融服务局”，而咸阳市于2019年更名为“金融协调服务中心”。

从内部设置上看，省级地方金融监管机构大多设有办公室、政策法规处、机关党委办公室等，一般还会专门设置相应的监管处对“7+4”类相关内容进行监管，区别在于监管处的数量和每个建管处监管的内容不同。山东省地方金融监管局挂牌较早，由“银行一处、二处、资本市场处、保险与担保处交易市场监管处、农村合作金融处、民间融资监管处”等构成；河北省和四川省都由“监管一处、二处、三处”等处室负责11类中部分的监管[②]；天津市地方金融监管局则既设置监管处，又设置其他处

① 上海市金融工作局．中共上海市金融工作委员会　上海市地方金融监督管理局职能配置、内设机构和人员编制规定［EB/OL］．（2019－2－2）［2019－12－19］．http：//jrj. sh. gov. cn/Category/Index？categoryid＝43. html.

② 河北省地方金融监管一处负责小额贷款公司、地方金融控股集团、农民专业合作社，二处负责区域性股权市场、地方资产管理公司、社会众筹机构、各类交易场，三处负责融资担保公司的监管，四处负责典当行、融资租赁公司、商业保理公司的监管；四川省地方金融监管一处负责商业保理、融资租赁、地方资产管理公司的监管，二处负责融资担保公司、典当行等，三处负责小额贷款公司、农民专业合作社等的监管，四处负责地方权益类交易场所、大宗商品类交易场所的监管。资料来源：http：//dfjr. hebei. gov. cn/content/121/78. html，　http：//www. sc. gov. cn/10462/wza2012/jgzn/jgzn. shtml。

室[1]。市、县两级地方金融监管部门性质不统一，有的甚至还是议事协调机构，挂靠在其他部门，因而内部设置较为混乱。

从人员编制情况看，各省级地方金融监管部门的人员编制数量差异大。如，河南省、山东省、四川省地方金融监督管理局机关行政编制分别为75名、64名、50名，与天津市100名、北京市101名相差很大，而陕西省、西藏自治区地方金融监管局的行政编制都只有42名。具体到市、县两级，由于机构性质不同导致部分为行政编制，部分为事业编制，人员数量更是参差不齐。

从机构职权上看，省级地方金融监管机构主要包括“拟定金融发展规划、起草地方性法规和政府规章、配合中央进行金融监管、推动社会信用体系建设、监管‘7+4’类机构（或部分）、加强风险处置、加强党的领导”等。部分省份虽然已经加挂“地方金融监管局”的牌子，但是机构职能却仍沿用其“金融办”时期的内容，机构职能中有关“起草地方性法规”的职能较少，并且监管对象大多为小额贷款公司。[2] 市、县级地方金融监管机构由于性质属于事业单位或议事协调机构，因而大多数不具有行政职能，无相应执法权限。但是，地方金融组织（业态）大多设在市、县级，市、县级相应监管机构监管权限却最薄弱，体现地方政府金融监管权设置与地方金融业态发展的不平衡。

在中央和地方金融监管机构设置的历程中，需要注意以下内容：

一是中央和地方金融监管机构的改革是我国地方政府金融监管法治化的重要组成部分。中央和地方政府金融监管机构的设置体现了中央和地方政府对金融监管权的博弈。中央金融监管机构设置越完备则反映了这一时期内更注重中央金融监管权力的行使；反之，地方政府金融监管机构设置

① 天津市监管一处负责小额贷款公司、融资性担保公司、典当行，二处负责区域性股权市场、商业保理公司，三处负责地方资产管理公司、内资融资租赁公司，四处负责外资融资租赁公司；除此之外，还设机构准入处、银行保险处、资本市场处等承担相应监管职能。资料来源：http：//jrgz. tj. gov. cn/jgjsh/jgzhn/20150206040203203jHJ. shtml。

② 管斌，万超．论我国金融监管权“央—地”配置制度的科学设计［J］．中国矿业大学学报（社会科学版），2020（1）：25—40.

越多、越完备，则体现了我国有意向地方下放金融监管权的思想。如，1998 年央行在基层设置改为“九大行”制，而基层的金融监管机构较少，就体现了中央在金融监管领域的绝对话语权；2018—2019 年在全国各省份基本成立了地方金融监管局，则体现了向地方分权的思想。

二是中央与地方金融监管机构改革按照法治化要求稳步推进。从中央来看，新合并的银保监会体现了中央金融监管机构设置逐步向更加科学的道路迈进；新设的国务院金稳委体现了中央加强各层级金融监管机构之间监管协调机制的探索。从地方来看，银保监会在市、县两级的机构正在逐步明确；全国 31 个省（自治区、直辖市）均已完成“地方金融监管局”的改革，并明确职责权限。部分省份甚至对市、县两级地方金融监管部门的机构属性、职责等内容进行了明确，体现了金融监管机构改革正向法治化要求稳步推进。

三、代表性国家地方政府金融监管法律制度借鉴

（一）代表性国家地方政府金融监管法律制度比较

各国经济体制存在差异，部分国家采用单层的中央金融监管体制，不涉及中央和地方金融分权的问题，因此笔者选取美国、加拿大、英国等国家的地方金融监管法律制度进行探讨。

在金融监管方面，美国采取“双层多头”的金融监管模式。“双层”体现在美国的金融监管分为联邦政府和州政府两个层面，且联邦政府和州政府独立运行，分别履行监管职能。“多头”体现在各级政府下，有关银行、保险、证券等行业的监管分别由不同部门进行监管。银行业方面，在联邦层面由联邦储备银行、联邦存款保险公司、联邦住房贷款银行委员会、信用合作社监管局以及储蓄信贷协会监管局进行监管；在各州层面由州政府向银行颁发执照，并设置“金融服务局”进行监管。证券业方面，美国引入垂直监管模式，由证监会、商品期货交易委员会和美国投资者保护公司共同承担监管职能。保险业方面，美国全部由州政府进行系统化监管，联邦政府不进行干预。

因此，以美国纽约州为例，在地方的金融监管主体为纽约州金融服务局和州其他金融监管部门，监管对象主要为银行类和保险类机构。纽约州金融服务局在地方的监管依据主要为《金融服务法》《银行业法》和《保险业法》。其中，《金融服务法》规定纽约州金融服务局的监管目标、组织结构、经费收支、人员编排、防止金融欺诈等内容；《银行业法》和《保险业法》则规定了纽约州相应金融机构的经营规则和监管规则。①

纽约州金融服务局主要是为促进纽约州金融产业发展，确保金融机构稳健，防范金融欺诈，保护消费者权益而设立的。监管权限方面，拥有依据州法制定相应监管规则的权力、对地方金融机构的发照审核权、日常监督权、民事罚金权、消费者保障权等，具有功能上的独立性。不仅如此，纽约州金融服务局还具有人事独立性和财务独立性。人事独立体表现为金融服务局的主管由州长任命，主管可以任命银行业部和保险业部的“副手”；财务独立表现为金融服务局的费用支出不列入政府经费，而来自对监管对象的收费。可问责性方面，纽约州金融服务局须对州长、立法机关、监管对象和社会公众负责，每年向州长和立法机关报告工作，与由银行、保险公司的代表组成的理事会进行交流、沟通等。在监管协作机制方面，纽约州金融服务局与其他州金融监管机构、联邦金融监管机构签订谅解备忘录，协调监管活动；接受地方法院的司法审查，向州总检察长报告金融犯罪活动等。

除美国外，由于特殊的政治经济因素，加拿大采取“两级多头”的金融监管体制，主要分为联邦及和省级两级金融监管机构，“多头”同样体现在多个金融监管部门中。加拿大两级监管机构虽然独立处理各事务，但并不彼此分割，通过签署协议加强合作协调。另外，两级监管项下有“多头”职能互补的部门，处理各级事务，还设有专门委员会协调各部门工作。具体来讲，因为其早期受英国政治经济影响，接受了联邦高度集中的体制，所以加拿大的银行业和保险业主要由联邦级监管机构，如金融监管

① 孟飞．地方金融监管立法：纽约州的经验及启示［J］．上海金融，2019（10）：55—61.

局、金融消费者管理局、存款保险公司等；因为早期证券大多数是在省（区）内发行和销售，加拿大证券业主要由省级进行监管。

加拿大的省级金融监管机构主要包括证券委员会和金融服务委员会。[①] 省证券委员会负责对本省内各证券公司（包括交易商、共同基金和投资顾问）的监管。虽然由于集权因素，加拿大成立了证券管理联席委员会，但目前证券业监管权力仍然归于加拿大 10 省 3 区各自的证券监管部门，并仍适用于各省自己制定的法律法规。加拿大的金融服务委员会负责对信用社、省注册的信托、贷款和保险公司进行监管，但省（区）监管的范围和规模不大，且信用社已实际由联邦级金融进行监管。此外，加拿大的行业自律组织如加拿大投资交易人协会、加拿大基金经纪商协会等也对证券业进行监管。

国际模式尤其是英国模式为我国改革金融监管协调提供了重要参考。2012 年，英国出台了《金融服务法案》，不但对央行审慎监管进行了强化，还构建了“双峰”监管模式，即微观监管与行为监管并存，至此英国正式开启了三元结构的“双峰”监管模式。[②]

2016 年，《英格兰银行与金融服务法案》提出了二元结构的“双峰”监管体制，并开始有目的地健全协调价值，不遗余力地保护消费者，这使得英格兰银行在金融监管中的核心地位得到了进一步确定。[③]

在新的监管背景下，英国从人事、法律、制度三个层面展开了顶层设计，以便对各个监管部门的职责进行协调，以发挥协调机制的作用：一是以巩固央行地位作为监管协调的主要内容。实现货币政策、宏观与微观审慎之间的协调与配合，并在央行内部设置审慎监管委员会（Prudential Regulation Authority，PRA）和金融行为监管局（Financial Conduct Authority，FCA），以便协调相关监管，减少金融波动，英国的“超级央行”就这样

---

① 左连村. 加拿大金融监管研究［M］. 广州：中山大学出版社，2017：31.

② 张斯琪. “一委一行两会”格局下中国金融监管协调框架探析［J］. 中国行政管理，2020（03）：117—122.

③ 李木子. 英国金融监管从分业到双峰：变迁与启示［J］. 中国发展观察，2020（11）：59—60.

应运而生了。二是部门间的协调机制日益明确。(1) 金融政策委员会 (Financial Policy Committee, FPC) 作为宏观审慎监管机构 (如 PRA) 与微观监管机构 (如 FCA) 之间的协调机制非常明确。FPC 需要对微观监管的导向与行动进行评估，特殊情况下可以下达“指示”给 FCA 和 PRC，或是出具意见，这些行为都具有约束力。对于 FCA 和 PRC 而言，FPC 相当于仲裁员，FPC 可以在两者存在观点矛盾时出具建议，若建议未被采纳，那么 PRC 和 FCA 应该就此进行说明。(2) FCA 和 PRC 之间的协调机制也十分明确。PRC 和 FCA 的协调模式主要是通过参加对方董事会、召开联席会议的方式建立，模式主要有：FCA 和 PRC 应该协商签署具有法律约束力、正式且定期更新的备忘录之后才能对共同的目标进行监管，对双方职能进行协调时，要制定具有协调性与连续性的规则；PRC 可以否决一切 FCA 不利于金融稳定的行为；在人事安排方面，英国通过交叉任职的方式，使得 PRC 与 FCA 各自内部都有对方的理事会成员，以便协调工作进行和信息共享，这些成员也是金融政策委员会的参与者。(3) 除了协调金融监管部门之间的关系，英国还出台了《金融危机管理备忘录》，通过该备忘录完成对央行与财政部门之间协调机制的确立。三是协调监管资源。FPC、PRC、FCA 彼此间需要通过交流以对信息及建议、金融稳定的知识等问题形成良好的互通氛围；本着“抓大放小”的原则就关注度低、系统性影响小、监管资源不足的金融机构专门设置监管中小金融机构的行为监管局，并对监管资源进行合理配置。①

(二) 代表性国家地方政府金融监管法律制度的启示

一是双层金融监管模式下央地分权的范围应按照实际情况、历史传统等多种因素综合决定。美国和加拿大两国地方政府金融监管的范围虽不相同，但都具有合理之处，都是根据特定的经济状况、历史条件决定的。因此，我国在确定地方政府监管的范围时不仅要考虑理论因素，还要对我国各省份经济状况、历史条件等实际因素进行分析，不能单纯认为中央金融

---

① 陈盼. 央地金融监管协作：经验、回顾与展望 [J]. 西南金融, 2020 (04): 22—33.

监管遗漏的所有内容都应由地方政府进行监管，或者认为地方政府应对所有金融组织（业态）进行监管。如：加拿大地方政府监管证券业就是因为早期证券大多在省内进行销售，而银行业和保险业因为机构庞大不得不由中央联邦进行监管；美国根据其经济情况，由联邦和州政府共同监管银行业，州政府单独监管保险业等。

二是在探讨双层金融监管体制时，应明确中央金融监管机构与地方金融监管机构的关系。双层金融监管体制并不意味着将中央和地方政府的职能完全剥离，建立完全分离的两级金融监管体制，也并不意味着中央和地方政府将对所有金融组织（业态）实行完全的共同监管，而应在中央和地方政府间形成一种分工协作关系。如：美国既规定了银行业由中央和地方共同监管，又规定了保险业由州政府监管；加拿大则建立既分离又不分割的双层金融监管体制，虽然证券行业主要由省级金融监管机构进行监管，但联邦监管部门和省级金融监管部门之间通过协议加强合作协调。

三是法律或者法规作为地方政府金融监管依据，应对监管目标、机构设置等作出明确的规定。如：美国纽约州《金融服务法》规定了纽约州金融服务局的监管目标、机构设置、人员编制等内容，以保障其人事独立、具有可问责性；加拿大联邦法律以及各省制定的法律法规也规定其地方金融监管机构由证券委员会和金融服务委员会构成，各省的金融监管机构的独立性甚至更强。

四是应注意地方政府同各方的统筹协调。从地方金融监管中的协调沟通的情况看，美国和加拿大的协调机制值得学习。如：美国地方金融服务局可以向立法机关提供立法建议，接受法院司法审查，并按时向检察长报告工作，且与自律性组织签署谅解备忘录以便更好地进行监管；加拿大各省和联邦间通过签署协议加强协调，自律协会也对省级金融监管机构实施一定的影响。这些都对我国中央与地方政府，地方政府与立法机关、司法机关、行业协会之间的协调沟通有一定的启发。

第四节 地方政府金融监管法治化的现实反思

一、地方政府金融监管法治化的内涵

（一）法治及法治化的基本认识

1. 法治。“法治”是东西方共有的历史话题①，古希腊虽没有“法治”概念，但存在着体现“法治”相关内涵的社会理想，相关研究以柏拉图和亚里士多德为起点。如从表面看，极易认为柏拉图的社会理想更偏向“人治”而与亚里士多德的“法治”观点相对。实质上，柏拉图观念经历了一系列思想渐变，从其思想渐变过程可以看出，已完成从人治到法治的社会理想的转变，其著作可明显体现。② 如，《法篇》中提出：法律不再是统治权的附庸，法律具备自身价值。亚里士多德在对柏拉图思想进行反思后，指出这种社会理想应包含两层含义：一是人人皆守法；二是所守之法必为“良法”。但不足之处在于难以确定“良法”的判定标准。

之后，西方“法治”被进一步探讨。洛克认为“法治”一方面要求保护而非限制公民自由，另一方面要求实现政府权力的有限、分立与负责。戴雪认为“法治”要求法律至高无上，普通法面前人人平等，宪法是个人权利与自由的结果，而非宪法赋予公民自由。富勒提出了著名的“法治八原则”：法律应具有普遍性；法律应被公之于众；法律不溯及既往；避免法律中的矛盾；法律不应该要求不能实现的事；法律的稳定性；官方行为与法律行为的一致性。

中国古代虽出现“法治”一词，但其内涵与现代法治却大相径庭。古

---

① 单飞跃，肖顺武．影响中国法治建构的文化因素考量——与西方法治形成条件的差异性比较［J］．法治现代化研究，2018（4）：56—82.

② 如柏拉图的《国家篇》《政治家篇》《法家篇》。

代中国的法学家将“法治”称为“循名责实”，但这并非真正的法治，只是政府进行统治的工具。清末沈家本和伍廷芳的变法开启了一元主义法治观，新中国成立后法治理论建设和实践建设举步维艰，改革开放后学界开始对西方法律秩序内容进行讨论却忽视了中国传统文化。① 直至1997年，党的十五大报告首次提出建设“社会主义法治国家”；1999年，全国人民代表大会首次将“依法治国”写入我国《宪法》，并提出“建设社会主义法治道路”；2014年，党的十八届四中全会则再次明确“继续坚持社会主义法治道路”，并提出全面依法治国的总目标“严格立法、公正执法，公正司法，全面守法”，再次强调了法治的重要意义。

在党的十五大之后，我国学者从不同角度对“法治”的内涵与外延进行了探讨。对法治属性的不同认识决定了法治的不同内涵，对法治属性的认识大体上有以下几个方面：一是法治是一种宏观上的治国方略。这一点在之后不断发展，有观点认为依法治国只是法治含义之一并非全部，作为统治手段的法治相比于限制国家权力的法治，其内涵更弱一些。在此基础上，有观点认为法治是依法办事的社会状况，这种社会状况也是法治的外在表现，这种表现主要体现在与专制、人治等相对的概念。二是法治是一种理想的社会状态或是法律文明秩序。这种理想的社会状态或者法律文明秩序需要民主的政体、分权制约的权力结构、市场经济条件、以保障个人权利和以法律为归依的意识等基础。

2. 法治化。不论是作为治国方略还是理想的文明秩序，法治的实现都需要一个过程，而这一实现过程就是法治化。虽然各学者对“实现法治的过程是法治化”这点已无较大争议，但是对于“法治化”将以何种路径实现的理解却各不相同，其中具有代表性的观点有“权利本位论”“法律程序论”“本土资源说”“法律文化论”等，每一种学说都具有自身独有的优势与不足。

“权利本位论”强调自然权利在法治化实现路径和效果中的作用。该

---

① 强世功．中国法治道路与法治模式——全球视野与中国经验［J］．行政管理改革，2019（8）：21—28.

理论认为自然权利是自然和社会义务（法律）的来源，是人的本质属性，也是一切政治性、道德性和社会性问题的开端。同时，自然权利是第一位的，权利先于权力。① “权利本位论”是在与“阶级斗争范式”论争的过程中形成的，其试图冲破“义务本位”的束缚，以推动中国现代法治化进程。但该学说忽略了理论本身就是一种政治话语的“再构建”，容易在争夺政治话语权的过程中忽视中国法治建设急需解决的实质问题。

“法律程序论”认为，程序问题是法治化过程中最为重要的问题，程序公正与实体正义具有同样重要的作用，应避免夸大程序的工具性而忽略对其自身实质价值的探讨，否则会造成“治法”存，“法治”亡的后果。② 该理论从程序公正的角度出发，避免了因争夺政治话语权而带来意识方面的争论，为有效降低变革成本提供了思路，但未从根本上回答应如何实现法治变革。

“本土资源说”认为“法律程序论”夸大了法律程序的价值，并指出，即使程序合法，结果也可能不公正。③ 该理论认为，法治化过程离不开“本土资源”，“本土资源”不仅需要结合我国非正式制度，如村规民约等进行探索，也需要结合我国改革开放大背景，对我国实践中遇到的实际问题进行解决。该理论对国家主导型的立法的批判具有一定开创性，但却将中国实践与理论切割开来，很可能因为这种“切割”而更加远离中国现实世界。

“法律文化论”认为“文化类型”在法治化过程中具有决定性意义。该理论对中国与西方法制进行“辨异”，认为“文化因素”是中国与西方法治道路不同的原因，应在中国传统文化的基础上对西方法治模式进行探讨。④ 但该理论对中国应建立何种法治的问题既缺乏实际关注，也存在逻辑矛盾。

---

① 凌斌．权利本位论的哲学奠基［J］．现代法学，2015（5）：3—11．

② 季卫东．法治构图［M］．北京：法律出版社，2014：121．

③ 苏力．法治及其本土资源（第3版）［M］．北京：北京大学出版社，2015：142—143．

④ 梁治平．法辩：法律文化集［M］．南宁：广西师范大学出版社，2015：156．

笔者在总结、分析上述学者观点的基础上，尝试对法治化内容进行探讨。法治化是在完备的法律体系基础上，以保障个体权利与自由为本位，并利用法律程序对公权力加以限制的一个过程。在这一过程中，司法制度保障、结合本土实际、探索国外法律文化等内容不可或缺。对其理解应包含以下几个方面：一是法治化要求建立法治权威体系的同时避免陷入“立法中心主义”① 的陷阱；二是法治化要求对公民个体权利和自由加以保障；三是法治化要求在保障公民权利的基础上运用正当程序对公权力加以限制，即“程序正义下的权利限制权力”；四是法治化要求学习国外先进经验；五是法治化要求结合我国实际情况。

在对法治化进行探讨的过程中，应注意法治化的渐进性特点。法治化的渐进性表现为两个方面：一方面，作为静态的法治，其是社会发展到一定阶段的产物，与社会的不断发展息息相关；另一方面，从形成过程看，其是动态的，具体表现为从无法治到有法治、法治不完善到逐渐完善的一个过程，在这一过程中，市场经济、民主政体、理性文化、分权架构等一系列条件都需要得到满足。

综上所述，应明确法治化不同于法制化。从内涵上看，法制化指将某一政策或措施落实到法律制度层面，法治化相比于法制化含义较广，其不仅包括法律制度的安排，还包括权力关系之间的制约和监督、程序正义、司法保障民主、人权等一系列内容。从实现过程来看，法治化的渐进性过程较为漫长，而法制化的内涵决定了相比于法治化进程，其实现周期短一些。

（二）地方政府金融监管法治化的核心要义

结合前文内容，本部分从法治化的内涵出发对我国地方政府金融监管法治化的核心要义进行研究。“地方政府”决定了必须在思考中央与地方关系权力配置的基础上谈法治化问题，“金融监管”中的金融属性决定其应该在利益分配的基础上考虑法治化问题。因此，地方政府金融监管法治

---

① 立法中心主义，即：将法治的重点放在立法之上，单向度追求“有法可依”，同时可能造成对司法重视程度不够的问题。参见黄辉：“中国行政法教义学的问题与对策”，载于《社会科学家》2019 年第 8 期。

化问题就要求在中央与地方关系背景下探讨金融资源分配问题。

第一，法治化的首要问题是建立一套合适的法治权威系统。探讨地方政府金融监管离不开对地方金融监管法治权威系统的研究。这个权威系统直接表现为权威文件，即法典。但完备的权威文件的标准不仅应以是否“有法可依”为前提，即单纯依靠是否制定相应的法律作为衡量标准，而且应探讨在无基础性法律的前提下，现有法律体系内的规范性文件能够达到法治化效果。这样就可以避免在法治化中过度强调法律的作用而陷入规则主义立场，认为有法律规定则可一劳永逸。[①] 确定地方政府金融监管法治化的权威文件是否完备，就是要明确地方政府金融监管是否需要基础性法律，如果需要，其是否满足了金融分权、权力的制约等要求，如不制定，现有规范性文件（如部门规章、地方性法规）是否符合法理逻辑、是否满足现有监管法治要求、是否能够满足相应有效性要求等。

第二，探讨地方政府金融监管法治化须注重个体权利保障。地方政府金融监管涉及金融监管权力在中央与地方政府之间的配置，不以个体权利保障作为参考体系，就无法从根本上解决央地分权的问题。具体到地方政府金融监管法治化，就需以金融消费者权利保护为核心，从地方金融组织（业态）相应权利保护角度出发进行探讨。要从多方面对地方金融消费者的知情权、公平交易权等进行保障，同时对地方金融组织（业态）的自主经营权进行保障，从而达到合理、有效的监管。这个问题虽然表面上是中央与地方权力关系问题，但在本质上关系到对地方金融组织（业态）的自主经营权和中小投资者的知情权等的保障，因此以个体权利保障为视角才能真正求解适当的中央和地方权力关系。

第三，地方政府金融监管法治化还需注重在私权利保障基础上对公权力的限制。现代的法治不同于古代被作为统治工具的法治，其工具价值被弱化，而自身的“限权”价值逐渐凸显。季卫东在《法治构图》一书中提到“以权利（right）限制权力（power）来自社会的现代性及其制度设计……在

---

① 於兴中．法理学前沿［M］．北京：中国民主法制出版社，2015：179.

中国推行法治就是要限制滥用权力的政府行为”。① 具体到地方政府金融监管，私权利保障的内容前文已述，那么对地方政府权力的限制一方面体现在明确政府监管权力干预与市场自发调节的边界、明确中央和地方政府各自金融监管权限范围②、地方政府自身权责匹配等，另一方面体现在对地方政府权限内容的合法性和合理性、地方政府不当干预应承担的法律责任，如何接受民众的监督内容进行探讨，以防止金融监管权限的滥用。

第四，就是要在学习国外先进经验的基础上，结合我国实际情况对地方政府金融监管的相应内容予以讨论。由于法治化颇具西方色彩，又不能离开中国实际经验对其进行讨论，因此地方政府金融监管法治化要求在结合“法律文化论”与“本土资源说”的基础上对其进行相应探讨。由于政治、经济、历史等因素的不同，国外的分权与集权制度有各种模式。具体来讲，一是地方政府金融监管法治化应明确借鉴西方金融监管分权相应经验，如美国和加拿大等差异化金融分权对我国的启示，其虽与我国制度具有差异，但相关监管理念可进行探讨学习；二是还要结合我国实际情况，探讨我国所要追求的法治化道路，如地方政府已经通过非正式授权开始行使地方金融监管权，这到底是一种“本土资源”，应予以合法化还是要将其在法律框架内进行一种创造性的转化等一系列问题都值得探讨。

二、地方政府金融监管非法治化表征

（一）地方政府金融监管法律依据不完备

地方政府金融监管法治化的核心要义是要求建立完备的法律体系。为避免陷入立法中心主义，笔者从“地方政府金融监管是否有法”与“（在有法或无法的情况下）现有规范是否能够满足法治要求”两个层面进行

---

① 季卫东．法治构图［M］．北京：法律出版社，2014：121.

② 张千帆．国家主权与地方自治——中央与地方关系的法治化［M］．北京：中国民主法制出版社，2012：79.

讨论。

从我国地方政府金融监管法制建设的历程和现状可以看出，目前我国暂无有关合理界定中央与地方金融监管的基础性法律。有关界定中央与地方金融监管权的文件往往是通过政策通知等进行发布，采用“意见”“决定”等形式。如《关于完善中央与地方金融管理体制的意见》明确了将小额贷款公司、担保公司等4类监管权赋予地方；《关于服务实体经济、防控金融风险、深化金融改革的若干意见》明确了地方政府应对“7+4”类机构进行监管。

从地方政府金融监管的规范性文件看，部门规章和其他规范性文件仍占很大比例。除针对农民专业合作社监管制定法律、针对融资担保公司监管制定行政法规之外，其余规范性文件的性质多属于部门规章或政策文件，如针对地方各类交易场所、投资公司等制定的文件都为政策性文件，针对典当行、区域性股权市场制定了部门规章。

因此，从以上分析可以看出，我国地方政府金融监管现阶段处于“无法可依”的状况，在此情况下，仅依靠现有规范性文件是否能够满足法治需求呢？从法律逻辑和实现效果来看，答案依旧是否定的。

从部门规章的授权基础上看，一是我国《立法法》规定有关金融的基础制度只能由法律规定，在中央未通过法律或行政法规对地方金融监管进行授权的情况下，部分国务院部门以部门规章的形式将地方金融监管权赋予地方政府也不符合法理逻辑。二是国务院部门无权向省级政府授权。因为《立法法》第九十一条规定了部门规章与政府规章具有同等效力，而且从行政法学的角度讲，国务院组成部门和省级政府没有上下级的关系，国务院组成部门是按“条”管辖划分的，省级政府是以“块”为标准划分，其行政级别孰高孰低并无定论，因此部门规章无权对省政府进行授权。

从部门规章的授权内容上看，部门规章不仅规定了相关地方金融监管权下放，而且规定了关于各地方金融组织（业态）的细则。仍以小额贷款为例，《小额贷款公司指导意见》不仅规定了由省政府相关部门对其进行监管，还规定了成立小额贷款公司需满足一定注册资本、同一贷款人比例等要求，在满足这些要求之后，在地方申请注册登记手续并领取营业执照。这些对于小额贷款公司的准入审批属于企业设立登记的前置程序，属行政许可，此类经常性的行政许可只能由法律、行政法规以及地方性法规设立，部门规章无权设定。退一步讲，就算将此种许可看作是非经常性许可，认为可由省政府设定，但还要满足1年实施期之后的转化问题，而且有关企业设立登记的前置性许可，地方性法规和省政府对临时性许可都无权设定。

从地方性法规的授权基础上看，目前各地制定的针对各类地方金融组织（业态）的地方性法规和有关整体地方金融监管的法规虽为当地地方金融监管提供了一定依据，但仍违反《立法法》第七十三条，即有关地方性法规先行立法的内容要在有关金融制度的事项外进行的规定。

从地方性法规的授权内容上看，目前各地制定的针对各类地方金融组织（业态）的地方性法规和有关整体地方金融监管的法规也都在部门规章的指导下规定了企业设立登记的前置性许可。如，《河北省地方金融监管条例》规定小额贷款公司注册资本需满5000万元，《四川省小额贷款公司管理暂行办法》规定了1亿元注册资本的要求。虽然地方性法规可以设定行政许可，但这些属于企业设立登记的前置性许可，地方性法规仍无权设定。不仅如此，此类地方性法规数量庞杂，大部分内容刻板，仅是对部门规章的概括性、重复性规定，部分地方性法规所应设定的内容超出部门规章标准，有的甚至增设了相应内容，而这些增设性内容更是阻碍了地方金融的发展。①

从实际效果看，在地方金融乱象频发的情形下，无上位法依据，现有规范性文件也难以满足实际要求。如“E租宝案”“云南泛亚有色金属交易所事件”“惠州E速贷”“杭州P2P暴雷”“北京通金所资金断裂”等都是金融乱象频发而现有规范性文件难以发挥实效的情形下的产物。以“E租宝案”为例，当时北京金融监管局在“E租宝”发生风险时就对其进行

---

① 唐应茂．中央和地方关系视角下的金融监管——一个小额贷款行业的实证研究[J]．山东大学学报（哲学社会科学版），2017（6）：32—42.

了约谈，当时与“E 租宝”一起被约谈的还有另外两家地方金融机构，另外两家地方金融机构在约谈后立即整改，但“E 租宝”相关负责人提出北京市金融监管局对其进行监管无上位法依据。因而导致地方金融监管局在监管时总是因为没有上位法依据而缺乏“底气”，最终导致“E 租宝”造成恶劣的后果。因此可以看出，在无上位法依据的情况下，仅依靠现有政策、规范性文件等进行规范难以发挥金融监管的实效。

综上，可以看出我国有关地方金融监管法治权威体系的建立是在无法可依的情况下进行的，并且现有规范性文件存在法理逻辑不清、实践效果不显著的问题，并不能满足我国现有的地方金融监管的法治权威体系的要求。因此，我国地方政府金融监管的法律依据不完备，需要进一步的完善。

（二）地方金融市场参与者权利保障不充分

法治化过程中应以保障个体权利和自由为核心，这也是中央与地方分权的判定标准之一。在地方政府金融监管领域，以保障个体权利和自由为核心还是以监管秩序的维护为核心凸显了相应制度逻辑的选择。如，在地方政府金融监管制度逻辑的选择上，若以个体权利和自由为核心，则地方政府监管应以地方金融市场中的参与者的权利作为落脚点，若以金融秩序维护为核心，则可能以行政权力作为制度落脚点。另外，此种制度逻辑选择对于中央与地方政府金融监管分权也具有现实意义。

具体来讲，地方政府金融监管过程中涉及的个体权利保障是对地方金融市场中的参与主体的保障，主要体现在两个方面，一是对地方金融消费者权利的保障；二是对地方金融组织（业态）个体经营权的保障。

从地方金融消费者的权利保护的角度看，现有规范性文件多从监管主体角度出发，缺少从金融消费者保护的角度出发探讨地方政府金融监管问题。现有规范性文件内容主要集中在中央向地方赋予金融监管权等内容，而对地方金融消费者保护的内容规定较少甚至没有规定。如，现有有关地方金融监管的部门规章中几乎没有金融消费者保护的规定，而在已制定相关地方金融监管法规的省份中，河北省未明确规定金融消费者保护与投资者适当性内容，其余省份虽明确规定地方金融组织应建立相应金融消费者和投资者适当性制度，但多为原则性规定，并未落实到实践中。未对金融消费者权利进行充足保障造成的直接后果是相应的风险提示也仅仅是形式而已，对弱势群体的保护仅仅停留在书面确认，而未在确权基础上寻求权利和能力的实现。[①] 从实际效果看，未能以金融消费者权益保护为核心造成的另一个后果就是金融消费者只能被动接受利益损害的结果。在某些情况下，金融消费者保护的不足再加上监管缺失使得部分企业以地方金融组织（业态）为依托进行非法集资活动，从而给地方金融消费者造成严重的损失。这些损失即使由法院依法判决也很难再追回，资产处置又会成为一大难题。如，轰动一时的“云南泛亚有色金属交易所事件”投资者申报权益达到 78.37 亿元，此案已于 2019 年宣判，但资产处置问题至今未有消息。

除地方金融消费者外，地方金融组织（业态）是地方金融市场中的另一重要参与主体。作为对基层地区金融抑制现象的理性回应，地方金融组织（业态）既能缓解基层地区的金融信息不对称问题，为地方金融消费者提供更多参与并利用金融市场的机会[②]，又是全国性金融的重要补充，发挥重要意义，因而需要合理保障其权利。但在实践中，由于现有有关地方金融监管范围不清，部分行业的审批设立已经陷入全面停滞阶段，严重影响了合规经营的地方金融组织（业态）的自主经营权。一是中央和地方政府的金融监管权划分不清，未明确到底由何主体对地方金融组织（业态）进行监管；二是地方政府金融监管机构的职能整合起步晚（从 2019 年才逐渐展开），再加上国家层面未出台有权威的规范性文件，导致许多省份的部分地方金融组织（业态）的设立和审批工作全面暂停。如，陕西省有关典当行、融资租赁及商业保理公司的设立和批设工作从 2019 年 3 月起全面暂停；之前针对互联网金融的监管也是在不了解的情况下，先关停，等到出台相应法规之后再恢复批设。这就体现了“发展”与“监管”间的矛

① 冯果，袁康．从法律赋能到金融公平——收入分配调整与市场深化下金融法的新进路［J］．法学评论，2012（4）：85—91.

② 袁康．主体能力视角下金融公平的法律实现路径［J］．现代法学，2018（3）：180—193.

盾，我国现阶段无疑采取的是“先监管，后发展”的模式，这样做的优点是有效防范风险，但缺点就是阻碍新兴金融业态的发展。这样“运动式”的金融监管是对地方金融组织（业态）自主经营权的忽视，体现了未以地方金融组织（业态）个体权利保障为核心的非法治化表征。

（三）地方政府金融监管权限划分不清晰

地方政府金融监管法治化的核心要义是要求处理好市场与政府、中央与地方政府、地方政府的责权利效等方面的关系。具体来讲，一是从市场与政府关系的角度出发，探讨市场是否发挥了决定作用，地方政府作为监管的主体是否超越了其作为“有形之手”的干预范围；二是从中央与地方金融监管权限范围的角度出发，探讨地方政府和中央政府的金融监管权力边界；三是从地方政府自身的角度出发，探讨其权力范围、法律责任等内容是否相匹配。

从市场与政府的关系看，现有规范性文件对地方政府干预范围的科学性与合理性存疑。目前我国规范性文件规定，地方金融监管局的监管范围为“7+4”类机构，这11类机构中，一部分是承接原“金融办”的监管职能，如小额贷款公司、融资担保公司，一部分是承接省商务厅的监管，如商业保理公司、典当行等，其余为新兴地方金融组织（业态）。为何这11类机构由地方政府监管，这11类机构由地方政府监管是否合理，地方政府监管的范围有何标准等问题都未明晰。

以融资租赁公司为例，分为金融类融资租赁公司和非金融类融资租赁公司，我国规范性文件规定地方政府主要监管后者。这些非金融类融资租赁公司的业务既涉及简单的融资租赁业务，部分也包含发行债券等涉及系统性风险的业务，应理顺市场与监管的关系，根据相应指标对风险大、跨区域的业务实施监管。但现实情况是，我国采取机构监管的理念，对所有非金融类融资租赁企业及其业务实行“强监管”。这样就使得只经营简单融资租赁业务的企业也受到全面监管，从而背负沉重的监管负担，甚至被超越合法经营范围的融资租赁企业挤出相关市场，出现“劣币驱逐良币”的现象。

从中央与地方金融监管权限的角度看，两者在监管对象、监管职权等方面的划分都不清晰。从监管对象上看，在对地方政府金融监管对象进行规定时，仍采用机构监管的方式，将其划分为“7 +4”类地方金融组织(业态)。一方面，规范“7 +4”类范围的文件并非我国正式法律渊源，文件内容也未公开；另一方面，“7 +4”类机构中部分内容由地方政府监管存在不妥之处。如，“投资公司”概念不明，一般意义上的投资公司指的是为他人管理资金的私募股权管理机构或股权众筹平台，这主要由证监会进行监管，不适合纳入地方金融监管的范围。同时，新兴金融业态应由哪个机构进行监管，规范性文件并未明确。从监管职权上看，虽然中央通过各类规范性文件规定地方政府的相应责任，但地方政府在金融监管过程中到底拥有哪些具体权力未明确规定。地方政府具体权限的不明确也使得不论是理论界还是实务界一提到地方政府金融监管权，就会想到有关审批、注册等准入监管权限，而忽略了准入监管权限并非金融监管权的全部内容，日常监管等内容也很重要，形成“重准入审批，轻日常监管”的习惯。

从地方政府自身的角度看，其自身权限与机构设置、法律责任等方面都未能实现合理匹配。从自身权限看，原“金融办”或“金融服务局”拥有促进地方金融发展的权能，在此基础上，现有地方金融监管机构新增了监管权。部分地方金融监管机构在其新的机构职能权限中的“监管金融国资、招商引资”等内容仍然保留，并且这类权限未受到相应限制，更易受到本级地方政府的干涉。从地方政府权限和机构设置的关系上看，地方政府金融监管机构的设置和性质问题也使得相应监管权限的行使存在困难。如，部分市、县未设置专门的地方金融监管机构，部分市、县设置了地方金融监管机构但是性质却为事业单位，无相应审批权力，完全没有行使相应监管权的可能。市、县两级地方金融监管机构的缺失以及性质的不统一不仅使得相应监管权的行使出现阻碍，还直接导致了越到基层监管越薄弱与越到基层地方金融组织（业态）设立越多的矛盾。从法律责任上看，相应规范性文件多明确了地方政府的风险处置责任，但对地方政府日常监管不当的法律责任的规定较少。同时，现有有关政府责任的规定多从审批主体的角度入手，哪个机构负责审批，则负担风险处置责任，缺少从监管角度入手探讨相关部门的责任，即“谁审批，谁负责”，而非“谁监管，谁负责”。

（四）地方政府金融监管协作机制不完善

地方政府在金融监管过程的监管协调主要包括地方金融监管部门与中央金融监管机构之间、地方政府部门间及内部处室之间、地方政府与同级司法机关之间、地方政府与非政府组织之间的统筹协调。

首先，各地方政府金融监管机构和中央金融监管机构之间缺乏统筹协调。探讨地方政府的金融监管权问题并不意味着将全部金融监管权都赋予地方，而是在中央与地方双层金融监管体制的框架内讨论分权。在实践中，中央制定相应监管规则，地方依照规则进行监管，在形式上达成一种统筹协调，但实质上中央与地方在监管资源共享、央地协调机制方面还未能达到统筹。从监管资源上看，中央金融监管机构在地方的派出机构获得的数据未能与地方金融监管机构进行共享，且地方金融监管机构与中央金融监管机构缺乏有效沟通，部分地方金融监管机构既期待与互联网企业合作建立相应风险预警平台，又担心中央在未来统一建立相应平台使地方政府之前建立的平台被闲置，因而处于观望状态。从中央与地方统筹机制建设上看，虽然国务院金稳委出台文件规定在各地方设金稳委办公室以进行统筹协调，但各地方能否落实以及落实效果如何还有待实践进一步的检验。

其次，地方金融监管部门和其他政府工作部门协调联动合力不够。从地方金融监管部门和其他部门的关系看，一是各省级地方金融监管机构指代不明，和其他部门的关系存疑，如除四个省份制定的地方金融监管条例明确“地方金融监管局”为地方金融监管机构外，其余文件大部分规定由“省政府确定的金融监管部门”进行监管，还有未修改的文件仍规定由省级商务部门进行监管，到底省级商务部门等属于地方政府金融监管部门还是不属于都存在疑问。二是地方金融监管部门和地方政府其他部门缺乏实质上的统筹协调。虽然现有规范性文件规定新挂牌的地方金融监管局对其他部门的职责进行整合，但新设的地方金融监管局实际上对其他部门移交的业务并不熟悉，其他部门由于自身编制问题，只能派出少量人员负责与新设的地方金融监管部门进行业务交接，在这一过程中难免会有遗漏。从地方金融监管部门的内设处室间的关系看，各监管处室间的统筹协调有待加强。如，部分地方金融监管局中监管一处负责融资租赁的监管，二处负责典当业监管，但当某一新兴金融业态既涉及融资租赁又涉及典当时，这两个处室应如何进行统筹协调有待进一步讨论。

再次，地方金融监管机构与司法机关间的监管协调机制不够。从与公安机关的关系上看，地方金融监管机构主要负责事前的风险监管与日常排查，而公安机关主要承担风险发生后的应急处理、打击非法集资犯罪等活动。但由于两者间缺乏协调，地方金融监管部门日常对风险监管的有效性未充分发挥，从而使得风险极易扩散，给公安机关的应急打非工作增加较大压力。另外，我国部分省级地方金融监管机构设置的“打非处”并未减轻公安机关的对非法集资的打击压力。从与法院的关系看，地方金融监管机构未与法院进行信息共享，导致法院作为审判机关在审理非法集资类案件时陷入刑法与金融法的交叉“两难”境地。从与检察机关的关系看，理论上检察机关仅能以检察建议的形式对地方政府金融监管机构在监管过程中存在的问题进行督促、指导等，但实践中，地方政府金融监管机构和检察机关之间的协调较少。

最后，地方金融监管机构与行业自律组织、金融科技企业等缺乏良性互动。从我国地方金融监管的历程来看，有关地方金融的自律组织在地方金融监管中的参与较少。如，在“7 +4”类机构中，仅有关区域性股权市场的监管有证券业协会自律管理的内容，其余文件都较少提及行业协会等自律组织，并且规定和实践仍存在一定差距。在自律性组织的参与度方面，我国与美国、加拿大有关地方金融监管的内容差距较大。美国允许地方金融组织（业态）组成相应理事会，以向地方金融监管机构表达自己利益诉求，而我国地方金融监管和被监管对象之间未能建立此种有效协调。我国地方政府与掌握金融科技的企业缺乏合作。现阶段，新兴地方金融业态往往依托金融科技作为手段进行金融创新，相应的，就需要地方政府金融监管机构与掌握金融科技的企业进行合作，以掌握相应金融科技监管手段，但是我国现阶段只有部分地方金融监管机构与金融科技企业合作建立大数据风险预警平台，还有部分正在观望中。

三、地方政府金融监管非法治化的主要成因

（一）对监管对象性质认识存在偏差

我国地方政府金融监管非法治化的成因之一在于对监管对象的认识存在偏差。具体来讲，对被监管对象本身的认识偏差主要体现在放大或缩小地方金融组织（业态）的金融属性，要么将其与全国性的正规金融机构一视同仁，要么忽视其金融属性将其视为普通企业；对监管手段的认识偏差体现在将监管行为本身作为一种目标，而忽视监管是一种手段，保障个体权利自由才是目的。

对地方金融组织（业态）的法律性质认识错误表现在放大或缩小其本身特有的金融属性。放大被监管对象的金融属性主要表现在将地方金融组织（业态）与全国性金融机构相提并论，并要求对其实施全面而严格的监管。以融资租赁公司为例，地方政府对非金融类融资租赁公司进行监管，这类公司业务的实质是出租人向承租人提供的长期信贷，业务不包含吸收公众存款，一般情况下不会对社会公众的利益造成极大威胁，而且世界其他国家未对其进行监管也未见系统性风险。但由于认识偏差，导致实践中监管标准越来越严格。缩小被监管对象的金融属性主要表现在将地方金融组织（业态）当作普通公司，认为对其完全不需要金融监管，仅依靠其自身调节即可。因此，对地方金融组织（业态）的不正确认识均可能导致监管的价值取向方面的偏差。

在构建或完善地方金融监管的体制中，对监管手段性质认识上的偏差可能导致对监管价值取向或理念的选择上更侧重于监管手段的实施，而忽视对地方金融消费者的权利保障、对于地方金融组织（业态）的权利保障等内容。在具体执行上，该认识偏差可能导致相应政策执行更强调国家或政府及其所属部门权力行使有关方面的讨论，而缺少对于被监管对象、地方金融消费者的权利保护与救济。这种认识忽略了金融监管只是作为一种手段，而保障金融消费者权利和个体经营权以促进金融健康发展才是最终目的。

（二）政府金融发展和金融监管目标存在冲突

地方政府的融资冲动使得其在行使职能过程中存在“发展金融”与“监管金融”目标上的差异。发展地方金融的目标由来已久，具有较为深远的历史传统。一是金融与财政问题如影随形，1994 年我国的分税制改革使得地方政府财政收紧，对公共基础设施建设所需项目资金承担紧张。同时，中央政府为应对全球经济危机而出台的 4 万亿元刺激计划也使得地方政府大规模举债。二是 1998 年东南亚危机后，中国人民银行改变了按照行政区划设立分支机构的管理体制，对国有银行进行垂直化管理并上收贷款审批权。这些改革实际上切断了地方政府对金融机构的地方分支的干预。

这些措施都导致地方政府融资需求大幅增加，为满足融资需求，地方政府组建一系列地方融资平台。同时，地方政府设立金融办负责对地方政府融资平台的管理和对小额贷款公司等的监管，其同时肩负“发展”与“监管”的职能。迫于地方政府压力，金融办已经异化为地方政府汲取金融资源的重要手段。因此，原“金融办”的职能中还包括类似于“金融国资委”职能的招商引资职能。

地方政府的融资举债需求到底是由何种原因引起的暂且不论，但造成的后果就是地方金融办在监管的同时具有招商引资职能，而这一结果也导致地方金融办在加挂“地方金融监管局”的牌子之后，剥离融资职能成为难题。

第五节 地方政府金融监管法治化的实现

一、健全地方政府金融监管法律体系

（一）制定地方政府金融监管基础性法律

以法治理想为主导的权威系统需要权威文件的指引，权威文件即法典。为避免陷入立法中心主义的陷阱，若现有规范性文件可以满足相应法治需求则可不制定法律，由现有文件对相应法律关系进行调整。但我国有关地方政府金融监管既无法律，现有规范性文件也难以满足法治需求。因此，本部分拟在此基础上探讨如何对我国地方金融监管法律体系进行完善。

在此种情况下，应由全国人大常委会制定地方金融监管的相应法律，或者由全国人大常委会授权国务院制定行政法规对我国地方金融监管进行宏观上的概括规定，从而明确中央与地方金融监管权划分标准、权限性质等内容。由法律或行政法规进行规定的原因有：一是因为部门规章无权向省政府进行授权，且规章不能设立企业设立登记的前置性许可，所以只能由法律或行政法规进行授权，才能理顺其中的法律逻辑。二是依据我国《立法法》相关规定，有关金融的基本制度只能由法律规定，若无法律规定，则全国人大及其常委会可根据实际需要授权国务院制定行政法规。

具体实践上，可由全国人大常委会授权国务院先行制定行政法规。[①]如，全国人大常委会可授权国务院制定《地方金融监管条例》对央地金融监管权等内容进行明确。这样既可以解决对地方政府的授权问题，又解决了规章不能设定行政许可的问题。同时，也符合《立法法》的相应规定，即全国人大对国务院的授权不包括有关犯罪和刑罚、剥夺政治权利、限制人身自由、司法制度等内容。

全国人大常委会授权国务院制定的行政法规应包括但不限于以下内容：一是对地方政府进行金融分权并不意味着地方政府会脱离中央金融监管机构，并非形成一种完全的地方金融自治。二是应明确我国金融监管权在中央和地方政府间应按照什么样的标准进行划分，央地协商机制如何建立。三是应明确地方政府进行金融监管应由哪一个或哪几个部门进行，如果由多个部门共同行使，则应如何进行统筹协调。四是有关地方金融消费

① 考虑到全国人大制定法律的立法程序较为复杂，且有关地方金融监管的立法内容庞杂，而又迫切需要对地方政府金融监管进行赋权的实际要求。

者保护或投资者适当性相关内容。五是明确地方可采取的监管手段，包括金融科技的使用。六是明确地方金融监管过程中相关部门或人员的法律责任。

2021年3月16日，央行副行长刘桂平建议全国人大加快关于《金融稳定法》立法的进程。在《金融稳定法》中应厘清央地金融监管权责，明确各金融监管部门职责，央行负责宏观审慎监管和系统性风险防控，银保监会、证监会负责各自职能领域内的风险监测，地方政府则要压实属地责任，对地方金融进行监管。在此基础上，《金融稳定法》还应构建金融稳定总体工作机制，实现跨部门及跨行业监管，明确金稳委在金融监管和稳定发展工作中的统筹协调作用，强化协调配合。部门与部门、地方与地方之间要加强主动协作、互相配合、尽职尽责，优化健全央地金融监管协调机制以及部门金融监管协调机制，形成发展合力，促进金融稳定发展。

（二）完善地方政府金融监管具体法规

在已制定有关地方金融监管法律或者行政法规的背景下，还应对其他规范性文件进行梳理整合。

宏观上需要全国人大授权国务院制定《地方金融监管条例》等具有统筹协调性的行政法规，对我国中央与地方政府金融监管的总基调予以指引，从各类地方金融监管组织（业态）的角度讲，也急需制定或修改与目前阶段经济情况不能适应的监管规则。虽然制定或修改有关各地方金融组织（业态）的行政法规从本质上来讲，并未改变我国现有金融监管中机构监管的理念，但也要深刻认识到，从机构监管到功能监管不是一个简单的跨越，而是一个渐进式的过程。我国现阶段机构监管尚存在漏洞，因此需要先将机构监管进行完善。具体来讲，我国现阶段各类地方金融组织（业态）中，只有融资担保行业在2017年由国务院制定了行政法规，有关其他地方金融组织（业态）监管规则的相关规范性文件层级不符合要求，内容较为陈旧，因此其他地方金融监管组织（业态）也急需制定相应行政法规。从立法条件和时机来看，有关典当行、融资租赁、商业保理等行业制定相关行政法规的条件已经成熟，应先提上日程，如《典当行监督管理条例》《融资租赁企业监督管理条例》等。从内容上看，应参考融资担保行业相关行政法规，从设立变更、经营规则、监督管理、法律责任等几个方面进行规定。

在行政法规进行总体性规定的前提下，地方各级政府可在行政法规规定的范围内依据各省实际情况制定相应地方金融监管条例，制定时应注意不能在国务院行政法规之外增设行政许可，也不能作出与国务院行政法规不一致的规定。但可在行政法规的范围内将其细化，从而使相应监管规则更符合本地的实际需求。已制定地方金融监管法规的地方，需要根据行政法规的内容对其制定的地方性法规进行修改与完善，避免存在行政法规相抵触的情形。不仅如此，各地方还应针对各类地方金融监管相应的地方性法规进行整合，对数量庞杂的、无实际意义的重复性的地方性法规予以废止。

具体来讲，各省、自治区、直辖市和较大的市的人大及其常委会，以及自治州、自治县的人大，要充分利用《立法法》授予的部分立法权，结合地方实际和需要，制定适应当地金融发展需求的地方性法规或地方金融监管条例，对本行政区域内的金融市场进行差异性监管，推动地方金融监管向精细化、本地化与实用化方向靠拢。总结已出台地方金融条例的七省份地方金融立法经验可知，地方金融条例基本包含总则、金融组织、金融监管、风险防控、法律责任及附则六部分内容。

其中，“总则”部分应明确地方金融监管的目的和依据，阐明适用范围即被纳入监管范畴的金融对象，引导地区金融活动回归“服务”初心。“金融组织”部分先应对受地方监管的金融组织或机构作出明确列举，完善地方金融组织准入及退出制度，对一般违法违规行为与重大违法违规行为分别作出不同程度的处罚规定，明确具体的法律权责；建立地方金融组织市场经营行为管理制度，指导其在法律法规和地方条例允许范围内进行经营活动，对其业务活动作出规范，引导金融组织的经营活动为地方金融发展和社会大众公共利益服务；地方政府应为地方金融组织提供行政服务，奖励、扶持农业农村金融业务达标的金融组织；地方还应当支持引进外地优秀金融组织和优秀金融从业人才。“金融监管”部分的核心内容应为地方金融监管部门及机构在金融监管过程中须采取的措施、须建立的制度、应承担的责任，强调信息公开、公示、共享的重要性，进行信用管理；强调协调手段在地方金融监管工作中的重要性。在“风险防控”部分，地方金融监管机构以及其他政府部门应建立地方风险预警和紧急事故处理机制以及风险化解机制，制订突发事件应急预案，对重大风险作出有效处置行为；关于地方金融组织及时上报存在风险可能性的情况，对金融组织未及时上报重大风险情况的行为，对金融组织及其直接责任人予以相应的处罚。“法律责任”部分应明确规定金融机构的法律责任和地方监管机构及部门责任人所应承担的职责以及监管不力所应承担的法律责任。其中，金融机构法律责任包括但不限于违反准入要求的法律责任、违反监管要求的法律责任、违反禁止性规定的法律责任。另外，还需包括从轻、减轻处罚情节。“附则”部分即为相关实施细则、实施日期等基础性规定。

未来地方金融监管立法的重点为在既定模板的金融监督管理以外，还要突出央地金融监管事权的边界以及地方金融监管推动地方金融良性可持续发展两方面的内容。明确央地事权边界方面，可参考《浙江省地方金融条例》“7 +2”模式，对地方金融监管事权进行界定。

以上有关内容主要是根据我国现阶段实际提出的在机构监管理念下的法治体系建设相关设想。但从我国金融监管法治体系的长远发展来看，机构监管终究存在一定弊端，因此将来可探索在各项条件都已较为完善的情况下，以功能监管为指导思想，探索建立我国有关地方金融监管法治权威体系建设。以功能监管为主导思想不同于之前采用的机构监管思想是根据被监管对象性质确定相应监管机构和权限的，其不设专门机构，仅根据其服务或业务内容由相应机构进行监管。具体来讲，就是在地方金融创新和综合性经营逐步发展的过程中，省政府先理顺地方金融产品或服务涉及的法律关系，然后依照其产品或服务的性质与法律关系将其归于相应部门进行监管。①

---

① 潘寒月. 地方性金融监管方式改革分析——以四川功能监管与行为监管为例［J］. 四川文理学院学报，2019（3）：97—103.

二、落实地方金融市场参与者权利保障

（一）加大地方金融消费者权利保障力度

法治化的核心要义要求以个体权利保障为核心，在金融法领域，则主要表现在对金融消费者的权利保护原则之中，这与金融监管的“双峰监管”中“行为监管”的理念不谋而合。在地方政府金融监管法治化实现路径中，对地方金融消费者的权利保障也至关重要。

针对地方政府金融监管中的金融消费者保护，可以从以下几个方面着手：

首先，在高阶位法律中对地方金融消费者权利保护的内容应予以规定。如在法律、行政法规、地方性法规中规定有关地方金融消费者权利保护和投资者适当性相关内容。我国2019年12月28日修订的《证券法》中有关证券投资者适当性制度的规定就是一次有益尝试。而现阶段也有学者在呼吁制定金融消费者权利保护相关法律，如果相关法律能与地方金融监管的规范性文件进行有效衔接则更易形成更有效的地方金融消费者权利保护和投资者适当性制度。不仅如此，在相关规范性文件制定前，相应机关应与金融消费者进行深入沟通、开展调研，并在此基础上确保地方金融消费者更好地参与。

其次，在相关规范性文件对地方金融消费者权利保障和投资者适当性内容予以规定后，应严格执行使其落到实处，并使相应主体的权利予以实现。一是确定地方金融消费者或投资者权利保护的主要负责部门。一般省级金融监管部门应设置地方金融消费者权益保护处，负责对金融消费者的纠纷解决、宣传教育等内容。二是在确定主要部门的情况下，寻求地方金融消费者权利保护的多种实现方式。应做好金融消费者权利保护的事前教育，尤其是注意提升基层农村地区的金融消费者权利保护意识，可通过线上、线下多种方式开展针对地方金融消费者权利保护的活动。线上可通过多种类型的网络平台对金融基础知识、典型案件等进行宣传，线下可通过相关金融教育培训等形式开展。三是主管金融消费者保护的部门应作为牵

头单位联系其他部门或金融机构开展监测预警。如，地方金融监管部门牵头，在五大行（中国工商银行、中国农业银行、中国银行、中国建设银行、交通银行）各地市分行设置相应监测系统，对一些异常账户进行提醒，对账户拥有者的年龄较大且在不清楚汇款对象详细信息的情况下按时汇款，同时存款额为整数、取款额多的账户进行跟踪监测，并提示风险。四是应确保有关金融消费者权利救济渠道畅通，从而可得到金融消费者的及时反馈。

（二）切实保障地方金融组织的权利

地方金融组织（业态）作为全国性金融机构的重要补充，可有效缓解基层地区的金融抑制和信息不对称问题。然而，由于相应监管规则的欠缺以及其他原因，部分地方金融组织（业态）的审批设立在实践中陷入了全面暂停的困境，从实质上来说，是对其自主经营权的一种忽视。

从本质上来说，暂停批设地方金融组织（业态）实质上是重监管理念下的一种限制，这其实从侧面否定了金融监管的谦抑性。[①] 此时，对企业自主经营权的保护则需要正确处理发展和监管之间的矛盾，从而在保持金融谦抑性的基础上追求各地方金融企业间的有序竞争，激发市场活力。具体来讲，需要从以下几个方面进行：一是需要改变监管理念中的一种误区，就是“防范系统性风险”意味着否定金融本身具有的风险。在这种思想误区的指引下，防范一切金融风险的手段都可以采用“关停、暂停批设”等。摒弃这一错误思想的同时，要意识到金融本身的风险无法避免，重要的是在意识到金融风险时，相应机关在制定有关地方金融监管规则时对市场需求和其风险一以贯之，并在已有认知的基础上，进行预防性的制度安排。二是具体到地方政府金融监管领域，还要对中央与地方政府有关金融监管事权进行合理划分。在事权划分清晰的基础上，地方政府具有相应的金融监管事权，这样可避免地方政府因只具备风险处置责任而无金融监管权造成使用简单关停手段的行为。三是地方政府部门应与地方金融组织（业态）负责人进行深入交流，了解其利益诉求。可考虑借鉴美国先进经验，成立相应自发性组织，地方金融组织负责人可参与其中，向监管部

---

① 宋晓燕：论有效金融监管制度之构建［J］. 东方法学，2020（2）：103—120.

门反映其自身利益诉求。四是地方金融监管部门应提升监管技术，尤其是对自身金融科技水平等方面的提升尤为重要。如，在各省级设立地方金融监管信息预警平台、地方金融风险防范平台等。

三、明确地方政府金融监管权限范围

（一）充分发挥市场的决定作用和政府的重要作用

地方政府金融监管法治化的实现，需要明确市场和政府的关系，即在充分发挥市场的决定性作用的基础上，发挥政府干预的重要作用。在地方政府金融监管中，发挥市场的决定性作用要求能够自发调节的地方金融组织（业态）充分发挥自身主观能动性，利用市场自身的调节功能，充分发展。同时，在市场自发调节失灵时，政府要发挥重要作用。

在未来，机构监管模式更加完善，金融监管模式选择更加科学，采用功能监管模式也可发挥市场决定作用和政府干预的重要作用。仍以融资租赁公司为例，若采用功能监管理念进行监管，则监管对象为具体业务而非机构，即针对融资租赁企业的主要业务类型进行监管，而非融资租赁企业本身。对地方政府监管的非金融类融资租赁企业来说，其业务可分为两类，一类是类似于普通企业的简单融资租赁业务，另一类是发行债券等涉及系统性金融风险的业务。针对前一种业务，只需要由合同法、税法对其进行规制，其经营行为同普通企业一样，由市场进行调节即可。从理论上来说，这类业务造成系统性金融风险的可能性较小，从实践上来说，部分国家未对其进行监管也未造成系统性风险。① 理论和实践两方面由市场自发调节都符合逻辑。而针对后者，则可由现有金融监管部门按照其不同业务类型对其实施监管。

采用功能监管理念，则只需根据地方金融组织（业态）的业务类性将其进行合理监管即可，就可以有效缓解新兴地方金融组织（业态）因为不确定监管主体而出现遗漏的问题，使得金融市场自身的调节功能加强。同

---

① 岳彩申．融资租赁监管模式的转型［J］．法学，2012（7）：31—34.

时，由已有金融监管机构对相应业务进行监管，也减少了金融监管机构对地方金融组织（业态）进行判断并确定监管主体的过程，发挥监管主体的有效干预，从而理顺了市场和监管的关系。但结合我国实际情况，从机构监管到功能监管模式的转变还需要一个过程。

（二）明确中央与地方政府金融监管权限范围

一是明确我国中央和地方金融监管权限需要借鉴美国和加拿大先进经验，但也不能脱离我国现状，一味寻求理论上的逻辑通畅。我国不同于美国的联邦政治体制，也不同于加拿大深受英国政治经济影响，我国单一制的政治体制决定了即使将一定的金融监管权赋予地方政府，地方政府的金融监管也不能完全脱离中央政府而存在，比如金融监管权中相关规则的制定权仍然应归中央金融监管机构行使，而探讨地方政府金融监管权力也一定是在央地双层金融监管框架下进行讨论。

二是对央地双层金融监管体制要进行深入的理解，其中“双层”不仅仅意味着针对某些地方金融组织（业态）的监管由中央制定规则，地方政府负责实施监管，还意味着针对同种类型的地方金融组织（业态），可能由于系统重要性或涉众性而分别由中央金融监管机构和地方政府进行监管。同时，还应意识到双层金融监管体制的建立仍需要一个过程，不是一蹴而就的，可以考虑分阶段、分批实施。

三是在机构监管较为成熟的情况下，明确中央与地方金融监管权力范围可借鉴功能监管、双峰监管等理论进行。但结合我国现阶段实际，机构监管尚未成熟，因此应先理清机构监管的内容。具体来讲，以机构监管理念为指导，以中央和地方政府金融监管的对象为机构，则对其可采用系统重要性因素、涉众因素和经营范围因素等衡量。系统重要性的评价指标主要包括规模因素、负面信息传播速度等①；涉众因素的评价指标主要根据其是否涉及公众领域，若涉及公众领域则，则视其涉及范围的大小；经营范围因素则主要根据其是否跨范围经营以及跨范围大小为主要指标。同时

① 邓向荣，曹红．系统性风险、网络传染与金融机构系统重要性评估［J］．中央财经大学学报，2016（3）：52—60.

满足这三个因素的全国性的有正规牌照的金融机构应该由中央金融监管机构进行监管，其他金融机构则考虑由中央与地方共同进行规范。具体内容如表2-4所示。

表2-4　　　　中央与地方双层金融监管体制构想

<table>
<tr><th colspan="2" rowspan="2">机构类型（含法人分支机构及持牌专营机构）</th><th colspan="3">监管方式</th></tr>
<tr><th>是否双重监管</th><th>中央监管</th><th>地方政府监管</th></tr>
<tr><td rowspan="7">银行业、保险业金融机构</td><td>银行</td><td>否</td><td>银保监会监管</td><td></td></tr>
<tr><td>第三方支付机构</td><td rowspan="2">是</td><td rowspan="2">大中型机构
由银保监会监管</td><td rowspan="2">小型机构由地方监管</td></tr>
<tr><td>征信机构</td></tr>
<tr><td>信托公司、金融资产管理公司、金融租赁公司、财务公司、汽车金融公司、消费金融公司、货币经纪公司等</td><td rowspan="2">否</td><td rowspan="2">银保监会监管</td><td rowspan="2"></td></tr>
<tr><td>产险公司、寿险公司、再保险公司、养老险公司、健康险公司</td></tr>
<tr><td>其他银行业、保险业金融机构</td><td>是</td><td>大中型机构
由银保监会监管</td><td>小型机构由地方监管</td></tr>
<tr><td rowspan="2">证券业金融机构</td><td>证券、基金、期货公司及其子公司</td><td>否</td><td>证监会监管</td><td></td></tr>
<tr><td>证券期货交易所、证券期货登记结算类机构、其他证券业金融机构</td><td>是</td><td>大中型机构
由证监会监管</td><td>小型机构由地方监管</td></tr>
<tr><td rowspan="4">地方金融机构</td><td>地方资产管理公司</td><td>是</td><td>央行制定规则</td><td>由地方具体实施监管</td></tr>
<tr><td>小额贷款公司、融资性担保公司</td><td rowspan="3">是</td><td rowspan="3">中央制定规则</td><td rowspan="3">由地方监管</td></tr>
<tr><td>融资租赁公司、典当行、保理公司</td></tr>
<tr><td>农民专业合作社</td></tr>
<tr><td colspan="2">其他新型地方金融机构</td><td>是</td><td>中央制定规则</td><td>地方负责具体实施</td></tr>
</table>

注：表中“大中型”和“小型”机构的区分标准按照前文“系统重要性、涉众、经营范围”等进行划定。因为考虑到各省份经济发展水平有差异，所以不采用具体标准，但可参考实践中陕西省做法，按出资人口径级次分为市级、区级等，按照出资人经济类型、资产等综合标准进行分类。

由表2－4可以看出，在中央与地方双层金融监管体制下，由地方政府负责的有四类。第一类为银行业、保险业金融机构中的第三方支付机构和征信机构，这类机构既需要是非系统重要性金融机构，还应满足涉众范围小、省内经营等标准。因为银行类金融机构其本身的特性，由中国银保监会监管已较为成熟，所以不考虑由地方政府对其进行监管。第二类为证券业金融机构中满足非系统性、涉众范围小、非跨省等标准的证券期货交易所、证券期货登记结算类机构、其他证券业金融机构，如地方交易场所已经包含在“7＋4”类机构之中。第三类为前文已述的地方金融机构，具体包括小额贷款公司、融资担保公司、融资租赁公司、典当行、保理公司、地方资产管理公司、农民专业合作社等。此外，为适应层出不穷的金融创新，避免出现监管真空问题，对其他新型地方金融机构也应进行双层监管。

需要明确的是，在中央与地方双层金融监管体制中，上述四类并非在同一时间内由地方政府进行监管的，而需要根据实际情况逐步推进，分批次实施。第一批由地方政府进行监管的对象应为“地方金融机构”，“地方金融机构”在“7＋4”类机构的范围内，虽然对其规范并不完备，但目前已有规范性文件对其进行规定，暂且不论该规范性文件的效力，实践中地方政府已对其进行监管。同时，原先的监管传统为地方政府对其的监管提供可能。如，小额贷款公司、融资性担保公司原由金融办进行监管，典当行、融资租赁公司、商业保理公司原由省级商务部门进行监管，因此现由地方政府监管并不违和。第二批向地方政府放权的应为第二类中的地方交易场所、区域性股权市场等，这些内容虽然也在“7＋4”类范围中，但是由于省际发展程度不同而有差异，不能一概而论。第三批放权再逐步扩大范围至小型的银行、第三方支付机构和征信机构等，这些机构的风险稍大于之前放权的对象，因而应等待合适时机，谨慎放权。

四是要在对中央和地方金融监管对象划分明确的基础上，对具体权限内容进行明确规定。中央主要负责监管规则的制定和对具有系统重要性、涉众型、跨区域金融机构的审批、现场监管、非现场监管、内幕交易监管等。而地方政府的监管权力内容不仅包括地方性法规的制定，还包括对地方金融组织（业态）的准入监管和日常风险监管。因为地方政府金融监管对象大部分属于系统性风险小、无强大融资能力的组织或机构，所以一味强调准入监管，而缺少日常风险防范则会阻碍其发展，具体可采用信用评级的方式，对其进行定时或不定式检查，尤其注重非特别时点的突击检查，还可以结合地缘优势，定期或不定期与相关机构负责人进行约谈等。

（三）实现地方政府金融监管责权利效相统一

从地方政府角度看，其应实现自身的责权利效相统一。“责”要求地方政府应承担地方金融监管的角色责任，并且当地方政府没有正当行使职权时应承担法律的否定性评价；“权”要求地方政府享有与“责”相对应的“权力”，主要是指其对地方金融组织（业态）的监管权；“利”要求地方政府金融监管需达到的经济利益；“效”要求地方政府金融监管可达到社会效益的最大化。①

从地方政府金融监管的责任来看，规范性文件较早地规定了地方政府应承担地方金融监管的风险处置责任，但对地方政府未规范履行职责时应承担的否定性评价未规定。因此，在法律的否定性评价方面，应补充规定地方政府工作人员在工作过程中失职、渎职所应承担的相应刑事法律责任。不仅如此，政府的风险处置责任主体的确定应转变之前“谁审批，谁负责”的理念，而应采取“谁监管，谁负责”的理念，这样更能做到真正的权责一致。此外，地方政府的绩效考核中应增加地方金融监管成效等考核指标，以避免地方政府间的“经济锦标赛”。

从地方政府金融监管的权力来看，权力需与责任相匹配。具体来讲，地方金融监管机构应淡化之前的“金融国资委”职能，而专注于金融监管职能。之前的省级“金融办”职能之一就是管理“金融国资”，至今上海市金融工作局还包含这一职能。但在现实中，将这一职能直接剥离也较为不实际，因为中央针对这一问题多次出台文件也未能完全杜绝这一现象，直接剥离较为困难，况且我国地方政府融资平台众多，将最难市场化的项

① 高桂林，李帅．责权利效相统一是经济法的总原则：论刘文华教授为代表的人大经济法学派对经济法基本原则的理论贡献［J］．广西社会科学，2013（4）：78—82.

目排除在外也无必要。因此，省级地方金融监管机构应分阶段、分步逐渐实施相应职能的剥离。同时，应将这类融资平台分类处理，让具有公益性的融资平台发挥其自身的市场活力，取缔非公益性地方政府融资平台，逐渐将工作重心转移。而市、县级地方金融监管机构在职能权限方面的调整和省级相比，应有不同，其应在合理设置的基础上明确相应权力。针对基层尤其是市、县“越到基层地方金融组织（业态）越多，而越到基层监管越薄弱”或“有责无权”的问题，应在明确市、县两级地方金融监管机构的设置及性质的基础上赋予一定的审批权，从而发挥地方优势，深入基层，实现地方金融监管机构组织网络的“纵向到底”。

从地方政府金融监管的经济利益和社会效益的角度来看，地方政府金融监管机构监管的目的不仅在于维护稳定的地方金融秩序，实现社会效益的最大化，还在于更好地服务于地方金融组织（业态），为其营造良好的环境，以实现地方金融的良性发展，从而促进当地经济社会发展。实现经济利益和社会效益的发展离不开对金融监管机构设置和性质的明确，应明确市、县两级地方金融监管机构的设置及性质。具体来讲，市、县两级均应设置相应的地方金融监管机构，性质应为政府直属机构，以保持与省级地方金融监管机构一致。为避免省际恶意竞争使得省级对市、县级不当干预，可由各省金稳委办公室作为中央督察机构。同时，各级地方金融监管机构设置应严格按照相关程序规定进行。如，设立省级地方金融监管机构应由省级政府提方案，报国务院机关编制委员会审核，并经国务院批准；市级政府设地方金融监管机构时由省级机构编制机关审核，并由省级批准，还要报市级人大常委会备案等，从而通过正当程序明确地方金融监管机构的性质、人员编制、权责范围等。

四、建立全覆盖的地方金融监管协调合作机制

（一）加强地方政府与中央金融监管机构的分工协作

应加强地方政府与中央金融监管机构之间的分工协作。国务院金融稳定委员会应统筹协调省级地方金融监管部门和中央金融监管机构之间的关

系，省级金稳委办公室应对地方金融监管部门和中央在地方的派出机构之间的关系进行统筹协调。

从省级地方金融监管部门与中央金融监管机构间的关系看，应借鉴加拿大经验，对其进行统筹协调。加拿大中央和省级两级政府关系相较于我国更加松散，但中央和省级金融监管的统筹协调却十分紧密。我国单一制的政治体制决定了中央和地方的关系只会更紧密，所以更需要统筹协调地方金融监管部门和中央金融监管机构之间的关系。国务院金稳委作为统筹协调两级金融监管部门的协调部门，应发挥其上传下达、统筹协调功能，既可以向中央反馈地方对于中央金融监管规则制定方面存在的建议以及相应利益诉求，还可向中央提出地方金融监管部门超职权的行为，并提出督察建议等。同时，其可组织各省级代表与中央进行定期会晤，如讨论如何建立有关金融监管风险预警平台，由中央建立还是地方建立等。

从统筹协调地方金融监管部门与中央金融监管机构的派出机构之间的关系看，省级金稳委办公室应致力于协调地方金融监管机构和中央金融监管机构的派出机构在监管资源信息共享、牵头联席会议、促成风险处置的协调合作等多方面的沟通交流。从监管资源共享的角度看，由于地方金融监管部门在进行监管之前，中央金融监管机构在地方的派出机构享有部分数据资料，两者可进行信息共享，还可以由地方金融监管部门制定相应征信标准，并将其纳入央行的征信系统，实现征信信息共享。此外，省级金稳委办公室应当作为牵头单位，定期组织地方金融监管部门与中央金融监管机构、其他政府部门等的联席会议，对一些“区域性风险还是全国风险”难以判断的内容进行讨论。因为有时相应地方金融业态依托互联网、大数据、区块链、云计算等金融科技，其区域性风险可能已经演化为全国性风险而难以辨认，因而需要相关部门间的统筹。

同时，金稳委办公室地方协调机制还应承担起初级的争端解决和协商调和的事后机制的作用，当同一级地方金融监管机构就监管内容、权责等事务发生争议时，可先由金稳委办公室地方协调机制负责在其中斡旋，促成和解，促进机构与机构之间、地方与地方之间的协作。如，涉及法律法规尚未规制的新型金融活动或新型金融技术等内容，则可由金稳委办公室地方协调机制进一步上报给央行作最终裁决。央行在进行裁决时，针对尚未立法予以明确的内容，可参考国务院的立法意见，并将争议内容备案整理成法律提案或政府议案递交给国务院及全国人大常委会。

（二）完善地方政府各部门联合执法机制

一是应在行政法规中明确规定地方金融监管局作为主要的地方金融监管机构，其他政府部门配合、协调其进行相应工作。

二是应在明确地方金融监管机构的基础上，做好其他部门和地方金融监管机构的权力交接与移交工作。在交接过程中，原省级商务部门、省级信用联社等不仅要进行形式上的交接，更应注重实质上的交接。比如，省级商务部门将原对商业保理、融资租赁等的监管权力移交给地方金融监管局，在交接过程中，原监管部门不仅要移交相关监管数据资料，而且要与新部门进行业务上、人员上的对接，即在保障商务部门工作的情况下，派此前专门负责相应监管的人员对地方金融监管局的人员进行相应培训，与新设的地方金融监管局的工作人员进行沟通，对以往相应监管工作中遇到的问题、重难点等进行交接，并明确交接后的人员责任。由于金融监管本身具有一定专业性，实践中的一些经验可为以后统一监管提供参考。

此外，2020 年相应规范性文件规定各省（自治区、直辖市）建立金稳委办公室。其不仅负责统筹协调中央金融监管机构的派出机构与地方金融监管局的相关工作，而且负责地方金融监管局和其他部门间的统筹协调。协调机制的具体运作方面，省级金稳委办公室应注意统筹协调同一层级其他相关政府部门对影响较大的案件展开联席会议制度。如，对一些在工商部门登记注册的企业或机构，其实际超范围经营，实施涉及地方金融的业务，并依托现有先进信息技术等的，就需要地方金融监管部门、商务部门、工信部门等多部门形成相应合力，对其进行综合打击。

三是地方金融监管机构内设处室之间也应进行协调。现阶段我国地方金融监管机构的内设处室设置不统一，更应进行统筹协调。应将负责“发展”与负责“监管”的处室分开设立。同时，负责监管的处室间应进行统筹协调，在监管时遇到同一对象涉及不同业务类型时，先发现问题的处室应及时与涉及的其他业务类型的处室进行沟通和统筹协调，以达到有效监管。

地方政府各部门之间以及地方金融监管部门各内设机构之间应进行有效协调，实现“横向到边”，避免监管中出现“盲区”或空白，从而有效防范风险。地方政府横向间的协调以及纵向方面的深入将实现地方金融“横向到边，纵向到底”的监管。

（三）落实地方政府与司法机关监管协调机制

地方政府金融监管部门还应不断完善与公安机关、审批机关、检察机关等部门的监管协调。

在完善地方金融监管部门与公安机关的监管协调方面，地方金融监管机构应做好相关金融风险的监测、预警，应守住地方金融监管的第一道防线，在简政放权基础上做好相应准入审批、日常监管工作，及时发现可能涉及非法集资类案件风险的同时，地方金融监管机构应加强与公安机关在对非法集资类案件的监测、打击方面的协调配合。目前我国部分省级地方金融监管机构都设置了“打非处”，应能够给公安机关及时提供相应公司信息与相应线索，将控赃、控人、风险监测等联系在一起，减轻公安机关办案压力，扭转公安机关作为风险防范的第一道防线的错误局面。

在完善地方金融监管部门与法院的监管协调上，应明确地方法院不受任何地方政府部门的干涉，而且可借鉴美国经验，由地方法院对地方金融监管机构进行司法审查。要注意地方法院在投资者保护和金融市场发展中的作用①，对于涉及金融法与刑法的交叉案件，应避免陷入完全的刑事审判领域，从而造成注重刑事责任的认定，而忽视相应担保责任。

在完善地方金融监管部门与检察机关的监管协调方面，可以借鉴美国经验，建立相应案件报告制度。当地方金融监管机构发现金融欺诈等犯罪行为时，应向行为发生地的检察机关报告其查明的金融犯罪行为。虽然此种报告行为不具有强制约束力，但却在地方金融监管机构和检察机关之间架起桥梁，从而增强两者间的统筹协调，为其工作的有序开展提供相应

---

① 黄韬．“全国”金融市场与“地方”法院——中国金融司法的央、地关系视角［J］．法学评论，2016（3）：26—40.

手段。

（四）形成地方政府与其他社会组织的良性互动

地方政府不仅应与中央金融监管机构、其他政府部门、公安司法机关等形成监管合力，也应与地方金融组织（业态）的相关行业协会、掌握核心技术的金融科技企业实现良性互动。美国成立了由被监管对象和当地自律协会组成的民间性的公益组织，以表达其利益诉求，可供我国借鉴。

具体来讲，可以由地方金融组织（业态）的代表、消费者代表、行业协会代表等组成公益性组织，向地方金融监管部门提出相应法律和监管建议等。另外，还应明确行业协会在地方金融监管中的重要意义。行业协会等自律性组织作为市场的主要参与者，相比于政府具有更丰富的信息优势与专业优势，还可以减少政府监管的成本，而且行业协会的监管更具有主动性、自发性，改变了以往由事后“硬法规制”的被动性。伴随着大数据等金融科技的发展，在行业协会内，地方金融组织（业态）信息可进行广泛共享，这样可以放大行业协会内失信声誉造成的压力后果，更有助于遏制相应地方金融组织（业态）的信用违约可能。地方在制定相应详细监管规则时需要结合当地实际对地方金融情况进行充分了解，并在其利益诉求之上制定相应规则。

不论是地方金融机构还是中央金融机构都应利用金融科技手段与金融科技公司进行合作。可选择与金融科技公司合作建立有关中央金融与地方金融监测、信息预警平台。在地方金融监管方面，可以借鉴广东省等有关先进经验，与金融科技公司合作建立“金鹰系统”“灵鲲金融安全大数据平台”等，通过发展地方金融监管科技，依托大数据、人工智能、区块链、云计算等前沿技术，缓解信息不对称、现场监管人员不足等突出问题，助力填补监管空白，提高金融风险精准识别和动态预警。具体可以从以下三个层面去实施：

一是从传统监管向科技监管迈进——运用大数据、云计算技术建立日常检查机制。传统监管采用定期检查、现场检查等方式，存在着时效滞后、效率低下等问题。为了适应新金融的发展状况，央地各级金融监管部门应运用科技手段进行全面日常监管，建立全地域覆盖的网络监管系统，录入本地金融机构与类金融机构数据，实时监控数据变化，形成本地金融数据网，进而上传汇总形成全国金融数据网。在监管机构技术支撑不够的情况下可与互联网行业进行技术合作。我国个别省份有此实践。例如：河北省金融办公室与“蚂蚁金服”共同建立金融监管科技创新实验室，依托实验室共同探索金融风险防控等领域技术应用，助力地方金融监管创新发展；广东省地方金融风险监测防控中心建有“金鹰系统”“灵鲲金融安全大数据平台”等。可借鉴河北省与广东省的经验，与互联网金融数据公司建立合作，共建地方金融信息网络，向科技监管迈进。

二是从地方金融“事后问责为主”转向“事先规制与事后问责并重”，建立有效的风险预警、突发事件处理与问责机制。在建立金融活动数据网的基础上，运用大数据和云计算技术，预估地区或领域金融风险的可能性，警示问题机构加强管理与防范，对不能及时回应的问题机构予以停业整顿。对业务经营出现重大问题的机构，可约谈其董事等管理高层，做好金融风险应急预案。在突发性金融风险出现后，迅速稳定风险发生地金融市场，锁定源头行业或企业，明确责任人和风险处置责任。在事后问责方面，将金融企业问责与监管机构问责齐抓并管——既要问责引发金融风险的相关机构，也要问责负责该地区或领域的金融监管部门的相关责任人。

三是运用金融科技助力构建法律监管体系。应合理运用金融科技，助力执法机关、司法机关追踪非法金融活动。不同行政区域应根据自身特性与需求，对金融科技运用进行调整与协作，以形成区域性监管优势，并且要尽快补充完善规范运用金融科技的相关监管法律。

第六节　结论与展望

伴随着中央逐渐通过规范性文件将有关小额贷款公司、农民专业合作社等机构的监管权力下放，多省市制定地方金融监管条例，越来越多的学者开始对央地金融分权的内容进行研究，地方金融监管问题在理论和实践中都越来越受到重视。但实际上，不论是地方金融组织（业态）本身，还是中央金融监管和地方政府有关金融监管分权、规范设置、机构建设等方面都存在着很大的问题。从地方金融组织（业态）本身来说，部分机构利用新兴业态的身份，依托互联网开展许可范围之外的业务，从而产生一系列风险，如前几年的“E租宝”、杭州互联网金融“金开贷”事件等；从央地分权角度来讲，央地分权无上位法规定，具体分权内容不清晰、不合理；从地方政府金融监管本身来讲，其机构建设不完善、职权内容不清。笔者也针对这些问题，从“法治化”角度探讨问题对策，一是要健全我国地方政府金融监管法律体系，包括设立高位阶的法律赋予地方政府相应权力；二是从个体权利保护角度出发，在落实地方金融市场消费者保护的基础上探索更优的监管；三是在个体权利保护的基础上对地方金融监管权力进行探讨，具体包括探索市场与政府的关系、中央与地方的关系、地方自身的权责等；四是建立全覆盖的地方政府金融监管统筹协调机制，主要包括协调与中央金融监管机构、司法机关、其他社会组织的关系等。笔者是在中央与地方双层金融监管体制的框架内进行研究，地方主要是以省级为单位进行探讨，对市、县级只进行简单讨论，因此在未来的研究中，地方金融监管尤其是在市、县级及以下的监管仍然值得仔细研究。不仅如此，法律和经济之间的关系仍然是未来研究金融监管问题、宏观调控问题的重点，因为法律的滞后性无法避免，而经济飞速发展，如何缩小法律滞后性与经济快速发展之间的差距，在未来仍需深入研究。

本章参考文献

[1] 李玄璇，高松．中国区域性股权市场研究［M］．北京：中国经济出版社，2019.

[2] 郭峰．央地关系视角下的地方金融研究［M］．北京：经济科学出版社，2018.

［3］李有星，胡晓治，金幼芳，王琳．中国民间金融市场治理的法律制度构建及完善研究［M］．杭州：浙江大学出版社，2018.

［4］中国融资租赁三十人论坛，零壹融资租赁研究中心．中国融资租赁行业 2016 年度报告［M］．北京：中国经济出版社，2017.

［5］梅声洪．非正规金融与正规金融合作的理论与实践［M］．广州：中山大学出版社，2017.

［6］涂永红．新常态下北京金融可持续发展研究［M］．北京：中国金融出版社，2017.

［7］王海军，张海亮．不良资产处置与管理［M］．北京：中国金融出版社，2017.

［8］张雪芳．正规金融与民间金融的比较交互模式与风险防范［M］．杭州：浙江大学出版社，2017.

［9］周建松，吴胜．浙江地方金融改革的创新与实践［M］．杭州：浙江工商大学出版社，2017.

［10］左连村．加拿大金融监管研究［M］．广州：中山大学出版社，2017.

［11］於兴中．法理学前沿［M］．北京：中国民主法制出版社，2015.

［12］苏力．法治及其本土资源［M］．北京：北京大学出版社，2015.

［13］梁治平．法辩：法律文化集［M］．桂林：广西师范大学出版社，2015.

［14］於兴中．法治东西［M］．北京：法律出版社，2015.

［15］季卫东．法治构图［M］．北京：法律出版社，2014.

［16］张千帆．国家主权与地方自治——中央与地方关系的法治化［M］．北京：中国民主法制出版社，2012.

［17］熊文钊．中央与地方关系法治化研究［M］．北京：中国政法大学出版社，2012.

［18］宋晓燕．论有效金融监管制度之构建［J］．东方法学，2020（2）：103—120.

［19］陈斌彬．论中央与地方金融监管权配置之优化——以地方性影

子银行的监管为视角［J］. 现代法学，2020（1）：103—115.

［20］管斌，万超. 论我国金融监管权“央—地”配置制度的科学设计［J］. 中国矿业大学学报（社会科学版），2020（1）：25—40.

［21］孟飞. 地方金融监管立法：纽约州的经验及启示［J］. 上海金融，2019（10）：55—61.

［22］黄辉. 中国行政法教义学的问题与对策［J］. 社会科学家，2019（8）：107—112.

［23］吕铖钢. 地方金融权的法律配置［J］. 现代经济探讨，2019（4）：127—132.

［24］潘寒月. 地方性金融监管方式改革分析——以四川功能监管与行为监管为例［J］. 四川文理学院学报，2019（3）：97—103.

［25］葛洪义. 中国的地方治理与法治发展［J］. 政法论丛，2019（2）：3—13.

［26］李有星，潘政，侯凌霄. 论数字金融的法治化建设——“数字金融法治建设的理论及实践”高端论坛综述［J］. 法治研究，2019（2）：123—131.

［27］余凌云. 地方立法能力的适度释放——兼论“行政三法”的相关修改［J］. 清华法学，2019（2）：149—162.

［28］刘志伟. 地方金融监管权的法治化配置［J］. 中南大学学报，2019（1）：55—65.

［29］刘骏. 地方金融监管权真的可行吗？［J］. 现代经济探讨，2019（1）：40—45.

［30］鲁篱，田野. 金融监管框架的国际范本与中国选择——一个解构主义分析［J］. 社会科学研究，2019（1）：72—85.

［31］常健. 论“穿透式”监管与我国金融监管的制度变革［J］. 华中科技大学学报，2019（1）：111—117.

［32］张守文. 现代经济体制的构建及其法治保障［J］. 政法论丛，2019（1）：3—14.

［33］杨柳. 法治政府与法治社会的内在关联［J］. 人民论坛，2018

(35)：96—97.

[34] 关保英．依法治国背景下立法先行问题研究 [J]．中州学刊，2018 (11)：64—72.

[35] 李有星，柯达．论政府竞争视角下的地方金融监管权配置 [J]．浙江社会科学，2018 (9)：47—55.

[36] 张旭，隋佳良．地方政府金融监管职责、组织架构与运行状况——基于山东17地市的研究 [J]．东方论坛，2018 (5)：73—77.

[37] 钱雪松．非正规金融研究：评述与展望 [J]．华中科技大学学报（社会科学版)，2018 (4)：102—109.

[38] 尹振涛．中国金融监管框架改革的逻辑 [J]．银行家，2018 (4)：18—21.

[39] 黄震．地方金融监管的法理问题 [J]．中国金融，2018 (3)：43—45.

[40] 袁康．主体能力视角下金融公平的法律实现路径 [J]．现代法学，2018 (3)：180—193.

[41] 邢会强．国务院金融稳定发展委员会的目标定位与职能完善——以金融法中的“三足定理”为视角 [J]．法学评论，2018 (3)：88—98.

[42] 岳彩申．民间借贷风险治理的转型及法律机制的创新 [J]．政法论丛，2018 (2)：3—13.

[43] 张守文．中国经济法治的问题及其改进方向 [J]．法制与社会发展，2018 (2)：20—31.

[44] 岳彩申，刘倩．金融体制改革、金融企业治理与金融法治的完善——暨“金融监管制度完善与金融企业治理研讨会”会议综述 [J]．经济法论坛，2018 (1)：231—240 +2.

[45] 任进．法治政府建设的实践发展和理论创新 [J]．行政管理改革，2017 (10)：39—42.

[46] 刘冲，郭峰，傅家范，周强龙．政治激励、资本监管与地方银行信贷投放 [J]．管理世界，2017 (10)：36—50.

[47] 屈淑娟. 地方政府参与金融监管的制度逻辑及构建路径 [J]. 中国管理科学, 2017 (7): 18—27.

[48] 唐应茂. 中央和地方关系视角下的金融监管——一个小额贷款行业的实证研究 [J]. 山东大学学报 (哲学社会科学版), 2017 (6): 32—42.

[49] 封丽霞. 中央与地方立法事权划分的理念、标准与中国实践——兼析我国央地立法事权法治化的基本思路 [J]. 政治与法律, 2017 (6): 16—32.

[50] 胡萧力. 财政分权与我国地方政府角色的再认识——地方化与辅助性原则的视角 [J]. 东方法学, 2017 (5): 58—67.

[51] 蓝寿荣. 论金融法的市场适应性 [J]. 政法论丛, 2017 (5): 13—21.

[52] 尉承栋. 央地关系视角下地方金融监管权规制 [J]. 天津法学, 2017 (2): 46—53.

[53] 阳建勋. 论我国地方债务风险的金融法规制 [J]. 法学评论, 2016 (6): 34—42.

[54] 刘志伟. 地方金融监管权的理性归位 [J]. 法律科学 (西北政法大学学报), 2016 (5): 156—164.

[55] 王俊, 洪正. 央地分层金融管理体制构建研究 [J]. 贵州社会科学, 2016 (5): 133—138.

[56] 黄韬. "全国"金融市场与"地方"法院——中国金融司法的央地关系视角 [J]. 法学评论, 2016 (3): 26—40.

[57] 邓向荣, 曹红. 系统性风险、网络传染与金融机构系统重要性评估 [J]. 中央财经大学学报, 2016 (3): 52—60.

[58] 李有星, 陈飞. 论温州金改的制度创新及其完善——以我国首部地方性金融法规为视角 [J]. 社会科学研究, 2015 (6): 103—109.

[59] 凌斌. 权利本位论的哲学奠基 [J]. 现代法学, 2015 (5): 3—11.

[60] 高桂林, 李帅. 责权利效相统一是经济法的总原则: 论刘文华

教授为代表的人大经济法学派对经济法基本原则的理论贡献［J］. 广西社会科学，2013（4）：78—82.

［61］岳彩申. 融资租赁监管模式的转型［J］. 法学，2012（7）：31—34.

［62］冯果，袁康. 从法律赋能到金融公平——收入分配调整与市场深化下金融法的新进路［J］. 法学评论，2012（4）：85—91.

［63］强力. 现代金融体系建设与地方金融监管的法律思考［C］//两岸地方金融法治研讨会暨陕西省法学会金融法学研究会2018年年会，西安：西北政法大学，2018：1—10.

［64］刘志伟. 地方金融监管权的理性归位何以成为现实［C］//金融创新与金融法治——中国银行法学研究会2016年年会，北京：中国政法大学，2017：353—372.

［65］张伟恒. 地方金融监管职权研究［D］. 浙江：浙江大学，2018.

［66］柯达. 论中国地方金融监管竞争的法律规制［D］. 浙江：浙江大学，2018.

［67］屈淑娟. 地方金融监管权研究［D］. 重庆：重庆大学，2017.

［68］马玲. 建立金稳委办公室地方协调机制 增强中央和地方金融监管合力［N］. 金融时报，2020-1-16.

［69］李国辉. 坚决打好防范化解重大金融风险攻坚战［N］. 金融时报. 2019-02-28（001）.

［70］张柏俪. 提高防范化解金融风险能力［N］. 吉林日报. 2018-12-20（014）.

［71］彭冰. P2P网贷长效监管机制亟待建立［N］. 经济参考报. 2016-10-25（008）.

［72］James R. Barth. Regulatory Responses By Countries to Banking/Financial Crises［J］. Risk and Financial management，2020，13（1）.

［73］Bambang panji gunawan Surti - Yustianti - Abdul - Majid - Tahir - Mohamed - Suyatno. Authority of Regulation and supervision banking and financia service［J］. International Journal of Academic Research in Business and

Social Sciences, 2019, 9 (7).

[74] The Conference of the State Bank of Supervisor. State Regulators Address New and Emerging Supervisory Challenges [EB/OL]. (2018 -8) [2019 - 3 - 24]. https: //www. csbs. org/system/files/2018 - 08/CSBS_AR2017_FINAL. pdf.

[75] Godwin, Andrew. Australia's Trek Towards Twin Peaks - Comparisons with South Africa [J]. Law and Financial Markets Review, 2017 (11).

[76] IMF. Financial Sector Assessment Program - Intensity and Effectiveness of Federal Bank Supervision in Canada - Technical Note [R]. Canada: IMF Staff Country Reports, 2014.

[77] Kevin. Regulating the New Cashless World [J]. Alabama Law Review, 2013 (65).

[78] Wymeersch Eddy. The Structure of Financial Supervision in Europe [J]. European Business Organization Law Review, 2007 (8).

[79] Abrams R K, Taylor M W. Issues in the Unification of Financial Sector Supervision [J]. IMF Working Papers, 2000, 00 (213).

[80] IMF, Toward a Framework for Financial Stability [EB/OL]. (1998 - 1 -23) [2019 -3 -24]. https: //www. imf. org/external/pubs/ft/wefs/toward/pdf/file03. pdf.

[81] Michael W. Taylor, Twin Peaks: "A Regulatory Structure for the New Century" [J]. Centre for the Study of Financial Innovation, 1995 (12).

[82] R. Merton, Z. Bodie, Financial Economics [M]. China Renmin University Press, 1993.

第三章

我国互联网非公开股权融资平台法律监管研究

第一节　问题的提出

在我国乃至世界各经济体的金融市场，融资难一直都是困扰初创时期中小企业发展的问题。银行等传统金融机构高准入的贷款条件让中小企业望而却步，向民间借贷易触犯非法集资等禁止性规定，使得中小企业陷入进退两难的境地，同时，公开发行证券的高额成本让中小企业望洋兴叹。面对如此窘境，互联网非公开股权融资平台（融资平台）以其新颖的融资方式给中小企业的发展注入了一剂“强心针”。

2014 年伊始，中国证券业协会等相关部门先后颁布了《私募股权融资管理办法（试行）（征求意见稿）》等文件，明确了融资平台只能以非公开的方式募集投资者，可以将非法集资等金融风险控制在一定范围之内。同时，中小企业通过融资平台以转让股权的方式发布融资项目，为金融市场增加了别具一格的融资方式。丰富多彩的融资项目也给“草根”投资者带来了更多安全可靠的选择，拓宽了投资者的投资渠道。由此，互联网非公开股权融资平台在我国的出现，极大程度上打开了金融市场发展的“开关”。

然而近几年有关融资平台的理论研究寥寥无几，相关法律法规修订工作也一直处于试行状态。更为甚者，由于监管制度的缺位，融资平台频繁曝出非法集资等法律问题。因此，基于补充理论和实际研究工作的需要，急需对融资平台进行法律监管，以进一步保护投资者利益，以及便利中小企业的融资，实现融资平台应有的社会价值。

第二节 互联网非公开股权融资平台的一般考察

理论是研究的基础。为形成融资平台法律监管的有效路径，应先对其理论基础进行考察。基于此，我们拟剖析融资平台及其相关概念，全面考察融资平台的运营模式和发展历程，并重点对融资平台的法律性质进行分析论证。

一、互联网非公开股权融资平台及相关概念

为形成股权众筹的分类化发展，以融资项目发行对象的不同我们将股权众筹分为可以广告等方式进行公开宣传的公募股权众筹与以非公开发行方式的私募股权众筹（公开宣传既可以通过广告等媒介进行宣传，被宣传对象又可以超过 200 人）。鉴于在私募股权众筹中，融资平台无须进行注册即可向特定对象宣传融资项目，且为利用互联网技术的高效性，互联网非公开股权融资取代之前的私募股权众筹，即为帮助融资者获得融资项目所需资金，融资平台接受融资者的委托可向特定投资者（不超过 200 人）筹集项目资金。同时，投资者通过投资、融资项目获得与投资额比例相当的股权分红权①。因而，在互联网非公开股权融资中主要涉及融资平台、投资者、融资者以及资金托管机构几方主体。只有明晰了上述主体的相关概念，才能为后续融资平台的运营模式、法律性质定位进行深度剖析。

首先，融资平台就是为投融资者提供股权交易机会的缔造者，主要具有以下特点：一是双边性，融资平台依托于投融资双方的共同“委托”，在实际融资过程中为投融资双方提供交易渠道。二是正外部性，融资平台在投融资过程中去芜存菁，剔除了不具有资格的投资者与融资项目，实现

---

① 李爱君．互联网金融法律与事务［M］．北京：机械工业出版社，2015：69.

了投融资者与融资平台三方主体利益的最大化，大大提高了融资项目融资成功的可能性。三是不对称性，为在规定时间内完成既定的融资项目金额，融资平台一般采用不对称收费方式，即对具有融资需求的融资者收取提成费用而对投资者提供免费服务。

其次，投资者即通过投资融资项目获取项目分红权的个体。

再次，融资者即为获取企业成立机会而缺少启动资金的中小企业及其发起人，其以满足短期性融资为需求。同时，借助平台所具有的专业性，融资者与融资平台之间签订股权融资服务协议，委托融资平台发行融资项目并要求其负责后期的股权融资工作。同时，融资者通过融资平台展示融资项目的这一行为本质上构成邀约，投资者进行投资构成承诺，意思表示一致则投融资者双方建立起投融资法律关系。

最后，资金存管机构即基于融资平台的委托，为融资平台独立设立账户的第三方金融机构。同时，基于资金托管服务，资金存管机构向融资平台收取服务费用。

二、互联网非公开股权融资平台的运营模式

分析融资平台的运营模式，可以帮助我们从其运营模式中把握不同融资阶段的融资平台角色定位，从而构建以融资平台为中心的新型融资生态体系。

一种是个人直接投资模式。在这种投资模式中，由投资者个人对融资者的基本情况、融资项目产品类型、市场前景等各种信息进行分析判断，从而决定是否对该项目进行投资。融资平台主要根据投资者资金收入等经济情况对其投资风险承受能力进行审核。一般而言，投资者在进行投资时并未进行专门的培训，投资者专业知识的缺乏，加重了投资者所遇到的投资风险。

另一种是“领头 + 跟投”模式。不同于个人直接投资模式，在“领头 + 跟投”模式中，更加注重专业投资者的决策作用，在具体融资过程中主要由专业投资者对融资项目的风险进行判断并负责后续的项目管理，依赖

专业投资者的投资知识，个人投资者选择跟投融资项目。待融资项目认购结束后，个人投资者与专业投资者以组成有限合伙企业的方式参与到中小企业内部的项目管理活动中。因而，在这种模式中，融资平台更加注重对专业投资者的风险识别能力、专业知识储备等情况的审核。借助专业投资者的风险判断能力，“领投 + 跟投”模式进一步实现了金融风险内部的可控性。与个人直接投资模式相比较，更加符合金融安全的要求。

不管是个人直接投资模式抑或“领投 + 跟投”模式，融资平台在融资项目上线、资金筹集以及募后管理阶段都发挥着重要的作用。首先，在融资项目上线阶段，融资平台发挥着审核者的作用，融资平台会根据融资者的相应请求对融资项目的基本情况进行核查，保证融资相关信息的真实性。同时，为提高投资者的风险承受能力，融资平台须根据投资者的投资选择，线上审核投资者经济收入等情况。其次，在融资项目资金筹集阶段，融资平台发挥着指挥者的作用，指挥融资项目的时间进展和个人投资者的跟投时间。在募后管理阶段，融资平台发挥着践行者的作用，为投融资者双方提供投融资协议和相应的法律咨询服务。同时，融资平台负责将资金转移至资金存管机构。随着融资项目的进程，融资平台完成了审核者、指挥者以及践行者的角色转换，在融资活动中承担起承转合的作用，从而构建起了动态平衡的金融体系。

三、互联网非公开股权融资平台的发展历程

（一）萌芽期

为更好地满足投资者多元化的投资需求以及较低的融资者准入门槛，2011 年私募发行方式的股权融资应运而生，但囿于证券法的监管，当时监管部门一直在探讨此种融资方式的法律性质，对其法律适用也一直界定不清。同时，针对融资平台的管理也一直处于混乱适用阶段。但是兴起的新型融资方式对于缓解刚性兑付、过度依赖担保的金融现状以及对促进多元化金融体系的发展都发挥着重要的作用。因而，这一时期一些融资平台开始出现，同期融资项目与融资总额逐步攀升。

（二）巅峰期

中国证券业协会等相关部门为促进互联网非公开股权融资的发展，先后发布了一系列的征求意见稿和管理办法。在2015年正式将互联网非公开股权融资取代私募股权众筹。同时，也使得融资平台获得了官方认可。加之借助互联网的技术优势，在2014—2016年，融资平台如雨后春笋般迅速上线，融资项目也涉及公益、产品创新等多种类型。截至2016年正常营业的融资平台共有133家，占平台总数的30%，融资项目高达5万多个，融资总额高达200多亿元①。

（三）低谷期

历经巅峰发展之后，众多融资平台开始关停或仅保留平台但暂停相关融资项目的运行。截至2020年1月，正在运营的融资平台仅有23家②，较2019年12月，成功融资项目数环比下降89%，融资总额环比下降96%，投资者参与总数环比下降87%③。虽然融资平台已步入发展的瓶颈期，但其对补齐中小企业融资短板发挥着举足轻重的作用。究其发展下滑的本质原因，一方面，囿于互联网无远弗届的属性与互联网非公开股权融资私募发行方式的背离。融资平台极易触犯非公开发行的“天花板”，从而导致众多融资平台频频触犯非法吸收公众存款等刑事犯罪问题。另一方面，法律监管层面也未及时修正相关条款，找到监管的痛点，从而导致融资平台乱象丛生。除此之外，融资平台内部责任承担等规则的混乱也是众多平台频频关停的重要因素。总之，想要破除经济下行压力，改善中小企业融资现状，只有在弥补现有法律政策漏洞的基础上，完善融资平台专门立法，加强法律对融资平台的监管力度。同时，融资平台也应形成内部完善的治理规则，从而在保障投资者投资权益以及拓宽中小企业融资渠道之间寻求发展的平衡点。

---

① http：//www.zhongchoujia.com/data/27000.html.2021－02－13访问。

② http：//www.zhongchoujia.com/data/32392.html.2021－02－14访问。

③ http：//www.zhongchoujia.com/tag/2021－02－15访问。

四、互联网非公开股权融资平台的法律性质厘清

（一）互联网非公开股权融资平台的法律性质争议

自融资平台上线以来，有的学者认为，其仅提供了磋商机会而不会参与具体的融资项目中，只为投融资者双方提供中间服务，因而将其法律性质界定为居间人。有的学者认为，义务的履行决定法律性质的定位，而融资平台在融资过程中所承担的义务类似于中介，因而将其法律性质等同于中介。而在司法实践判例中，法院从融资平台所承担的义务角度去认定其法律性质，将融资平台定性为居间人。在我国首例融资案件中，法院认定原告北京 FD 公司（融资平台）与被告北京 WLKJ 公司（融资者）之间形成居间合同关系，FD 公司有权按照居间人的权利要求 WLKJ 公司履行融资款项专用的义务。

（二）互联网非公开股权融资平台的特殊证券公司定位

如何正确界定融资平台的法律性质，一直以来都是困扰理论和实务层面的难题。但正确界定融资平台的法律性质具有重要的意义，能够根据法律性质明确融资平台应承担的义务，从而更好地解决投融资者之间的纠纷，明晰司法实践中裁判的难点问题。

我们在确定融资平台的法律性质之前需首先对互联网非公开股权融资这一上行概念的法律性质进行分析。虽然根据现行《证券法》第二条的规定，在我国互联网非公开股权融资中的融资者股权并不属于证券法的调整范围，但美国早在投资合同中就将具有投资性质的活动归于证券法的调整范围。我国虽未在立法上承认投资合同的合法地位，但究其本质，互联网非公开股权融资中的融资行为与证券法中的融资行为都是根据投资者的投资行为赋予其相应的股东权利。因此，可借鉴美国统一监管股权融资的立法经验，同时为形成证券统一认识的逻辑基础，可将我国互联网非公开股权融资的属性界定为证券。进一步的，根据其不得进行公开宣传、发行对象不超过 200 人的界定，可将其发行方式界定为私募发行。

在确定了互联网非公开股权融资证券属性之后，就保护投资者的投资

权益、帮助企业融资两方面而言，孙亚贤学者认为融资平台与证券公司具有相同之处①。孙亚贤学者的看法有一定的道理。除以上相同外，我们认为融资平台与证券公司的业务类型具有如下相同之处：

第一，为筹集资金，融资者与融资平台之间签订股权融资协议，由融资者委托融资平台向投资者推广融资项目，这与证券公司从事的承销服务类似。

第二，正如前文所述，在项目上线阶段，融资平台承担了整个融资进程中的审核者，这与证券公司从事的保荐服务类似。但相较于证券公司，融资平台在平台准入、投资者享有的股权利益等方面与证券公司存在以下不同之处：一是准入条件规定不同。证券公司实行的是较为严格的许可制。因私募发行，融资平台一般不需要进行注册，只需向证券业协会进行事后备案即可。二是投资者享有的股权利益不同。相较于证券公司中投资者享有的既定股权，融资平台中的投资者享有的股权收益取决于融资项目后期发展的价值。三是融资者的资质不同。委托证券公司发行证券的融资者都是经由注册且资金实力较强的公司，委托融资平台上线融资项目的融资者一般都为初创时期且资金实力较为薄弱的中小企业。四是发行对象不同。证券公司发行证券面向的都是大众。为更好地控制金融风险的扩散范围，融资平台的投资者不得超过 200 人且投资者需符合一定的准入条件。五是内部从业人员资质不同。证券公司内部从业人员具有较强的风险控制意识与从业资质。囿于资金规模的限制，融资平台内部从业人员一般不具备较强的风险控制意识与从业品质。

因此，基于融资平台与证券公司的不同，不能将融资平台等同于证券公司。但为形成理论制度认知上的统一性，可将融资平台定位于与证券公司准入条件、发行方式以及注册资本不同的特殊证券公司。在具体构建融资平台的法律监管内容时，可吸收证券法的“父爱主义”原则并在借鉴证券公司成立要件的基础上，在融资平台的准入、公开劝诱解禁制度、信息

---

① 孙亚贤．股权众筹及其运作平台的法律性质分析［J］．理论月刊，2018（02）：128—135.

披露制度的构建等方面赋予融资平台更多的义务。同时，可充分发挥行业协会等自律组织的作用，形成以强制为主，行业自律协会自治为辅的法律监管模式，形成互联网金融视域下融资平台发展模式的重塑。

第三节　我国互联网非公开股权融资平台法律监管现状及其问题

我国当前融资平台的发展业态，已实现从粗放式发展向精细化发展的过渡，也已逐步迈向功能化、规范化以及生态化。但最近几年，不少融资平台纷纷关停，不仅限制了投资者投资权益的享有，更阻断了中小企业的融资渠道。因此，为恢复当前融资平台的市场发展活力，满足投资者的投资需求，增加融资者的融资选择，本节首先对我国众 TB、众 CK 等融资平台及其法律监管现状进行考察，进而剖析融资平台存在的自身立法缺失、格式条款滥用、信用风险突出等问题。

一、我国互联网非公开股权融资平台实证考察

（一）众 TB 平台的数据化运行模式

众 TB 平台上线于 2014 年①，是由深圳市 CG 网络科技有限公司设立的国内公募股权众筹平台与融资平台对接的平台，在上海、北京等一线城市都有其分支。

众 TB 平台实行了全程的网络数字化运营。线上提供中小企业的融资项目和可转让的股权比例。如某个中小企业的创新项目需要融资 400 万元，可在众 TB 平台上出让 30% 的股权（股权比例由企业决定），投资者可根据自身经济条件认购相应股权。待 400 万元的融资金额认购结束后，投资

① https：//www. zhongtou8. cn/. 2021 －03 －16 访问。

者可按各自的认购比例分配中小企业的30%股份。认购结束后，合同的签订也实行了全程数据化模式，投资者与中小企业线上签订电子投资协议。同时，在信息反馈上，众TB平台实现了项目的数据化改革，即融资者需将自己的融资项目进行数据化整理，及时反馈给众TB平台，之后众TB平台再将数据反馈给投资者。因此，数据化的实现，简化了融资项目上线的相关手续，加速了融资进程。

（二）众CK平台的前期路演模式

众CK平台于2014年开始筹备，2015年正式上线①。不同于众TB平台，众CK平台是从投资者角度成立的融资平台。“帮助中小企业实现众筹梦想，为中小企业提供服务”是其成立宗旨。

为激发投资者认购融资项目股权的积极性，众CK平台增设了项目上线之前的前期路演环节，特定的投资者可直接约谈融资者，从而对融资项目进行了解。投资者也可就融资项目的相关问题在众CK平台做出询问，平台做出相应解答。众CK平台在发展后期已形成了众CK项目路演示范基地、主题茶馆等多主题的融资项目类型。因此，众CK平台通过增设前期路演环节，预演融资项目的进程，不仅可以对投资者在融资过程中所遇到的问题及时做出回应，还可以发现投资者的投资需求。同时，众CK平台在前期路演环节进行针对性推荐，帮助投资者发现优质项目，为其投资提供指导，吸引投资者投资相关的融资项目，从而扩大了平台的市场占有份额。

（三）JD众筹平台的“领投+跟投”模式

JD众筹平台于2015年上线②。依托于本身巨大的电商市场资源，JD众筹平台在上线的第一年，融资项目便多达几十种。

为打破投资者投资知识缺乏的桎梏，JD众筹平台在融资过程中沿用传统天使投资模式，即使用“领投+跟投”模式。由具有一定投资知识且熟悉融资项目进程的专业投资者选择投资某一融资项目，其他投资者根据专

---

① https：//www. zhongchouke. com/help－about. htm. 2021－03－16访问。

② https：//www. jd. com/pinpai/235031. html. 2021－03－16访问。

业投资者选择的融资项目进行跟投。同时，在融资项目投资过程中，JD 众筹平台设置了 3 天的冷静期制度，即投资者可根据后续融资项目的进展情况，在 3 天之内决定是否进行投资。一旦在规定的时间内放弃投资，平台会向投资者返还前期缴纳的投资款。但冷静期过后，投资者放弃投资，就属于违约，平台要扣除投资款的 0.5% 作为违约金。之后，融资项目进入付款阶段，投资者在收到平台付款通知后的 5 天之内，线上打款到指定账户。平台线上协助投融资者双方签订《股权投资协议》，协议签订后，平台建立投后管理渠道，帮助专业投资者跟踪项目的进展。由此，JD 众筹平台利用“领投 + 跟投”模式，一方面，减小了因投资知识匮乏而引起的投资者个人资金损失风险 ，另一方面也解决了中小企业资金短缺的问题。

考察发现，股权众筹虽发轫于国外，但融资平台的业务发展早已融入了本土化的元素，实现了融资项目的多元化发展。以融资平台为中心进行信息传递，大大提高了成功融资的概率。虽然近几年，融资平台的数量急剧下降，但上述 3 家平台凭借较为完善的内部运营模式仍在有条不紊地运营，融资项目的范围也拓展到旅游、产品创新等多种类型。因此，参考 3 家融资平台独有的平台经验模式，可得出如下有益的启示：

首先，为实现互联网非公开股权融资的持续健康发展的目标，“徒法不足以自行”，需要融资平台自身内韧发力。其次，针对融资者融资额度不明的情况可借鉴众投邦平台的数据化模式，设立统一的数据分享平台实时监测融资者的融资数额。再次，针对我国目前投资者保护不足的问题，融资平台可借鉴众 CK 平台的前期路演模式，发现优质项目。同时，可依据前期路演结果，根据投资者的投资喜好以及资产收入情况进行针对性的融资项目推荐，提高投资者的积极性。最后，对于投资知识相对匮乏的投资者，融资平台可直接借鉴使用 JD 众筹平台的“领投 + 跟投”模式，以期利用专业投资者的投资知识降低投资风险。

二、我国互联网非公开股权融资平台法律监管现状

通过表 3 – 1 可以发现，从 2014 年一直到 2018 年，我国调整融资平台

发展的文件共有9个，但都是管理办法和实施意见。其中，2014年出现私募股权众筹的概念，2015年首次将私募股权众筹更名为互联网非公开股权融资，融资平台的概念随之出现。从管理办法和实施意见的效力等级来看，多为一些未生效的征求意见稿和一些临时性颁布的地方政府实施意见。

总结我国现行相关管理办法和实施意见的内容，可以发现目前融资平台主要实行行业协会自律监管，管理组织主要是证券业协会以及中国股权众筹行业联盟等行业自治组织①。其中《征求意见稿》对“投资者准入制度”“融资平台准入”“信息披露”“资金存管机构”进行了相应的规定，为融资平台的长效健康发展注入了驱动力。

表3－1　我国互联网非公开股权融资平台相关规定

年份	文件名称	具体内容
2014	《私募股权众筹融资管理办法（试行）（征求意见稿）》（以下简称《征求意见稿》）	首次提出“私募股权众筹”概念，将股权众筹分为了公募股权众筹与私募股权众筹，以私募方式进行融资的平台为私募股权众筹平台，对融资平台的备案、融资者信息披露、投资者准入进行了规定
2015	《关于对通过互联网开展股权融资活动的机构进行专项检查的通知》	进一步区分股权众筹与私募股权众筹
2015	《场外证券业务备案管理办法》	第二条第十项正式将私募股权众筹修改为互联网非公开股权融资，相应平台修改为互联网非公开股权融资平台
2015	《关于促进金融服务创新支持上海科技创新中心建设的实施意见》	鼓励科技型企业通过互联网按规定开展非公开股权融资
2017	《静安区开展“十三五”国家服务业综合改革试点实施意见》	大力推动互联网非公开股权投资，促进金融业发展

① 王彩慧．一本书读懂股权众筹［M］．北京：人民邮电出版社，2016：20.

续表

年份	文件名称	具体内容
2017	《关于强化实施创新驱动发展战略进一步推进大众创业万众创新深入发展的意见》	拓宽中小企业融资渠道，完善股权融资渠道
2017	云南省人民政府发布了《关于促进创业投资持续健康发展的实施意见》	进一步规范互联网非公开股权融资平台的发展
2018	《互联网非公开股权融资暂行管理办法》	正在制定中
2018	《互联网金融　信息披露　互联网非公开股权融资》	规定信息披露原则以及融资者和领投人的信息披露义务

三、我国互联网非公开股权融资平台法律监管中存在的问题

基于实现互联网金融的创新型融资目标，现有学者将投资者与融资者存在的法律问题作为促进融资平台发展的关键，但在互联网非公开股权融资的过程中，融资平台起着特殊证券公司的地位，地位相对独立且负责审查、核实融资项目等相关信息的真实性。故而，融资平台有着举足轻重的作用。为促进我国金融市场的多元化和多层次发展，应将融资平台的相关法律问题作为监管重点。但同时为构建完善的风险监管体系，防范融资平台的风险溢出问题，应将投资者与融资者的相关法律问题也作为监管融资平台发展的一部分。以下本书将从融资平台的自有法律问题出发，进而分析与融资平台相关投资者与融资者的法律问题①。

（一）我国互联网非公开股权融资平台法律法规缺失

1. 我国互联网非公开股权融资平台准入制度不健全。在股权融资过程中，频繁曝出投资者投资失败、融资项目的资金链断裂等多种融资问题。

① 徐晋，张祥建．平台经济学初探［J］．中国工业经济，2006（5）：40—47.

排除融资项目自身价值不确定的风险因素外，究其本质在于我国目前并未形成健全的融资平台准入制度。《征求意见稿》第七条以规定资产规模的方式对融资平台在融资市场中的准入进行限制。同时，《征求意见稿》第八条、第九条也详细规定了融资平台若要从事融资项目上线等相关业务应当具备相应的条件。一是平台应当严格履行平台义务，二是平台应具有健全的内部业务管理制度。因而，《征求意见稿》从平台的资产规模和内部业务管理角度出发，确保融资平台需符合一定的准入条件。但是如何对上述准入条件进行监管，由哪一主体进行监管，并没有严格的规定。上线融资项目之前，融资平台只需将相关情况向证券业协会进行事后备案。换言之，证券业协会并不实质审查融资平台在登记备案时是否具有相应的资产规模、一定的业务管理水平以及融资平台内部的融资项目是否真实存在。因此，《征求意见稿》中备案管理制度的不健全将导致融资平台的准入条件形如虚设，一旦准入条件弱化，势必会造成融资平台的建设乱象，众多并不具备金融风险调控能力的融资平台纷纷从事股权融资服务，从而加大投资者所要承受的投资失败以及融资者资金链断裂的风险。

2. 我国互联网非公开股权融资平台自身法律风险大。从前文法律监管现状可以得出，规范融资平台发展的管理办法和《征求意见稿》都为临时性或效力等级较低的政策性文件，并不能发挥同法律相同的强制力。同时，近两年关于融资平台的立法也一直处于停滞状态。专门性立法监管的缺失，加之互联网本身具有的公开属性，融资平台在融资过程中极易违背私募发行的规定，在法律监管的红线之外运行。以下将详细分析融资平台在运营过程中的法律风险。

第一，目前我们需明确非法吸收公众存款罪不能仅以融资方式是否公开为定罪标准。因此，不能因股权融资方式具有非公开性，而否认融资平台具有触犯非法吸收公众存款罪的可能性。从本质上来讲，应从公开性与金融管理秩序遭到侵害的双重标准来判断融资平台是否构成非法吸收公众存款罪。所以，融资平台一旦借助互联网技术向公众吸收存款，在融资项目上线、资金筹集等阶段侵害了金融管理秩序就会构成此罪。

第二，以非法占有为目的是判断非法集资罪的主观要素。由于网络虚拟空间的制约，投资者并不能准确获知融资者与融资平台之间的关系，加之市场负外部性的存在和融资过程中融资交易场所的缺失，融资者在融资过程中极易以虚假的证明文件捏造事实，进而与融资平台之间合谋骗取投资者的资金，因而具有非法占有投资资金的主观目的。同时，若融资平台在融资成功后转移资金，融资平台即构成此罪。

第三，融资平台主要是以上线融资项目转让融资者相应股份的形式帮助其获取融资资金。因此，融资平台在融资过程中可能实施非法证券类犯罪。一方面，根据《征求意见稿》等相关文件规定，融资项目不得进行公开发行，但是鉴于互联网技术传播具有公开性的本质属性，融资平台在融资过程中极易公开发行融资项目，但其不具有相应的发行资质。因此，融资平台面对的第一个非法证券类犯罪便是擅自发行股票、公司和企业债券。另一方面，为在规定时间内完成项目的融资，获得佣金提成，融资平台一旦在融资项目中虚构项目信息吸引投资者进行投资，加之互联网非公开股权融资具有证券法的属性，根据《刑法》规定，融资平台即构成欺诈发行证券罪。概而言之，融资平台若得不到证券主管部门的审批，即融资平台在不具有公开发行证券资质的条件下，利用互联网公开发行中小企业的股票势必构成非法发行证券类犯罪。其中，MW 传媒以向投资者销售会员卡的方式成功募集到 300 多万元资金，最后中国证监会认定其向顾客销售会员卡的方式实则是变相募集资金。同时，MW 传媒并不具有发行股票的资格。因此，最后中国证监会对 MW 传媒进行了相关的处罚。

3. 我国互联网非公开股权融资平台融资项目信息披露不足。在投资者与融资者之间的股权博弈中，融资者大多属于初创时期企业，无资金积累、无发展历史，因而投资者的预期回报具有极大的不确定性，加之自身投资经验和资金实力的缺失，投资者一直为相对弱势的一方。为形成平衡发展的互联网非公开股权融资市场，融资平台需要建立起相应的信息披露机制，保障投资者对融资项目必要信息的知情权，避免因信息不对称导致"羊群效应"。但是在现有法律规定中，只是着重加强中小企业的信息披露，并未具体明晰融资平台信息披露的责任。其中，互联网金融协会针对融资平台的信息披露义务只是作出了审核投融资双方信息等的一系列规定，并要求融资平台对于投资过程中的风险进行充分披露。但在实际的融资过程中，融资平台对于投融资者双方提供的信息只是进行一般性的审核，并不保证投融资者双方信息披露的真实性，因融资者信息虚假导致的法律风险由投资者自行承担。2008 年，在温州市鹿城区法院审理的第一件股权众筹案件中，正是融资平台对融资者后续信息披露不足，造成了李女士的 1 万元众筹款被融资公司挪用。

虽然 2018 年《互联网金融　信息披露　互联网非公开股权融资》通过并实施，明确信息披露原则、融资者与领投人的信息披露义务。但是，互联网非公开股权融资平台在融资项目上线、资金筹集以及募后管理阶段仍存在信息披露不充分问题。首先，在融资项目上线阶段，融资平台为追求利益最大化，一般对融资项目的信息进行“偏好性披露”，即只披露有利于投资的信息，如中小企业的资金实力强、高投资回报率等，而对于融资项目的高风险等瑕疵信息不予披露。披露机制的不健全将导致投资者对所投资的项目盲目自信。同时，为尽快获取融资项目的提成费用，融资平台大多过高估算融资项目的价值，从而使处于信息弱势地位的投资者并不享有对融资项目充分的知情权。其次，在资金筹集阶段，目前并无专门的立法文件规定专业投资者、融资平台以及融资者三方之间的关系。在监管缺位的情况下极易造成三者之间合谋进行虚假信息披露，导致个人投资者投资选择权的实质缺失，其只能拥有行使“跟投”与不“跟投”的权利。最后，在融资项目的募后管理阶段，虽然根据《征求意见稿》等文件规定，融资平台不得自持融资项目股权，但在融资过程中缺乏完善的股权信息监督制度，融资平台内部员工极易与融资者进行股权交易而获得融资项目相应的股权。同时，基于信息披露成本的考量，融资平台对融资者的一些信息进行有选择地披露，即信息披露内容具有零碎化。① 因而不利于投资者进行信息整合以判断融资项目的后续进展情况，进而损害投资者后期股权的分红权。

---

① 阴越. 论股权众筹差异化信息披露义务 [J]. 法学杂志，2020，41 (2)：133—140.

（二）我国互联网非公开股权融资平台格式条款滥用

融资平台法律责任的公平化承担，有利于突破格式条款的藩篱，保护众多投资者的利益，提高融资平台的“声誉资本”。实践中，一些融资平台通过预先制定的《用户服务协议》与《用户承诺书》逃避本应承担的法律责任。应加大投资者要承担的责任，进而提高投资者所要承担的投资成本。鉴于融资平台有限理性的存在，《用户服务协议》与《用户承诺书》是投资者在选定了既定的投资项目时必须进行勾选的，否则投资者无法进行下一步投资运行。因此，融资平台通过格式条款的滥用，加剧了投资者所需承担的风险，减轻了融资平台所需承担的责任。

（三）我国互联网非公开股权融资平台信用风险突出

信用风险是指合同一方当事人或多方当事人因信用违约而给对方带来经济损失等一系列风险。相较于一般信用风险，在互联网非公开股权融资市场中，信用风险更多指的是因融资平台违背与投资者和融资者之间的法律关系，违规对融资项目进行审核，导致投资者与融资者要承受的金融风险。

融资平台对融资项目的审核关乎后续融资进程能否顺利进行，以及对投资者所承担的保证融资项目真实性的信用体现。但融资平台在审核融资项目的实际的过程中，为了实现融资项目资金提成费用的最大化，融资平台极易违反与投资者之间因委托法律关系达成的对融资项目真实性审查的信用义务，从而导致不合规的融资项目迅速上线。除此之外，融资平台利用信息传递的不对称，与融资者之间恶意串通，待融资项目融资结束后，再次改变募集资金的使用途径，从而加重投资者所需承担的投资损失。首例众筹案件中，正是融资平台违反了信用义务导致融资者在融资项目成功后擅自改变融资资金的使用用途，从而导致融资失败。

为吸引投资者的投资，融资平台违反法律规定对投资者提前进行承诺，是构成融资平台信用风险的另一个因素。因提前承诺违背法律的强制性规定，使得提前承诺本身具有当然无效性，融资平台无须要对投资者承担相应的违约责任，从而纵使其虚假承诺。更有甚者，因融资平台信用的缺失，在“领投+跟投”的模式中，融资平台并未严格审核专业投资者与融资者之间的关系，加之个人投资者只享有融资项目的股权分红权而不参与融资项目的后续管理，极易出现专业投资者与融资者之间恶意串通损害个人投资者权益的问题。除此之外，在融资平台进行融资的多为初创期企业，因而融资项目资金的顺利筹集关乎企业下一步战略的做出，一旦融资平台违反与融资者之间委托法律关系，融资项目资金存管延迟，必将影响企业市场份额的获取。

目前我国并未建立起完善的融资平台信用体系，对于融资平台而言，相较于违约而获得的巨大收益，守约价值较低廉。① 一旦违法收益高于守约价值，便会加剧融资平台的信用违约。因此，若不能对融资平台的信用风险进行法律监管，势必将压缩投资者和融资者的“生存空间”，进而造成互联网非公开股权融资市场的“枯萎”。

（四）我国互联网非公开股权融资平台参与者法律风险大

正如前文的分析，目前融资平台的发展正陷入瓶颈期，融资金额正在逐年下降，融资参与人数也在逐年缩减。究其根源在于投资者与融资者存在融资平台风险溢出问题。因此，为形成完善的融资平台风险监管模式，应在分析融资平台存在的法律问题后，具体分析投资者与融资者的法律问题

1. 投资者视角的法律问题。

一是人数限制不明。为将金融风险控制在一定的范围内，在《征求意见稿》中明确规定互联网非公开股权融资的投资人数为 200 人以下，但在融资过程中，投资者人数主要是由融资平台进行资格审核，考虑到互联网一般具有虚拟性，因此在实际融资过程中投资人数并不能有效把握在 200 人以下。同时，鉴于互联网的隐秘性，即便投资人数在 200 人以上也难以实际查处。在对众多融资平台进行调研的过程中发现，融资平台提供的用户服务协议，只是对用户的民事行为能力做出限制，并未采取相应的措施对投资人数做出一定的限制。

二是投资者投资风险加剧。金融的本质在于逐利，金融没有道德属性

---

① 刘婷婷．众筹之困［J］．法治与社会，2018（10）：6—13.

也没有介质属性。因此，互联网金融衍生下的互联网非公开股权融资也是对资本的追逐。只不过在互联网背景下对资本的追逐实现了“去中心化”，由投资者直接在融资平台进行信息抉择，没有了银行这个在融资过程中进行风控的过滤器，投资者的风险将极大提升。

为规避《证券法》公开发行的限制，个人投资者在投资过程中并不直接成为融资公司的股东，而是专业投资者与个人投资者通过线上签订合伙协议成立有限合伙企业，在融资项目完成后，以合伙的方式加入中小企业的公司，从而躲避相关监管机构的检查。合伙企业之间强调合伙人之间的高度信任和紧密联系，但是受制于网络空间，专业投资者与个人投资者建立的合伙企业在内部合伙人之间并无信任基础。根据《中华人民共和国公司法》（以下简称《公司法》）第四条的规定，公司股东享有应有的一系列股东权益，但是在个人投资者与专业投资者组成的合伙企业中，个人投资者除了享有股东分红权之外，丧失了股东应有的其他权益，这将从权益享有的视角加剧投资者的投资风险。同时，在融资项目后期的退出阶段，若投资者想要退出融资项目的后续进程，则必须遵守有限合伙企业的退出规定，除非发生不可抗力事由，投资者退出需经全体合伙人的一致同意。因此，在“领投 + 跟投”模式中，投资者退出渠道的缺失，进一步加剧了投资者的投资风险。

三是投资者准入制度不完善。互联网非公开股权融资作为一种新型的股权融资方式，为将金融风险抑制在一定范围之内，对投资者的准入设置了一定的限制条件。其根本目的在于将不具备资质的投资者排除在外，从而确保投资者具有一定的风险识别能力和可承受能力。但对于投资者准入的设置仍存在以下不完善的方面：一是《征求意见稿》中只是规定了投资者的义务，即要求实名注册但并没有配套的奖惩制度。二是相较于目前社会经济发展状况，投资者准入是一个比较高的门槛，并与国家目前倡导的普惠金融理念背道而驰。强制性法律约束力的缺乏以及对金融理念的违背，极易导致投资者的准入条件变成一纸空文。

2. 融资者视角的法律问题。

一是融资额度不明。根据便利融资的原则，融资者只需在融资平台完成信息真实性审查即可进行项目融资。因此，缺少资金来源的融资者就会在各个融资平台进行多次融资项目的申报，以获得足够的融资额。虽然根据《征求意见稿》的规定，融资者不得在两个及以上的融资平台上发布相同的融资项目，但是融资平台之间是处于相互竞争的状态，并未建立起统一的信息共享系统。这将促使融资者在多个融资平台上发布融资项目，从而加快了金融风险的扩散速度。同时，根据践行普惠金融理念的要求，《征求意见稿》等文件对融资者并没有设置准入条件，即任何缺少融资资金的中小企业，只要其融资项目能够通过融资平台的审核同时项目足够新颖，就可以在融资平台上发布融资项目。融资项目信息共享机制的不透明，加上对融资者无准入要求，极易导致融资数额超过融资者本身的偿付能力，最终将导致众多中小企业破产。

二是固有法律风险。互联网非公开股权融资并不是互联网技术与融资的简单运用相加，实现的是平等、共享、“去银行中介”的新型融资模式。在这种融资模式中，信息的及时获取尤为重要。但投资者无法直接获取融资者的信息，通常都需要通过融资平台了解融资项目的信息，而融资者却充分掌握着融资项目的一系列信息。投资者与融资者之间的信息传递在客观上存在时间差，极易导致融资者与融资平台之间通过签订虚假委托合同损害投资者的利益，规避本应对融资项目真实性负责的法律责任，这将是融资者融资过程中的固有法律风险。除此之外，中小企业“利益至上”的理念存在于运营的各个阶段。① 如：众多中小企业在政府部门征税过程中偷税、漏税以及骗税；在销售过程中虚假宣传以获取利益；通过提供虚假信息或过高评估融资项目收益可以极大增加融资机会。因此，中小企业自身所追求的“利益至上”，也成为融资者在融资过程中存在的固有法律风险。

---

① 李爱君．金融创新法律评论［M］．北京：法律出版社，2016：50.

第四节 代表性国家互联网非公开股权融资平台法律监管考察与启示

法律的缺失，加之平台自身建设乱象，致使融资平台的发展进入了“休眠期”，融资额以及融资参与人数正在逐年减少。但纵观其他国家，法律监管层面的积极探索给予融资平台在市场上的一席之地。他山之石，可以攻玉。以下将从美国的 Wefunder 平台、英国的 Crowdcube 平台以及日本的 Crowd 平台的实践出发，对美国、日本、英国以及新加坡融资平台的法律监管进行考察，得出公开发行豁免、加强融资平台的责任承担和信用建设等有益启示。

一、代表性国家互联网非公开股权融资平台实践考察

随着越来越多的代表性国家纷纷出台相关监管法律法规或积极修改相关监管法律法规，使得融资平台中心遍地开花，迈入了国际化的发展阶段。如，英国的 Crowdcube 平台在 2014 年进军了美国的金融市场，并成功收购了美国的一家本土公司。同时，国际化发展的融资平台也形成了行业内部细化分工规则。如，英国 ShareIn 平台将其宗旨定位于只为健康类的中小企业提供融资服务。这种细化分工发挥了融资平台“大众智慧”这一优势。其中，美国的 Wefunder 平台、英国的 Crowdcube 平台以及日本的 Crowd 平台以完善的管理制度与运营机制比较具有考察意义。

（一）美国 Wefunder 平台

1. 成立背景。Wefunder 平台成立于 2011 年，是目前美国规模最大的融资平台，不同于我国以合伙或公司形式成立的融资平台，Wefunder 平台是依托于 Y Combinator（以下简称 YC）创业孵化器融资成立的平台，即 Wefunder 平台本身也是一个融资项目，投资者按照投资比例分得 YC 相应

的股权。作为成功获得融资且稳步运营的项目，Wefunder 平台也为日后上线的其他融资项目做出了“榜样”。

2. 第三方主体识别。为保障投资安全并规避金融风险，Wefunder 平台为投资者与融资者提供了集审核信息与托管资金于一体的服务。在审核环节，投资者与融资者分别在平台实名注册，这与我国融资平台的内部管理制度大体相同，但对于投资者的信息审核，Wefunder 平台专门引入了第三主体识别①，即投资者向平台提交相关信息时需提交来自第三方主体开具的个人财务信息和社会信用报告。只有信息报告合格，投资者才可在 Wefunder 平台投资融资项目。同时对于融资者的审核，Wefunder 平台增加了融资项目特点介绍的环节，即融资者需在线上向平台详尽介绍融资项目的发展前景和应用范围。Wefunder 平台会聘请第三方主体评估融资项目的价值，进而考虑融资项目是否可以上线。除此之外，在融资项目上线之前，为确保融资者相关信息的准确性，Wefunder 平台通过第三方主体专门对融资者的身份进行核实。

3. 信息披露制度。不同于国内广泛采用的“领投 + 跟投”模式，在融资项目后续的投后管理阶段中，投资者与 Wefunder 平台签订代理合同，即由 Wefunder 平台代理投资者对相关投资事宜进行管理。同时，融资平台定期向投资者披露投后项目进展情况，从而提高信息的透明度。除了专设投后管理环节外，为保证平台上线的融资项目信息披露的完整性，Wefunder 平台还对融资项目上线的周期进行规定，即平台每周只上线一个融资项目以确保有足够的时间对融资者的情况进行调查。在融资项目管理过程中，平台对融资者的相关财务信息进行整理后，定期对投资者进行披露。

（二）日本 Crowd 平台

1. 资金托管。Crowd 平台是日本发展较为成熟的融资平台，由拥有金融运营牌照的 Crowd Securities Japan 公司监管，运营范围包括可再生能源及房地产等多种融资项目，因而 Crowd 平台可以为投资者提供多样化的投

---

① Giancarlo Giudici，Riccardo Nava，Cristina Rossi Lamastra，Chiara Verecondo. Crowdfunding：The New Frontier for Financing Entrepreneurship?［J］. Social Science Research Network. 2012（10）：32 – 33.

资选择。在资金托管环节，Crowd平台借助私人银行托管资金。当投资者正式签署了投资协议，融资资金将在3个工作日内转移到Crowd平台专设的托管账户。融资项目成功获得所需全部资金后，Crowd平台才会将其转移到融资者的账户。

2. 融资期限。为提高融资效率，尽快使中小企业摆脱融资困境，Crowd平台专设了60天的融资期限。60天的融资期限截止时，融资项目若融资成功，平台将与律师事务所合作，为融资者提供附加服务并收取相应的服务费用。若在60天的融资期限内，融资项目认购失败，平台会将已获得的投资资金返还给投资者，且不收取任何费用。

（三）英国Crowdcube平台

1. 融资方式。Crowdcube平台成立于2011年，首创了融资者筹集资金的新型模式，即融资者可以绕过银行，通过融资平台可直接从投资者那里获得项目启动资金，投资者也会获得相应的股权。因此，Crowdcube平台的出现打破了银行传统的借贷模式，为社会融资融入了新鲜的血液。以Front up Rugby为例，其是英国一家本土服装品牌。为获得企业扩张所需的资金，Front up Rugby首次在Crowdcube平台上就以公司20%的股权从60多名投资者手中获得了10万多英镑的投资。第二次该公司又在Crowdcube平台上以公司10%的股权从100多名投资者手中获得高达12万英镑的投资。Front up Rugby两次成功融资，让这种全新的融资方式声名鹊起。

2. 融资服务。Crowdcube平台在融资者融资过程中，将融资过程分为项目上线、项目选择以及资金募集3个环节。① 在融资项目上线环节中，由融资者向Crowdcube平台提出融资项目申请，平台负责审议并给出修改意见。融资者根据意见做出调整后可以再次向平台提出申请。一旦融资项目通过平台审核，融资者在融资项目中转让出与融资金额相当的股权，平台也会向投资者提供融资者所出让的股权比例、所需的融资金额、股权类型以及融资期限等融资信息。

---

① Scott M. Shafer, H. Jeff Smith, Jane C. Linder. The power ofbusiness models [J]. Business Horizons, 2005 (48): 44-45.

3. 投资服务。为了更好地吸引投资者进行投资，Crowdcube 平台会向投资者发放带有融资者标志的文化衫或会员卡。融资项目成功上线后，投资者根据经验或喜好对上线的融资项目进行选择。平台根据融资项目上线日期对项目进行分类，禁止以任何不正当的方式将某一融资项目放在醒目位置。为了促进投资者对融资项目的了解，平台专设了投资者问答栏目，即投资者在进行项目选择时可与融资者进行交流。并且在投资者对融资项目投资前，平台会对投资者针对股权易被稀释、投资受损、分红可能延迟等风险进行特别提醒。在确保投资者知晓相应风险后，平台才会接受投资者的申请。

（四）代表性国家互联网非公开股权融资平台发展启示

从以上各平台的运营经验中不难发现，想要促进融资平台的发展，仅仅依靠法律政策是远远不够的。平台自身必须建立一套完整有效的运营机制，才能在投资者与融资者之间筑起一座信任的桥梁，使融资市场繁荣昌盛。

以下从四个方面总结域外融资平台的发展经验：一是为了提高投融资者的使用率，平台需要发展多样化的融资项目和服务形式以吸引不同投融资者的青睐。二是为保证投资者与融资者信息的准确性，融资平台需在审核机制中引入第三方主体识别，由第三方具有专业知识的团队负责相应信息的审核，减少因信息不实而导致的欺诈频发问题，进而降低金融风险的发生概率。三是为加强对投资者的保护，融资平台需在融资项目上线前对融资者进行尽职调查，并在整合信息后持续对投资者进行信息披露，减少因投资者自身专业知识的匮乏而引起的投资风险。四是为实现融资效率与安全的平衡，在融资过程中融资平台应根据融资项目特点规定相应的融资时限，提高项目的融资效率。

二、代表性国家互联网非公开股权融资平台法律监管考察

虽然融资平台可以帮助融资者获得项目所需资金、为投资者提供投资收益机会，从而推动整个社会经济的发展，但囿于融资市场投资的高风险

性以及投资者地位的相对弱势，加之不完善的股权融资市场，市场上具备金融风险分散能力的融资平台屈指可数。一旦融资平台不能保证投资者的投资收益，整个金融交易市场将变得举步维艰。因此，代表性国家大多采取公开发行豁免、健全投资者准入等法律措施推动融资平台的发展，努力在促进金融市场发展与保护投资者利益之间找到平衡点，保障金融市场的运行。早在2012年之前，葡萄牙就专门针对中小企业集资召开了相关会议。欧洲发展协会也发布了针对公众集资的声明。日本国会更是通过一系列法案解除股权融资在募集资金方面的限制，使得众多融资平台可以加入股权融资的行业之中。在各国出台的相关法律法规中，美国《工商初创企业促进法案》的出台标志着欧美国家对融资平台的立法实现了跨越式的进步①。英国融资平台的信用建设，推动了融资平台信用的实施。日本融资平台的双重监管主体，助推了平台责任的承担。新加坡融资平台的投资者分级管理制度，促进了投资者的保护。下文将详细介绍美国、英国、日本以及新加坡融资平台的法律监管经验以探求其中蕴含的法理智慧。

（一）美国互联网非公开股权融资平台的法律制度

美国将包括私募股权众筹（等同于我国互联网非公开股权融资）在内的众筹行业归属于证券市场的监管。随着2012年《工商初创企业促进法案》的出台，众筹行业在美国迎来了蓬勃发展的新时期。该法案第2章就对融资平台的准入条件、公开发行豁免、金融中介的法律地位及其信息披露内容等方面做出了完善的规定。

1. 平台准入条件。为了最大程度上保障投资者的投资权益，防止融资平台与融资者之间相互勾结，规避金融风险，该法案从融资平台的营业范围角度对平台的准入条件做出了具体规定。首先，法案对融资平台的营业范围做出授权性规定，即融资平台作为新型股权融资中介，可以为投资者提供投资项目的选择，也可以为融资者提供项目融资以及股权发行服务。但为防止金融风险的发生，融资平台需要对融资项目上线、投资资金的转

---

① US. Securities – based Crowdfunding Under Title III of the JOBS Act. https：//www. sec. gov/dera/staff – papers/white – papers/28feb17ivanov – knyazevacrowdfunding – undertitleii – jobs – act. html. 2017.

让以及融资者的信息进行调查。其次，法案对融资平台的营业范围做出了禁止性规定，即严禁融资平台在投资者投资过程中提供投资建议，且不得通过欺诈、引诱等不法方式劝诱投资者在融资平台上进行投资。另外，融资平台也不得进行自营融资项目。最后，法案对平台员工工作规范做出了严格的要求，即员工不得利用职务之便从融资项目中获取利益，也不得向第三方泄露投融资者的相关信息。通过对融资平台营业范围和内部员工行为的规定，对融资平台的准入进行限制，明确融资平台的权利与义务，以行为监管促进融资行业的稳定持续健康发展。

2. 公开发行豁免。该法案先确定了互联网金融中介机构——经纪商的法律地位，而融资平台从属于经纪商的范围。该法案规定只要融资者或融资平台依法证明投资者具有相应的投资资质，就可在原有私募发行的基础上享有公开发行方式的豁免。换言之，融资平台可依法向投资者采用广告宣传等公开发行方式进行股权融资，从而使融资企业的股东人数由之前的500人提高至2000人（只要非合格投资者人数不超过499人即可）。金融市场发行方式的创新发展，不仅打破了中小企业融资与金融市场之间的壁垒，而且在一定程度上放宽了对融资平台发行方式的监管，使其作用得以充分发挥。

3. 平台登记豁免权。该法案中规定了融资平台的登记豁免权，即融资平台在完成信息申报等条件下，无须进行登记即可成为证券经纪商或证券交易商。但为维护金融市场的稳定，融资平台取得豁免权之后，仍要接受证券交易委员会和金融业监管当局的监管。融资平台的运营行为一旦违反信息披露等法案中对证券经纪商的要求，将不再享有相应的登记豁免权。另外，法案中也规定了即使融资平台享有登记豁免权，但仍应对融资者的信息进行调查，同时在投资者投资过程中对其进行风险提示。

4. 信息披露。经纪商（融资平台）是联结投资者与融资者的桥梁，帮助投资者与融资者进行信息交流和交易谈判。因此，该法案从信息调查义务、信息披露时间以及风险提示3个维度对融资平台所应承担的信息披露义务做出了具体的规定。

一是关于融资平台信息调查义务的规定。该法案规定融资平台应对融资者的经营状况、内部员工构成以及股份持有比例等情况进行调查，以此降低投资者与融资者在融资过程中的信息不对称风险。审查结束之后，融资平台需向投资者提供信息咨询服务，同时也需对信息披露内容的真实性向投资者承担法律责任。

二是关于融资平台信息披露时间和内容的规定。该法案规定融资平台应当在融资项目正式上线之前的21天内向投资者提供融资者的相关信息。同时，法案根据融资额度规定融资平台披露相应程度的信息内容。若融资额度在10万美元以下，融资平台仅需提供中小企业最近一年的财务报表；若融资额度在10万—50万美元，融资平台需提供中小企业最近一年的注册会计师按照范本要求制作的财务报表；若融资额度在50万美元以上，融资平台需提供中小企业经注册会计师审核通过的财务报表。

三是关于融资平台风险提示义务的规定。该法案规定融资平台必须在投资者选择融资项目之前对其进行充分的风险提示，并且平台也应对投资者进行投资风险教育，提高其风险承受能力。同时，融资平台在对投资者进行风险提示之后，应向证券交易委员会提交相应的风险提示报告书。除此之外，融资平台应审核确保投资者信息的真实性，筛除不合格的投资者。

（二）日本互联网非公开股权融资平台的责任承担

为激活金融市场活力，日本在《金融商品交易法》中规定以双重监管主体对融资平台责任的承担进行管理，试图在维护投资者的利益与促进互联网非公开股权融资健康发展之间寻找平衡点。

《金融商品交易法》规定金融服务局和证券业协会分别对融资平台的责任进行监管。首先，由金融服务局对融资平台的资质进行审核，确保平台具有承担责任的能力。因而只有融资平台的资金规模、资金存管等条件符合相关要求时，金融服务局才许可融资平台注册。其次，在金融服务局进行注册的平台，日常经营活动接受证券业协会的监管。若平台不履行责任或超出业务范围，证券业协会便会将相关情况报告给金融服务局，由金融服务局对融资平台进行注销登记。通过行政机关与行业组织的二元监管，确保融资平台具有责任承担的资质。

为了更好地规范融资平台责任的承担，降低融资过程中的风险，日本监管当局也对投融资者的投资金额与融资规模进行限制。[①] 投资者在融资平台的投资金额不得超过5000 日元，融资者在融资平台可募集的资金金额不得超过 100 万日元。同时，为加强对投资者的保护，金融服务局要求融资平台需针对自身责任的承担建立一套完整的信息体系，为投资者持续提供融资项目的相关信息，以降低因信息不对称引起的投资风险。另外，该交易法还规定若融资者为一般非上市企业，在融资平台进行充分的信息披露之前，平台可用内部规则对融资者的相关信息进行管理，从而促进融资平台责任的承担，提高融资过程中的安全性。

（三）英国互联网非公开股权融资平台的信用建设

为加强融资平台的信用建设，欧洲国家正积极探索对融资平台信用的监管。其中，德国法律规定融资平台必须进行注册；丹麦、比利时等国规定只有取得统一的金融牌照，融资平台才可取得运营资格。相较于欧洲其他国家以单一的准入条件确保融资平台的信用建设，英国在 2014 年正式实施《众筹监管规则》，就合格投资者的认定、分类监管以及提供的咨询服务等方面形成了更为完备的信用建设内容。

1. 合格投资者认定。该规则规定融资平台应结合投资者的收入情况认定其是否具备相应的风险承受能力，从而在限制投资者准入方面，强化融资平台的信用建设。融资平台只接受合格投资者的投资。同时，将资金规模作为合格投资者准入的条件。融资平台只接受年收入符合条件的投资者的投资。为提高融资平台的信用建设水平，融资平台应对投资者投资的融资项目数量与其所占投资者的资产比例进行审查，若融资项目数超过 2 个，投资者的投资额度不得超过其资产的 10%，投资的融资项目数在 2 个及以下，投资者的投资额度不受限制。

2. 分类监管。该规则为了提高对融资平台信用建设监管的效率，对融资平台进行了分类监管。一方面，从事融资等相关经营业务的融资平台在

---

① Wallmeroth. Investor behavior in equity crowdfunding［J］. Venture Capital，2019，21（2－3）.

接受投资者投资的过程中必须在金融行为监管局（FCA）进行注册。另一方面，则规定了豁免条款，若融资平台积极履行了法律信用责任即可取得豁免权，不用在FCA进行注册。因此，《监管规则》旨在用分类监管的方式加强融资平台的信用建设的积极性。

3. 咨询服务。英国除通过规定投资者的投资数额外，还通过融资平台需向投资者提供咨询服务的方式促进融资平台积极承担信用责任。该规则规定，投资者在投资之前，融资平台应当向投资者提供关于融资项目相关情况的说明。如，融资项目的融资期限、融资者的相关情况介绍以及融资项目的进展等一些基本情况。一旦这些基本情况涉及融资平台的信用内容时，融资平台需要再次向FCA申请，取得相应的授权。因此，通过强制规定融资平台的咨询服务以保障平台的信用建设。

（四）新加坡互联网非公开股权融资平台的投资者保护制度

新加坡试图在法案中就融资平台的准入、资金存管等方面做出规定，以改变现有股权融资分业监管的模式，从而强化对投资者的保护。

1. 许可证要求。融资平台必须取得证券和期货法要求的许可证方可进行股权类的证券活动。取得许可证的要求是融资平台事先向新加坡金融管理局（Monetary Authority of Singapore，MAS）存入10万新加坡元作为保证金，以赔付投资者和融资者的损失。同时，取得许可证也是融资平台拓展服务范围的通行证。若融资平台未取得许可证只能从事一般服务，即只将融资者的相关情况发送给投资者且不能向投资者提供任何投资建议；若融资平台取得许可证不仅可以向投资者提供一般的服务，还可以参与到整个融资过程中，提供线下金融中介所提供的一切金融服务。因此，通过许可证的要求不仅提高了融资平台的准入门槛，还加强了对投资者的保护。

2. 投资者适当性管理。新加坡将投资者的资金收入情况作为投资者准入的条件。对投资者进行分类管理，按照资金收入、专业知识等情况将投资者分为机构投资者与认证投资者。① 其中，具有一定的专业知识且投资

---

① Piet－Hein van Eeghen The Capitalist Case Against the Corporation［J］. Review of Social Economy，1997（4）：5.

经验丰富的投资者为机构投资者，不具备一定的专业知识但具有一定收入的投资者为认证投资者。融资平台会根据投资者的分类提供与其风险承受能力相应的融资项目，降低投资风险。同时，融资平台必须将融资者的融资目标以及经济情况等相关事实根据投资者的分类进行不同程度的披露。此外，为保障投资者分类管理制度的运行，法案规定融资平台禁止自身持有资金。在融资过程中要求融资平台必须将自有资金与融资资金分离，并将融资资金放入银行等第三方托管机构，避免因融资平台破产或私设资金池导致投资失败。

综上，新加坡为确保建立完善的投资者保护制度，首先，对平台进行许可证要求，以降低投资者承受的金融风险；其次，从投资者适当性管理方面强化对投融资者的保护。

三、代表性国家互联网非公开股权融资平台法律监管启示

如何在融资渠道的多样化与投资者保护之间取得双赢，以及如何在互联网公开属性与互联网非公开股权融资私募发行方式之间保持平衡始终是限制融资平台发展的永恒难题。美国、英国、日本、新加坡 4 国的法例都是尝试在多样化融资渠道和保护投融资者自身权益之间寻求一个法律监管的平衡点，从而在鼓励中小企业发展的同时也加强对投资者的保护，并在发挥互联网公开属性的同时遵循互联网非公开股权融资私募发行方式。随着融资平台业务的境外化发展，融资平台监管的目标也将朝着效率与公平动态平衡的一体化方向发展。域外国家关于融资平台的准入、投资者保护等相关立法经验值得今后我国在完善融资平台法律规定时借鉴吸收。

一是美国针对融资平台的发展进行了专门的立法规定，在立法中明确了融资平台经纪商的法律定位，确定其享有的权利与应承担的义务范围。因此，将融资平台进行法律定位有利于对其进行法律监管。

二是融资平台的准入问题。我国仅从融资平台的资金规模、平台内部从业人员专业知识等方面做出规定。美国在法案针对融资平台的准入设置了注册及有条件的豁免制度，针对互联网公开属性与互联网非公开股权融

资私募发行方式的背离问题，规定了公开发行方式的豁免。这使互联网非公开股权融资更加适应互联网无远弗届的特点。值得我国在规定融资平台监管制度中进行借鉴，有利于提高我国目前融资平台法律监管水平。

三是信息披露的法律规定。美国在法案中明确对融资平台信息披露的时间和内容做出规定。同时，根据融资额度对融资平台所要承担的信息披露内容作出不同范围的要求以降低融资平台信息披露的成本。而我国并未建立健全的融资平台信息披露内容，融资过程中投资者与融资者之间信息不对称的问题依然存在。因此，在建立融资平台的信息披露内容时，应借鉴美国的立法经验，规定融资平台的信息披露义务，以解决融资过程中存在的信息不对称问题。

四是日本双重监管主体的确定可为我国融资平台滥用格式条款，逃避自身责任的问题提供借鉴路径。

五是融资平台的信用建设。英国采用分类监管模式加强融资平台的信用建设，这种分类监管模式将为我国融资平台的信用建设提供一定的借鉴思路。

六是投资者保护的问题。新加坡根据投资者的资产收入设置了投资者适当性管理制度。根据投资者资产收入设置相应的准入门槛，提高了投资者的风险承受能力。而我国在《征求意见稿》中对投资者设定了较高的准入门槛。因此为解决该问题，可根据投资者的资产收入设置分级管理制度。①

他山之石，可以攻玉。领略代表性国家关于融资平台的立法“风景”，同时基于我国经济社会发展的现实，对我国融资平台的法律制度进行相应的完善，使融资平台可充分利用互联网技术的优势，发挥融资平台为中小企业提供多样化融资渠道的作用，为我国经济的创新发展“添砖加瓦”。

---

① Crowdfunding: The New Frontier for Financing Entrepreneurship? Giancarlo Giudici, Riccardo Nava, Cristina Rossi Lamastra, Chiara Verecondo. Social Science Research Network. 2012.

第五节　完善我国互联网非公开股权融资平台法律监管的建议

互联网非公开股权融资之所以能在融资市场崭露锋芒，关键在于融资平台不仅能够解决中小企业的融资需求，还拓宽了公民的投资渠道，具有为实体经济和投资者服务的巨大优势。但囿于融资平台后期发展势头颓靡，互联网非公开股权融资正逐渐“凋零”。为使互联网非公开股权融资重获新生，需要抓住融资平台发展的制度红利，进一步完善融资平台监管制度。本部分将围绕以下几点进行论述：首先，在明晰了融资平台作为特殊证券公司的法律定位后，需要制定相应的融资平台条例，以形成与《证券法》相辅相成的完备制度。在条例中从融资平台的注册资本、内部人员构成等角度完善平台准入条件，就融资平台的私募发行方式规定公开劝诱解禁制度。针对融资平台信息披露制度不健全的问题，在条例中规定信息分级披露等制度，提高信息披露内容的透明度，切实维护投资者的权益。其次，针对融资平台在融资过程中存在的格式条款滥用问题，通过双重监管主体规范融资平台的责任承担。①再次，针对融资平台信用缺失问题，借助互联网技术的高效性，对融资平台进行区别监管，从而加强融资平台的信用建设。最后，从规范投资者与融资者角度防范金融风险溢出，以期形成封闭的融资平台法律风险监管体系。总之，要想充分发挥融资平台特有的融资作用，只有在具体分析融资平台存在的问题后，找到平台运行的症结点才能对症下药。

一、完善我国互联网非公开股权融资平台法律法规

针对目前融资平台专门性立法缺失的情况，可在确定了融资平台的特

---

① 岳彩申. 互联网与民间融资法律问题研究［M］. 北京：法律出版社，2014：117.

殊证券公司法律性质定位之后，在遵从《证券法》立法的原则下制定《互联网非公开股权融资平台条例》填补融资平台立法的缺失。下面从融资平台的准入、私募发行方式的公开劝诱解禁制度以及构建融资平台信息披露制度等方面对该条例的内容提出具体的建议。

（一）完善互联网非公开股权融资平台的准入制度

在融资平台注册的融资者大多属于资金实力较薄弱的中小企业，融资项目的价值通常具有很大的不确定性。为在多层次的融资市场中建立稳定与安全的融资生态环境，同时形成与《证券法》的联动效应，可在借鉴证券公司准入内容的基础上，在条例中完善融资平台的准入制度。

根据《征求意见稿》等相关文件的规定，融资平台在金融市场中的准入实行的是较为宽松的事后备案制，对融资平台内部组成人员的专业资质要求、融资项目备案管理等方面并无详细的规定。前文举例论述的美国和新加坡都是实行较为严格的融资平台注册制，融资平台只有事先在证券监管机构进行注册，才能从事相关的融资业务。考虑到目前我国融资平台的资金实力较为薄弱且内部人员构成良莠不齐。若采用全面严格的注册制，现大量存在的融资平台都将面临“无照经营”的问题，从而进一步恶化融资平台的经营现状。因此，可在借鉴美国、新加坡经验的基础上，同时在遵守现有证券业协会备案登记制度的前提下，从资金规模、人员构成以及融资项目登记等方面对融资平台实行更为完善的备案制度。即，融资平台在正式运营上线之前要符合《公司法》对于公司的登记条件规定，之后证券业协会必须对平台进行更为严格的备案，由证券业协会对融资平台的资质进行进一步的资质审查。对于不符合证券业协会审查要求的融资平台将不再具有发布融资项目的资格。完善融资平台的准入制度，可按以下几点内容在《互联网非公开股权融资平台条例》中进行具体规定：

一是根据融资平台上线的融资项目所需资金规模的不同划分融资平台注册资本的门槛。考虑到融资平台一般都为刚成立的初创公司，因此在规定融资平台最低注册资本时，相较于目前发展成熟的证券公司，可适当降低《征求意见稿》中的对融资平台注册资本的要求。同时，为提高融资平台应对金融突发事件的能力，可借鉴新加坡融资平台事先缴纳保证金的经验，要求相关融资平台在证券业协会备案时也需缴付一定的风险备用金。

二是针对融资平台内部人员素质良莠不齐的现状，可借鉴证券公司内部人员的构成经验，将平台内部管理人员从业的要求由只具有专业知识的单一标准转换为既具有专业知识又具有相应从业品质的双重标准。同时，融资平台应将内部管理人员的资质在证券业协会进行备案登记。

三是该条例中应规定，融资平台上线新的融资项目时必须将融资项目以及融资者的相关情况向证券业协会进行备案。证券业协会在实际审查融资项目的相关信息后，出具一份关于融资项目信息真实的法律意见书。同时，为降低实施成本，法律意见书的费用由政府财政部门拨付。基于法律意见书的出具，证券业协会与融资平台对融资项目的真实性承担连带责任，即证券业协会需对融资项目的资金安全、风控水平负责。若因融资项目意见书造成投资者或融资者损失，证券业协会承担连带赔偿责任。除此之外，为维持证券业协会的正常运营，条例中可规定融资平台每年需将收入的万分之五作为会员费缴纳给证券业协会，从而构建证券业协会与融资平台之间的动态责任体系，降低融资过程中的金融风险。

四是鉴于证券业协会的备案审查，该条例中可建立专门的监督机构即互联网金融管理委员会，由其对证券业协会的相关审核行为进行监督。同时，互联网金融管理委员会接受国务院证券监督管理机构的直接管理。

五是该条例中可借鉴美国融资平台的注册豁免规定，若融资平台连续5年正常运行，融资项目符合审核要求且未出现金融风险，可向证券业协会提出豁免申请，即无须在证券业协会进行备案登记。

建立不同于证券公司的注册资本要求和融资平台的备案豁免制度既遵循了现有融资平台的发展现状，又充分激发了融资平台的发展活力。同时，较高的内部人员资质要求提高了融资平台的运营管理水平，融资项目的备案登记和风险备用金保障了融资过程中的安全性。因而，在《互联网非公开股权融资平台条例》中就融资平台的准入规定相应的条件，不仅可在融资平台端降低金融风险的出现，还能建立以融资平台为重心的融资市场，满足投融资者的需求。

（二）建立公开劝诱解禁制度

囿于互联网本身的公开属性与互联网非公开股权融资私募发行方式的

冲突，导致融资平台在上线融资项目的过程中易触犯刑法的禁止性规定，基于此，如要突破法律风险困境，可在吸收美国融资平台公开发行豁免制度经验的基础上，在《互联网非公开股权融资平台条例》中建立我国融资平台宣传对象的公开劝诱解禁制度，即对目前融资平台发行方式的监管转变为强化融资平台对投资者资质的实质审核，从而对融资平台发行对象的范围进行一定程度的豁免。① 同时，公开劝诱解禁制度中对投资者资质进行实质审核遵循了传统私募发行方式下对投资者保护的原则，且发行对象范围的豁免更加契合互联网的公开属性，消除了对融资平台刑事犯罪的担忧。该条例可从以下几个方面规定公开劝诱解禁制度：一是融资平台对投资者的资质进行严格审核。条例可参考美国 Wefunder 平台的第三方主体识别，即规定投资者应向融资平台提交由第三方机构（如证券公司）出具的投资者投资情况等证明，为保证该份证明的真实性，第三方机构对此承担担保责任。对于第三方主体识别不具有相应风险承受能力的投资者，融资平台可借鉴 JD 众筹平台的“领投 + 跟投”模式，要求其必须选择专业投资者的投资项目。一旦投资者的投资资质通过融资平台的审核，平台可向所有实名注册的投资者推广融资项目。二是设定不以营利为目的的融资项目交易场所。融资项目交易场所的缺失导致融资平台经常游走于犯罪的边缘。因此，针对融资平台的交易行为，条例可根据融资平台所在的区域设定一定数量的融资项目交易场所。交易场所的人员由所在区域的各融资平台组成，并在证券业协会备案登记。证券业协会对交易场所的内部管理人员和运营情况进行实质审查。同时，融资项目交易场所实时监测融资平台的交易行为，对于可能存在犯罪行为的融资平台由其向证券业协会报告，进而上报至互联网金融管理委员会。由互联网金融管理委员会对融资平台作出停止发行融资项目以及行政罚款等行政处罚。三是条例规定融资者不得自行发行融资项目。相较于拥有一定风险备用金且专业性较强的融资平台，融资者一般都为资金实力较为单薄的中小企业，这些企业内部的运营

① 李文莉，杨宁．股权众筹监管的法律定位与实现路径［J］．交大法学，2017（04）：154—165.

制度并不健全。因此，为降低融资者直接发行融资项目失败的风险，融资者须委托融资平台，由融资平台代其发布融资项目。四是证券业协会建立融资项目登记部门，负责对融资项目的相关信息进行登记。同时，维持原融资项目资金存管机构，由融资平台委托第三方金融机构存管融资项目资金，互联网金融管理委员会负责监督资金的存管。

在《互联网非公开股权融资平台条例》中确立公开劝诱解禁制度，一方面，可充实当前融资平台的立法内容，创新私募发行的监管理念；另一方面，实现了互联网的公开属性与私募发行方式的兼容，控制了金融风险的扩散速度。同时，动态的融资项目交易场所的建立，不仅使融资平台摆脱了非法发行证券等困境，而且增加了中小企业的融资机会，更保护了投资者的合法权益。

（三）构建互联网非公开股权融资平台信息披露制度

如何有效解决信息披露不实是融资平台必须面对的问题，在融资过程中融资平台不仅是信息中介更是责任中介，可在吸收美国对于融资平台信息披露时间等规定的基础上，结合我国融资平台的实际发展状况，在《互联网非公开股权融资平台条例》中从信息披露分级管理、重点信息以及持续信息披露等方面规定融资平台的信息披露标准。

一是按照融资项目资金规模的不同，对投融资者进行信息披露分级管理，即根据融资项目不同的资金规模，融资平台进行不同程度的信息披露。如：0—30万元的融资项目进行一般程度的信息披露；30万—100万元的融资项目进行中度程度的信息披露；100万元以上的融资项目进行重度的信息披露。[①] 同时，融资平台在进行信息披露的过程中应尽职调查融资项目的相关信息内容，减少因融资平台“偏好性披露”所引发的信息不对等问题，提高融资过程中的信息透明度。

二是针对融资者和专业投资者以及融资平台之间的信息欺诈和融资项目过高估值问题，该条例中应规定融资平台建立重点信息披露制度。即，融资平台应制订融资项目资金情况的使用明细表，要求融资者应根据明细

---

① 根据《征求意见稿》中的对投资者准入金额的规定。

表详细填写资金的使用情况，为融资项目的后续估值提供一定的数据支持。一旦平台发现融资者信息存在虚假，可暂停其融资项目的发行，要求融资者承担违约责任并要求赔偿损失。同时，条例中应规定在专业投资者选择融资项目之前，融资平台应重点对专业投资者的背景和资信状况进行调查，避免专业投资者与融资者之间发生信息欺诈的问题，提高个人“跟投”者的安全性。除此之外，在条例中可规定互联网金融管理委员会对融资平台的信息披露进行监督，定期（每3个月）对平台的信息披露情况进行审查，若平台连续两次未完成信息披露任务，可对平台进行行政罚款或要求平台停业整顿。

三是在投资者完成投资后，该条例中应规定融资平台应当继续定期披露融资者公司持股的相关信息，并将企业的人事与资金变动情况及时向投资者进行反映。融资平台也可要求融资者定期向融资平台披露融资项目的财务信息和项目进展情况，若因融资平台披露时间过长导致投资者资金损失时，投资者可根据过错推定原则要求融资平台承担相应的财产损失赔偿责任。

四是为避免信息披露内容的零碎化，该条例中可要求融资平台同步建设线下信息调查平台。设定线下信息调查平台既可以扩大融资平台的资产规模，又可以增强融资平台在市场中的竞争力。为保证资金的运行安全，线下信息调查平台应着重对融资者的资信状况、公司实际运营状况等内容进行实地考察。线上融资平台用于融资项目的发布、融资项目资本的筹集与偿还。通过双轨制发展，使融资平台成为集融资项目发布、信息调查于一体的全方面平台，解决因空间条件的制约导致的信息不对称难题，进而助推互联网非公开股权融资的发展。

解决互联网非公开股权融资中信息披露内容的难点，透明公开才是最好的“武器”。因此，建立多元化的信息披露内容可有效解决在融资过程中存在的虚假信息问题。同时，互联网金融管理委员会信息监督与融资平台过错责任体制的建立，可有效防止因信息披露不实导致的金融风险，进而切实解决股权融资中的难题。

二、保障我国互联网非公开股权融资平台责任承担

基于当前较为宽松的监管政策，融资平台在融资项目运行中通过格式合同的形式，提前免除了自身对于融资项目信息真实性审查的义务。同时，借助用户确认即可进入的模式，在免除自身责任承担的基础上，还增加了投资者所要承受的风险。对于融资平台中滥用格式条款情况的存在，可借鉴日本的双重监管主体经验，由互联网金融管理委员会和证券业协会的下属部门——平台自律协会（平台自律协会由各个平台自发形成，受证券业协会监督，委员会成员由每个平台抽选的人员组成）之间开展合作，“倒逼”融资平台责任的承担。

一方面，可在融资项目运行中由平台自律协会统一对融资平台的格式合同进行审核，同时平台自律协会可外聘专业的律师与会计师对融资平台日常事务条款中义务的规定进行专业性审核。审核不合格的，平台自律协会可要求融资平台对其中的不合理条款进行说明。如不进行说明，平台自律协会可责令融资平台限期做出修改，确保融资平台无法通过与投资者签订的格式合同免除本应承担的责任。同时，平台自律协会定期对融资平台内部员工进行法律知识培训，要求内部员工在日常事务中减少不利于投资者的格式文本的出现，或者即使提供格式文本，对其中的不公平条款平台也应以显著的标识予以标明。同时，针对与投资者有重大利害关系的条款，融资平台应根据投资者选择的融资项目和投资者具有的投资知识采用不同程度的说明，确保投资者在勾选条款内容时已充分了解相关内容。

另一方面，互联网金融管理委员会受理融资平台对平台自律协会相关处理意见的申诉，并对平台自律协会的监管责任进行监督。同时，为激发融资平台发展的活力，互联网金融管理委员会可积极践行负面清单制度，即在融资平台承担责任的过程中实行“法无禁止即可为”的原则，只要融资平台免除责任的范围未涉及负面清单中的内容即合法，从而寻求适度的监管，实现监管与创新的协同发展，给予融资平台自由发展的空间。

充分发挥平台自律协会和互联网金融管理委员会的双重监管作用，既

可激发融资平台发展的积极性，又可为传统金融监管提供一种创新思路，以融资平台责任承担视角形成互联网非公开股权融资健康发展的新形态。①

三、加强我国互联网非公开股权融资平台信用建设

国外学者常将信用定义为在金融领域无须抵押和担保即可进行交换的一种金融方式，而我国将信用定义为市场主体自动履约的一种方式。可见，信用建设一直是金融市场中的一大重要议题，同时信用的履行也是构建互联网非公开股权融资体系的基石。自2014年起，我国的信用建设进入了快速发展时期，主要以法律法规、道德规范为依据，涉及公共部门、行业协会、企业以及个人等多个方面的信用建设。面对融资平台信用风险突出的问题，如何归纳整合现有平台信用信息，加强融资平台信用数据库的建设，组建高水平的信用建设团队，是提高融资平台信用水平的重要前提。

首先，在加强融资平台信用建设之前，可借鉴英国融资平台的分类监管模式，证券业协会根据年均融资金额交易量、投资者所受资金损失量以及融资项目完成量将融资平台划分为一般认证融资平台与失信融资平台。同时，证券业协会应对一般认证平台与失信平台设置不同的查验要求，一般认证企业每隔一年需将平台的运营状况向平台自律协会进行汇报，而失信平台每隔半年需将平台的运营状况向平台自律协会进行汇报。在此过程中，若平台自律协会认为融资平台仍旧未达到信用等级要求，可缩短下次查验时间且可将融资平台失信情况上报至互联网金融管理委员会，由互联网金融管理委员会对融资平台进行注销。

其次，应落实对融资平台的信用监管。同样要对一般认证融资平台与失信融资平台进行分类化监管。对失信融资平台要强化监管，对一般认证融资平台的监管维持现有的管控水平，从而降低监管费用。在对融资平台

① 彭冰．反思互联网金融监管的三种模式［J］．探索与争鸣，2018（10）：10—13+141.

进行信用监管的具体实践操作中，可借鉴众 TB 平台的数据化运行模式经验以实现数据化监管。平台自律协会可将全国融资平台的信息传输到统一的数据平台，利用网络的便捷和大数据的优势进行实时监控。同时，平台自律协会根据数据的分布情况整合融资平台的信用数据，再利用汇总得到的信用数据判断融资平台是否存在与融资者合谋欺诈投资者以及是否尽职审核专业投资者信息的问题。融资平台若存在信用欺诈问题，由平台自律协会将相关情况向互联网金融管理委员会报告，进而由互联网金融管理委员会对融资平台进行行政处罚并可要求平台对投资者的损失进行赔偿。

最后，由互联网金融管理委员会对融资项目的资金转移时间进行监督。要求融资项目筹资完毕之后，融资平台应在 7 个工作日内将融资资金存管至资金存管机构的，若融资平台未在规定时间内将资金转移至资金存管机构的，互联网金融管理委员会可视情节对融资平台进行一定的行政处罚。如，平台在 3 个月时间内不得上线融资项目，更有甚者因延迟转移资金给融资者造成的财产损失的，平台应对融资者进行经济赔偿。

对融资平台进行信用区别监管，加之建立配套的融资平台法律责任制度可有效提升融资平台的信用水平，从而打造新型动态的融资平台信用建设模式，实现投融资者双重主体权益的保护。

四、加强我国互联网非公开股权融资平台参与者法律保护

规范融资平台的发展，不仅需要规范平台自身的发展，更需要在投资者与融资者之间形成动态平衡，构建一体化的融资平台风险监管体系。在借鉴新加坡完善的投资者保护制度基础上，同时吸收我国成功融资平台发展经验，可得出如下法律保护对策：一是从投资者一方而言，除了强化对投资者信息真实性的审查，更应从成立全国投资者保护协会、完善投资者分类管理制度等角度切实降低投资者一方存在的法律风险。二是对于处于资金末端的融资者，应从明晰融资金额、强化法律责任承担等角度对融资者给出具体的融资规范。从而形成以融资平台为中心，投融资者为辅的法律监管路径，实现互联网非公开股权融资的“新生”。

（一）强化信息审核

前文已规定，只要在融资平台进行实名注册并具备一定的风险承受能力或不具备风险承受能力的投资者选择“领投 + 跟投”模式时，投资人数就可突破200人的人数限制。因此，一旦规定了公开劝诱解禁制度，融资平台无须过度查处投资人数是否超出200人的人数限制。此时，融资平台只需重点审核投资者注册信息的真实性。针对注册信息是否真实的问题，除前文提到的第三方主体识别之外，融资平台可利用线下信息调查平台对投资者线上申报的信息进行核实，如融资平台发现投资者注册信息有误时，可要求其更改，但更改后投资者仍不具有投资资格的，融资平台可拒绝其投资请求。

（二）成立互联网非公开股权投资者保护协会

在互联网金融发展的大趋势下，对于投资者合法权益的保护，不仅关乎消费者权益的维护，更是关乎整个互联网金融市场的发展。因此，针对投资者投资风险加剧的问题，可由证券业协会牵头成立互联网非公开股权投资者保护协会，协会成员由投资者、法律专业人士等人员构成，费用由中央财政部门拨款和投资者缴纳的会员费用组合构成。在“领投 + 跟投”模式下，该协会可要求专业投资者每隔3个月向其提交一份纸质版融资项目运行报告书。同时，该协会对每份融资项目运行报告书的内容进行检查。如报告书的内容存在篡改或经协会审查后，发现内容制作不合格，协会可代表个人投资者要求专业投资者重新制作项目运行报告书或要求其对相关内容做出修改。对于个人投资者因股东权益的缺失而退出融资的难题，协会可充分发挥自治作用，加强专业投资者与个人投资者的联系。如个人投资者希望退出后续融资项目的管理过程，协会可鼓励其他投资者认购相应的股份。若在认购股份的过程中存在损失，协会也可给予投资者相应的补偿，从而健全投资者的退出渠道。① 同时，在投资前期，协会可协助融资平台进行前期路演环节的演练，从而使投资者提前知悉融资过程中可能存在的问题，提高投资者的风险承受能力。

---

① 赵嘉欣．股权众筹的监管［J］．当代经济，2018（22）：33—35.

成立互联网非公开股权投资者保护协会既可充分发挥行业自治组织的作用，又可在最大程度上节约司法监管成本。就成本收益而言，不仅可减少融资平台的资金投入，还能实现互联网金融管理委员会、投资者、融资者以及融资平台之间利益的最大化。

（三）完善投资者分级管理制度

设置投资者投资准入标准，审查的是其消费购买的融资项目是否与其经济状况、投资需求、风险承受能力相匹配。在完善投资者分级管理制度时可在借鉴新加坡投资者保护制度的基础上，结合我国经济运行状况做出如下改变：一是改变目前投资者准入的一体化标准，即应根据投资者的年收入情况设立相对应的准入标准，且对于个人投资者应当设立相比于专业投资者更低的准入门槛，以便充分发挥个人投资者投资的积极性。同时，融资平台在对投资者的资质进行审查时应要调查投资者所在地区的经济情况，以便结合投资者所在的地区确立不同的投资者准入标准，实现投资与收入的精确化匹配，精确投资金额占投资者总收入的比例，进而提高投资者的风险承受能力。二是融资平台应结合投资者的准入标准推荐与其相匹配的融资项目，降低投资者在融资过程中可能遇到的风险。

投资者分级管理制度的实施针对我国不同区域的经济状况进行区别化管理，有的放矢地实现投资者准入。一旦投资者进入分层管控，即可在较大程度上避免融资过程中的系统性风险的发生。

（四）建立信息共享平台规范融资数额

难以准确计算融资者的融资数额，关键在于每个融资平台相互独立，融资者的信息是每个融资平台的商业秘密。防止融资金额超过融资者可负担的范围，可借鉴众 TB 平台的数据化运行模式，建立融资数额的信息共享机制。平台自律协会可在融资平台之间设置信息共享平台，同时定期对信息分享平台进行技术维护。融资平台每隔半年对本平台融资者的基本信息，如融资者的名称、在平台获取的融资资金数额，统一发送至平台自律协会。平台自律协会收集整理相关数据后，再由其将汇总后数据发布至信息共享平台。

融资平台之间信息共享平台的建立将有效地对融资者的融资数额进行

监控，减少融资者超额融资情况的出现，通过在数据层面上共享信息解决融资者融资数额不明的问题。

（五）建立融资征信体系

针对融资者在融资过程中存在的合同欺诈、信用缺失以及中小企业“利益至上”问题，应当建立融资者的融资征信体系。① 在具体构建融资征信体系时，应遵循如下步骤：一是在融资者利用融资平台吸收社会融资的过程中，融资平台应整合线上线下调查的数据，挖掘可利用的融资者信息，利用云计算技术将融资者信息纳入统一征信系统之中。二是融资者应注重发挥自身的正外部性作用。始终牢记并以诚实守信作为企业的立身发展之本，在资金筹集阶段和募后管理阶段应毫无保留地向融资平台披露其资金持有与变动情况。除此之外，由证券业协会牵头成立融资协会，由融资协会对融资者的融资行为进行监督。三是融资平台应及时对投资者进行反馈，并告知被调查的融资者情况。如，融资者因欺诈等问题侵害了投资者的合法权益，投资者可将相关情况报告至互联网非公开股权投资者保护协会，由其向融资协会协商解决。如协会之间无法解决，互联网金融管理委员会可针对融资者的欺诈行为，建立相应的惩戒机制。如，要求各个融资平台拒绝融资者的融资委托请求，并对各个融资平台的执行力度进行监督。同时，对失信严重的融资者，互联网金融管理委员会可对其进行行政罚款等处罚。

第六节　结论与展望

保护投资者的投资权益、保障中小企业的融资渠道以及打造多功能的普惠金融模式是互联网非公开股权融资一直追求的目标，但在实际发展过程中，由于融资平台格式条款滥用、平台信用风险等问题层出不穷，解决

① 彭冰. 反思互联网金融监管［J］. 金融博览，2018（12）：36—37.

融资者融资难题与维护投资者权益之间难以两全。故而，应充分利用融资平台这一中介，平衡投资者与融资者、金融安全与金融效率之间的关系，从而实现互联网非公开股权融资的普惠金融目标。

通过对我国融资平台的实证考察，以及对融资平台的相关法律法规梳理可知，目前我国融资平台在运营过程中存在法律法规缺失、格式条款滥用以及信用风险突出等法律问题。基于代表性国家融资平台较为完善的法律监管制度、保障平台责任的承担等发展经验，并立足于我国融资平台近年的发展实践，笔者认为若要促使融资平台“再生”，必须完善目前融资平台的法律法规，加强融资平台的责任承担和信用建设，并对平台参与者（投资者与融资者）进行相应监管，从而形成以融资平台为重心，投融资者利益兼顾的融资体系。

融资平台的发展是瞬息万变的，基于现有融资平台发展现状，笔者针对促进融资平台发展提出的相关法律监管建议仍有待实证检验。为实现融资平台的持续健康发展，仍需要学者们付出努力。但是，为了在金融市场中开出融资平台理性之花，我们每一次的付出都是值得的。

本章参考文献

［1］罗明雄．互联网金融［M］．北京：中国财政经济出版社，2013.

［2］卜亚．激励相容［M］．上海：上海交通大学出版社，2013.

［3］谢平．互联网金融手册［M］．北京：中国人民大学出版社，2014.

［4］盛佳．众筹［M］．北京：机械工业出版社，2014.

［5］岳彩申．互联网与民间融资法律问题研究［M］．北京：法律出版社，2014.

［6］郭勤贵．股权众筹创业融资模式颠覆与重构［M］．北京：机械工业出版社，2015.

[7] 李爱君．互联网金融法律与事务［M］．北京：机械工业出版社，2015.

[8] 马庆泉，黄琳．股权众筹的风险控制与监管［M］．北京：中国金融出版社，2015.

[9] 王彩慧．一本书读懂股权众筹［M］．北京：人民邮电出版社，2016.

[10] 王波．规制法的制度构造与学理分析［M］．北京：法律出版社，2016.

[11] 徐晋，张祥建．平台经济学初探［J］．中国工业经济，2006（5）：40—47.

[12] 罗东．股权众筹“变质”［J］．二十一世纪商业评论，2014（25）：33—34.

[13] 楼建波．股权众筹监管探究［J］．社会科学，2015（9）：95—105.

[14] 樊云慧．股权众筹平台监管的国际比较［J］．法学，2015（4）：84—91.

[15] 卜亚．股权众筹监管经验的跨国比较及启示——基于激励相容视角的分析［J］．华东经济管理，2016，30（9）：94—99.

[16] 许多奇，葛明瑜．论股权众筹的法律规制——从“全国首例众筹融资案”谈起［J］．学习与探索，2016（8）：82—89.

[17] 张宏婧，王洁．股权众筹平台的内部控制与外部监管——基于投资者保护视角的探讨［J］．南方金融，2016（7）：93—97.

[18] 康珑．构建我国的证券公开发行豁免制度研究［J］．金融服务法评论，2016，8（00）：184—207.

[19] 王继禹，闫明．股权众筹在我国的实践与分析［J］．中国市场，2016（42）：87—88.

[20] 孙亚贤．股权众筹公司创始人控制权维持的法律路径［J］．法商研究，2017（5）：14.

[21] 尹亚萍．对股权众筹投资者保护问题的研究［J］．时代金融，

2017 (36): 324—327.

[22] 董淳锷. 中国股权众筹立法问题之检讨 [J]. 比较法研究, 2018 (05): 120—135.

[23] 彭冰. 反思互联网金融监管的三种模式 [J]. 探索与争鸣, 2018 (10): 10—13+141.

[24] 白牧蓉. 股权众筹项目估值的法律逻辑 [J]. 甘肃社会科学, 2018 (6): 104—110.

[25] 杨硕. 股权众筹中介机构的功能解释与立法规制 [J]. 政法丛论, 2019 (2): 88.

[26] 刘丹妮. 公募股权众筹风险及其制度防范——以交易结构设计为中心 [J]. 理论月刊, 2020 (1): 78—91.

[27] 阴越. 论股权众筹差异化信息披露义务 [J]. 法学杂志, 2020, 41 (2): 133—140.

[28] 刘周颖, 赵宇翔, 巴志超, 吴聪, 朱庆华. 国际科研众筹项目的特征描述主题分析及属性对比: 基于 Experiment 平台的发现 [J]. 图书情报知识, 2020 (3): 71—82.

[29] 赵莹莹. 证券信用交易制度的法律适用及建议 [J]. 法制与社会, 2021 (5): 49—50.

[30] 李昕远. 私募股权众筹的运作机理研究——以"领投+跟投"模式为例 [D]. 北京交通大学, 2018.

[31] 姜惠文. 我国互联网非公开股权融资法律监管问题研究 [D]. 青岛大学, 2019.

[32] 宋荣娟. 投资者利益保护对互联网非公开股权融资完成率的影响研究 [D]. 山东工商学院, 2019.

[33] 姚雷. 互联网非公开股权融资平台法律规制研究 [D]. 郑州大学, 2019.

[34] 彭扬, 朱勇. 促进互联网非公开股权融资行业规范发展 [N]. 中国证券报, 2019—01—14 (A01).

[35] Piet - Hein van Eeghen The Capitalist Case Against the Corporation

[J]. Review of Social Economy, 1997 (4): 5.

[36] Scott M. Shafer, H. Jeff Smith, Jane C. Linder. The power of business models [J]. Business Horizons, 2005 (48): 44 -45.

[37] Ross Weiner State Capitalism and Public Authorities in the United States [J]. Rethinking Marxism, 2007 (19): 88 -90.

[38] Gompers P A, Ishii J , Metrick A. Extreme Governance: An Analysis of Dual - Class Firms in the United States [J]. Review of Financial Studies, 2010 (23): 45 -47.

[39] Saito R Silveira Amad. The Relevance of Tag along Rights and Identity of Controlling Shareholders for the Price Spreads between Dual - Class Shares: the Brazilian Case [J]. Bar Brazilian Administration Review, 2010 (1): 56 -58.

[40] Giancarlo Giudici, Riccardo Nava, Cristina Rossi Lamastra, Chiara Verecondo. Crowdfunding: The New Frontier for Financing Entrepreneurship? [J]. Social Science Research Network. 2012 (10): 32 -33.

[41] Ald B. Rubin. Comment [J]. Taylor and Francis Group, 2012, 75 (371): 68 -69.

[42] Thomas A. Martin. Traditional commercial model or distributed generation. Finding the proper scale for wind energy [J]. Climate Law, 2012, 3 (3 -4): 79 -80.

[43] Anita I. Anand. Domestic and International Influences on Firm - Level Governance: Evidence from Canada [J]. American Law and Economics Review, 2012, 14 (1): 90 -100.

[44] Donald B. Rubin. Comment [J]. Taylor and Francis Group, 2012, 75 (371): 78 -89.

[45] Stuart R. Cohn. The New Crowdfunding Registration Exemption: Good Idea, Bad Execution [J]. Florida Law Review, 2013 (4): 1432 -1446.

[46] Patryk Galuszka, Victor Bystrov. Crowdfunding: A Case Study of a New Model of Financing Music Production [J]. Journal of Internet Commerce,

2014 (3): 35 -37.

[47] Loreta Valanciene, Sima Jegeleviciute. Crowdfunding for creating value: stakeholder approach [J]. Procedia - Social and Behavioral Sciences. 2014 (156): 56 -57.

[48] Paul Belle flamme, Thomas Lambert, Armin Schwienbacher. Crowdfunding: Tapping the right crowd [J]. Journal of Business Venturing, 2014, 29 (5): 78 -89.

[49] Rafuse, Ethan S. Field Guide [J]. Civil War Times, 2014, 53 (1): 140 -149.

[50] Ethan Mollick. The dynamics of crowdfunding: An exploratory study [J]. Journal of Business Venturing, 2014, 29 (1): 150 -167.

[51] Hamzah M. Hussain. Interview: John Mitchinson, Co - Founder of Unbound [J]. Dundee University Reviews of the Arts, 2018 (3): 66 -68.

[52] Marco Bade, Martin Walther. Local preferences and the allocation of attention in equity - based crowdfunding [J]. Review of Managerial Science, 2021 (4): 7 -8.

第四章

我国区块链金融法律监管研究

第一节　问题的提出

2008 年，比特币的发明将区块链技术带至大众视野，2015 年区块链技术蓬勃发展，以“去信任”“去中心化”“智能合约”（价值应用编程）等特性，积极辐射并应用于社会发展各层面。其中，区块链技术与金融领域的渗透融合，成为“区块链 +”热烈讨论的运用范式，给全球金融系统带来前所未有新机遇。习近平总书记也于中央政治局第十八次集体学习时强调：把区块链作为核心技术推动产业创新，加强区块链安全风险研究，推动区块链安全有序发展。

然而，区块链“去中心化”的典型价值观偏向冲击传统中心化金融监管体系，创新技术内含风险与金融本质风险给金融法律监管提出了更高的要求。如果说区块链金融是未来数字金融领域发展的精尖力量，那么区块链金融法律监管则是保障金融领域安全、维护金融秩序稳定的有力抓手。由此，加快区块链金融法律监管是各国乃至世界未来金融科技监管的重点攻克方向和战略目标。自 2019 年年底央行出台区块链监管原则至 2020 年央行编制并发布《金融分布式账本技术安全规范》，一系列关于区块链金融的监管细则正在逐步出台，既有对区块链推动产业发展的政策鼓励，也有对 ICO（首次币发行）、数字货币等区块链金融具体应用的监管规制。国际上，美国国会于 2019 年 7 月批准《区块链促进法案》，提出加强数字货币监管以及推动区块链技术定义与标准统一。2019 年 9 月，德国联邦政府发布《德国国家区块链战略》，明确下一步制定适应金融领域创新应用的监管制度路径。国内外一系列政策出台为区块链金融法律监管指明了道路，法律监管应同步甚至先于金融创新步伐，回应风险防范规制诉求，为构建区块链金融良性生态圈铺筑法律监管之路。

第二节　区块链金融法律监管的一般考察

区块链金融法律监管的理论基础遵循概念拆解思路，从区块链—区块链金融—区块链金融法律监管的逻辑递进，加深理论基础内涵。以区块链技术本质界定其内涵，深入挖掘区块链同金融融合的内在逻辑，从价值影响、Token 范式与信用三个角度定义区块链金融，通过对互联网金融、金融科技与科技金融等易混淆概念的辨析，突出区块链金融特性，并对其中蕴含的应用业态进行拓展。在理论概念与实践应用的基础上总结出现阶段区块链金融运行过程中存在的风险，以公共利益监管需求与现实需求阐述其监管的必要性。同时，剖析现有区块链金融监管的理念与模式，为后续法律监管的路径选择奠定基础。

一、区块链金融概述

（一）区块链的一般考察

比特币白皮书从算法角度提出区块链属于“点对点”网络，在此区分下着力证实无信任电子信息运用的具体可行性。阅览各类文献后，在学界未形成统一定义的背景下，笔者从区块链本质入手，使区块链不再局限于功能性或技术性表达，而是有具体定义的新兴科技创新。

1. 区块链概念探查。互联网实现信息的传播，区块链实现价值的转移。① 从最原始的“一手交钱，一手交货”的“面对面”交易方式，至第三方电子支付蓬勃发展，如应用银行、第三方支付等中介机构保证实际货币价值转移的信用承载，金融交易领域活动实现从人格信用转变至机构信用。而区块链的建构逻辑就是摒弃传统金融领域内的中介化，依托去中

① 徐远，陈靖．数字金融的底层逻辑［M］．北京：中国人民大学出版社，2019.

心、去信任的基础理念基于技术运算最终达到算法信用。实现构建“去中心化”信任，就要运用分布式记账。分布式记账革除传统电子支付中在中心机构开立账目记账，实现通过共享数据库建立对用户存储或访问资产及资产信息的数据化记录权限能力。区块链无须中央验证系统，利用技术自成体系。在以上角度分析中，区块链是通过时间先后连接各节点形成链，基于系统共识算法运算，保障各方参与记账的分布式技术手段。

2. 区块链技术核心。

首先，加密算法是指区块链运用密码学技术将文字信息提取成代码进行加密后送达。在信息传递过程中，计算机通过代码确认数据信息内容与运算代码的一致性，如果一致就能自动实现记账功能。加密算法运用非对称法和哈希函数实现，哈希函数算法技术的高敏感性保证共享链式账本的精确性。借助分为公钥和私钥的非对称加密，参与者输入专属私钥，将区块信息进行加密，运用公钥解密取得相应哈希值，新得到的哈希值给予交易用户数据信息保障，若同原值可覆盖，即计算值相同，则表示此节点交易安全进行并顺利录入总账本记账，未经数据篡改或系统侵袭，有超强防锁性。

其次，将区块链中促进事务达成的分布式算法记成共识算法，它的设置是由评判区块链记账主体是否具有记账资格的标准确定的。这个资格通过计算能力竞赛决定，又称为“一致性问题”。目前主要有四类：工作量证明机制（POW）、权益证明机制（POS）、委托权益证明（DPOS）、验证池共识机制（POOL）。

最后，利用计算机信息传播方式将合约内容给予计算机代码程序表达的智能合约，不同于传统意义的合同，它是嵌入式程序化合约，它的设计逻辑基于双方在事前将约定事项予以明确规定，涉及双方法律关系界定及权利义务履行等，通过程序嵌入将语言文字内容转化成计算机代码，运用计算机算法直接呈现数字化合同生效分析。将这一算法计入区块链当中，双方在减少执行合约内容的同时消除人为干扰因素，保证当双方符合各项条件便自动执行，无须第三方监督。总的来说，智能合约可以以所有金融工具和相关合议为蓝本，建立一个适用程序册技术模型，以数据形式存储信息，通过最终处理过的数字计算机代码实现公司对于金融工具的操作。

（二）区块链金融概念界定

梅兰妮·斯万最早构建了区块链发展三阶段，其中，区块链 1.0 解决货币及支付手段的“去中心化”，区块链 2.0 从速率和转换内容更新区块链技术，实现除货币以外其他资产的数据化转移，用以创建不同资产单元的价值。区块链 3.0 也是区块链全面应用的时代，除金融、经济等方面，此时的区块链在社会生活中的应用更为广泛，由此构建一个大规模协作社会。① 在中本聪最初设计的第三方存管交易、债券合约、多签名交易一般应用下，提出同股票、私募股权等金融领域的拓展应用。国内学者鲜京宸②将区块链金融具象化为“区块链+”，从数字货币、电子支付、征信与证券交易四种实践样态阐释区块链金融对我国金融业运行模式的革新。国内外对区块链金融概念界定多从实践样态、目的入手，缺乏深层次、多角度价值剖析。因此，本书着重从以下几个角度分析明确区块链金融定义内涵。

1. 从价值影响角度分析。将区块链金融字面上阐述为区块链在金融领域的应用较为表面，从价值影响角度将深层剖析为何区块链能同金融相融合。金融交易主要指的是一种跨越时间和空间，进行资源或收入的价值转换过程，金融交易过程往往能够实现不同资源的合理配置，其中货币解决了时间上价值存储及空间上价值位移问题，成为金融交易中最重要的支付工具。在封建社会早期，贵金属货币逐渐转化为近现代的纸质货币，随着金融的发展，纸质货币又逐渐转化为信用货币，进入互联网金融时代后，现代信息技术和通信技术又推出了电子货币、虚拟货币等。在数字经济运行及金融科技创新下 2008 年比特币问世，从货币层面探查未来数字货币走向，催生“数字货币”。区块链技术将货币的金融价值转移功能数字化，给予数字货币以数据表示价值，用交换数据达成时间、空间上的价值流通，广义上数字货币还具有支付手段、电子传输等功能。

---

① 梅兰妮·斯万. 新经济蓝图及导读［M］. 北京：新星出版社，2016.

② 鲜京宸. 我国金融业未来转型发展的重要方向：区块链+［J］. 南方金融，2016（12）：87—91.

2. 从 Token 范式角度分析。区块链技术革除以往依赖中央主体运行交易，旨在营造“点对点”“去中心化”的平台应用技术，这种“去中心化”理念构成区块链内在价值主张之一。另一点则聚焦关键词“去信任化”，依靠共识机制使在链式结构上的多个独立个体彼此为信任搭桥，这种信任不依靠中介组织或政府权威地位，而是仰仗计算机技术形成。这二者价值主张为区块链运用“分布式”概念作出理论引导，采取 Token 范式。Token 最早翻译为“代币”，后来将其作为支付工具，在区块链内外进行商品或服务交换时，具备有一定货币性的特征则将其称为加密货币。但随着研究的深入，Token 已不局限于加密货币，更蕴含一种信用凭证，兼具货币与信用双重功能，因此被纠正翻译为“通证”。Token 具备两个关键特征：一是其作为状态变量在总量不变的区块链内可转让。即，在转出地减少一个 Token，则会在转入地增加一个 Token，这样就会减少传统意义上的结算在途资金，规避结算过程中突遇风险。二是智能合约的基础是 Token 合约，它对区块链中所有 Token 情况予以记录，在此基础上构建运行较为复杂的智能合约，可以说智能合约的运行结果蕴含 Token 的变更。Token 范式成为区块链和金融的黏合剂，将两者有机融合发展，实证应用已拓宽至供应链金融、资产证券化等多个金融领域，补强了传统金融短板，促进数字经济创新发展。

3. 从信用角度分析。商业和金融的核心是信用。货币也需信用加持，各主权国家货币离不开主权信用的加持。虚拟货币等代币是一定范围内的商品，背后的信用支持来自基于国家、政府的发行方信用。但基于区块链技术的数字货币，其信用支撑来自技术数据内核保证的计算机算法。从信用发展而言，区块链蕴含的信用是一种基于智慧社会存在的系统信用，不同于农业社会的关系信用和工业社会的契约信用，区块链利用数据系统作为信用载体，运用区块链分布记账、共识机制及智能合约等核心技术为交易提供保障的信用机制。

综上，区块链金融是应用 Token 范式，将区块链系统上的数据资产以“去中心化”技术背书保障嵌入智能合约进行存储，并能形成自动化交换及交易的新经济业态。在区块链金融具体实践运用中不仅局限对数字货币的探寻，更辐射至证券、保险、供应链等不同应用场景，并针对跨国征信、支付结算等功能环节进行变革。区块链与金融两个子系统良性互动，彼此依赖协调，形成革新技术同传统行业的耦合，推动金融服务创新，促进金融效率与便利。

（三）区块链金融相关概念辨析

区块链金融的产生有特定的背景。从社会背景来看，其基于分布式、去中心、自组织的“进化论”思想在金融领域的实践；从经济学背景来看，其源于哈耶克在《自由主义经济学》中提到的“自由主义经济学”。区块链金融不是一蹴而就的，而是历经传统金融至互联网金融发展而来。数字金融同金融科技共同迸发，促使数字经济发展活力与日俱增，在此基础上辨析区块链金融与相关概念的异同，突出区块链的金融特性有利于对其内涵的进一步深化。

1. 区块链金融与互联网金融。互联网金融就是基于互联网平台开展金融活动的金融业务。随着我国网民数量的不断增多，以高效便捷著称的互联网金融迅速赢得了人们的青睐。繁荣发展的互联网金融，自身金融服务成本较传统金融而言更低，尤其是国家相关部门对互联网金融发展秉持较为包容监管的态度，扩展了互联网金融的市场空间。互联网金融不改变金融的本质，不会取代金融中介，反而加强了金融中介，这与区块链金融的底层逻辑截然相反。在此基础上两者的应用场景也截然不同，具体如表4－1所示。

表4－1　　互联网金融同区块链金融应用场景比较

互联网金融应用场景	场景特点	区块链金融应用场景	场景特点
网上银行	传统银行网银业务	区块链＋银行	商业银行数字化转型
第三方支付	独立的第三方支付结算体系	跨境支付	构建银行同银行间“点对点”支付
金融服务平台	运用大数据整合金融资源提供金融服务（征信）	区块链金融平台	运用区块链技术促进金融服务创新（招行直联支付区块链平台）

续表

互联网金融应用场景	场景特点	区块链金融应用场景	场景特点
网络借贷	利用网络平台融通资金（“人人贷”）	供应链金融	提供可追溯的电子凭证（数字票据）
众筹业务	直接通过网络筹集资金（“京东众筹”）	智能证券	降低交易风险、提升IPO（首次公开募股）透明度（利用区块链实现股权登记）
电子货币	虚拟货币	数字货币	法定数字货币

区块链金融是在互联网基础上更深层的技术化革新，也可将其理解为“第二代互联网”，其能够实现在整个互联网空间范围内信息、价值、消费、产业等各方面的资源转移。区块链金融的以下三个方面更具研究价值：

第一，打破行业壁垒。传统金融领域的银行、证券、保险业，存在以下四个典型特征：一是实行分业经营和管理，各类金融机构对不同金融细分行业进行经营管理，存在行业壁垒。二是寡头垄断，非政府授权的金融部门不得从事金融领域业务。三是金融产品亟待革新，服务中小企业的金融产品种类局限且单一。四是手续流程繁杂，效率低①。互联网金融实现了从现实世界到虚拟世界的信息传递，将实体经济虚拟化至互联网，创新金融发展方式。一方面区块链金融依附分布式特点，打破传统金融行业间的壁垒，在区块链金融应用场景中实现各业务无界限流通；另一方面，区块链“去中心化”特性变革了传统金融的发展，强调高效与公开性，维护金融交易双方的安全性。

第二，立足“规模化”与“可靠性”。一是区块链金融场景内的金融交易具有高频次、多平台特征。数字票据、供应链金融、资产化证券等金融场景，交易峰值可达每秒几百笔，而外汇交易等高频次金融业务可达每

① 曹凤岐．互联网金融对传统金融的挑战［J］．金融论坛，2015，20（1）：3—6＋65.

秒万笔以上。当“去中心化”记账功能遍布金融领域时，这种规模化的金融交易值得监管关注。二是金融交易必须达到可靠性、安全性标准。在区块链金融中，区块链技术贯穿始终，核心技术作用于金融交易各个环节，一旦技术遭受重创或出现信息漏洞则会带来无法估量的损失。同互联网金融蕴含的经营平台主体风险、市场流动风险有所区别的区块链金融将致力于达到交易可靠性、安全性标准，则需要对区块链金融制定严格的技术规范，进行实时监管。

第三，信用加持。互联网金融下的信用建立在契约原则的基础上，而区块链金融信用建立并创建了一种“技术背书”的信任机制，它不是对契约原则的打破，而是增加了一种信任方式：通过信息共享的方法，解决计算机信息信任问题，以算法程序表达规则，依靠对计算机算法共识机制的互信，即使基于浅层信任环境也可疏通信任关系，形成技术信任与商业金融交易纽带。区块链金融通过共识协议将响应编程脚本嵌入智能合约，对金融交易对象进行筛选、对金融交易条件进行约束，由此确定并交付执行交易各方认同的商业条款，有利于维护金融诚信，保障金融交易秩序。

2. 区块链金融与金融科技。金融科技（Fintech）这一名词最初是舶来品，伴随移动互联网技术例如大数据、人工智能、区块链技术、云计算等技术手段同金融领域联合发展，共同构筑完善金融服务的科技手段，引入金融科技概念。金融科技落脚于金融，是所有技术科技的集合体，科技手段仅是金融领域的服务对象。区块链金融落脚点在金融，是金融科技的一个分支或者说是细分行业，强调区块链技术对金融领域的革新，它是一个关于区块链同金融联合的全方位概念，涉及领域宽泛且有独特的技术风险与法律风险。

3. 区块链金融与科技金融。科技金融最终落脚于科技，是指不同种类金融投资机构（主要针对商业银行、资本市场）利用银行贷款、证券、债券等投资工具对科技型中小企业进行投资，从而支持科技型企业发展的过程。科技金融核心在于着力推进中小科技企业创新发展，处理其融资难、融资贵等问题。而区块链金融不仅针对证券、银行等投资机构，也是对“去中心化”体系的底层革新，区块链金融的发展将开启我国金融体系变革。另外，科技金融可寻求同区块链金融合作，且各类科技企业注重把握利用区块链技术，也有助于完善科技金融发展路径。

（四）区块链金融应用业态

1. 数字货币。数字货币依托区块链技术，以数据标示价值，具备一般货币价值尺度、支付手段等价值功能，是区块链金融最基础的应用实践。根据国际清算银行的报告（BIS），数字货币属于电子货币①。随着研究的逐步深入，数字货币作为一个庞大的货币体系，逐渐由主体分化为以比特币为代表的私人货币和各国央行发行的法定数字货币。不同于以往中央机构发行并管理的传统货币，区块链技术所具备的“去中心化”信任机制，可以在一定程度上摒弃传统货币因受到中心控制而发生的通货膨胀及异地支付手续烦琐等情况，提升账户之间高效经济运行速率。同时，数字货币有利于资金流信息的观察与追踪，能针对反洗钱、反逃税、反腐败等违法犯罪活动进行资金流信息的追踪与管控。

国际上，厄瓜多尔成为全球首个具备电子货币系统的国家，推出中央银行发行“厄瓜多尔币”，使用众多节点构成的分布式数据库记录交易并行使支付功能；委内瑞拉成为在法定数字货币领域第一个“吃螃蟹”的国家，推出了“石油币”，作为区块链技术加持的加密数字货币还兼具跨境支付与国际融资功能。同时，我国也积极探索数字人民币应用试点，先后在六大国有银行（中国工商银行、中国农业银行、中国银行、中国建设银行、中国邮政储蓄银行、交通银行）推进数字人民币货币钱包，深圳、苏州、北京等地相继启动数字人民币应用测试。

2. 证券区块链。

首先，证券发行与登记存款阶段。传统的证券市场从发行到交易都有着较为复杂的流程，运用区块链技术，有两点优势：一是可以缩短交易时间，降低管理成本。二是通过网络使交易信息更加公开透明，降低了内幕交易的可能，有助于维护证券市场的稳定。传统证券登记存管体系存在信

---

① 范一飞．中国法定数字货币的理论依据和架构选择［J］．中国金融，2016（17）：10—12.

息分散、效率低下等问题，穿透技术获取资产信息难度较大，利用区块链技术可以有效解决该问题。证券区块链金融将证券登记保存至共享总账本上，并将证券发行、清算、交收等环节信息编辑入链，革除传统证券产品依托发起人自身信用，改由全链公证证明，提高区块链证券速率，节省投资者成本，同时实现证券区块链的有序运行。

其次，证券交易阶段。传统证券交易流程涉及开户、委托、成交和结算，存在银行、投资者、金融中介服务机构与清算机构等参与者，金融交易运行中需各方在保证信息正确性的基础上完成配对，过程复杂烦琐且耗时，如不能在交易日当天完成清算，则会使资金存在风险。区块链在共享账本基础上，针对过程所有节点参与者均有权对账本的真实性进行检验，这使交易程序化繁为简，节省交易成本。另外，采用技术背书的信用体系确保用户及交易信息真实性，利用哈希值等加密算法也降低了交易信用风险，提升了资产流动性，如图 4－1 所示。

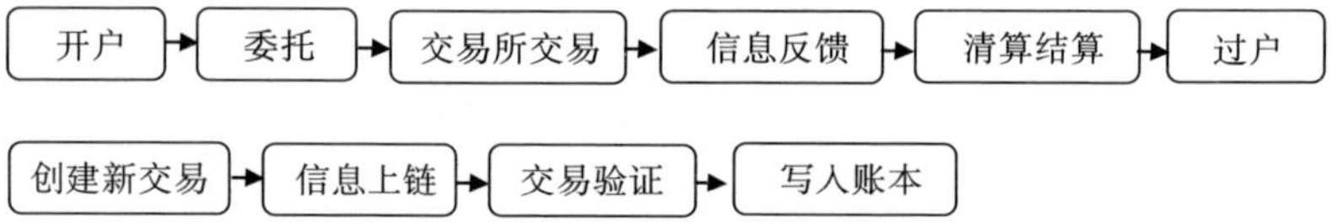

图 4－1　传统证券与区块链金融证券流程

注：第一行为传统证券流程图，第二行为区块链金融证券流程图。

最后，证券交付清算阶段。证券交易包括多个阶段和流程，虽然当前的交易执行流程已经相对高效，但交易后面临某些情况下卖方与买方之间的证券和现金转移涉及多家机构时，对账成本将会陡然上升。运用区块链技术则可让每个交易后流程的参与方都能共享一个总分类账，而不是各自持有数据，这样就可以节约时间成本进行对账。另外，通过利用区块链技术特性之一的智能合约技术将股票买卖方、买卖条件等编入程序，满足智能合约运行条件则交易自动生成。区块链中的智能合约在交易过程中遵循“点对点”交易服务，以“去中心化”形式的信用背书改变金融市场，实现金融脱媒。

3. 区块链智能理赔。伴随着时代发展，保险业成为科技助力的首要阵地，互助保险作为保险的最初形式，强调将个人投保意愿汇聚成群体共同意愿，这与区块链蕴含的共识机制有相似之处，为区块链与保险的融合提供了可能。保险的产生以信用为基底，传统社会信任模式越来越无法满足保险安全性与唯一性的内在要求。安全性包含对保险信息的合法获取以及在信息处理过程中的安全传输，防范运行中易出现的风险。传统社会的信任模式下，保险人与被保险人隐私信息泄露严重，基于“道德风险”产生的骗保、保险欺诈等违法犯罪行为丛生，显露出保险业存在的弊病。唯一性则针对保险合同中最重要的保险标的，一定程度上加大了保险公司经营管理的难度，特别是在定损和承保项下，故意冒充他人领取养老金等保险欺诈行为屡禁不止。区块链技术依托分布式特性，将链上访问信息用加密哈希算数进行加密，通过实时记账分享形成一种全网共识，一定程度保证信息传播的私密性与链上信息的安全性。对唯一性破解的关键在于区块链技术核心与“去中心化”理念的应用，以计算机代码表达的身份证明生成保险消费用户特定的公私钥，使信息唯一对应并可追溯，有效防止保险诈骗等违法犯罪活动发生。最后，区块链技术中智能合约的提出无疑成为解决保险业时效性的有力手段，将保险合同中具体条款记录编写，编汇成数据信息代码设置运行，当符合索赔事项发生的先决条件时，系统则自动运行计算机合同以实现保险业的自动理赔，缩短时间提高保险理赔效率，减少执行成本。

从 2019 年中国太保产险与全球区块链保险联盟 B3i Services AG 成功完成巨灾超赔再保险产品的上线测试，到 2021 年中国太保健康险公司推出“区块链智能理赔”服务，区块链保险产品创新及服务应用频出，越来越多的保险公司寻求同科技公司的合作。保险管理平台正在陆续上线，同当地有资质的医院进行合作，有意向参与的用户经过身份认证即可加入该平台。由此，平台获取了大量精准数据，并利用区块链技术将保险产品信息从投保到理赔的全过程进行整合并写入区块链，实现了全流程追溯和各机构的信任共享。当保险公司执行保险承保事项时，可通过平台进行用户就诊信息及费用查询，提供主动理赔，增进客户数字化交互体验，让客户感受优质服务体验的同时还能把控风险。诚然，区块链保险中的智能理赔是继传统合同理赔、移动自助理赔、医险“直连快赔”之后的又一次理赔服务模式变革。

4. 区块链 + 供应链金融。传统供应链金融着力于搭建一个以核心企业信誉为基础，为产业链上下游企业提供金融服务的金融模式，为解决中小企业融资困境提供出路。供应链金融的展开需要与多个无隶属关系的机构搭建可信赖的中介才能开展业务，依靠可信赖中介影响融资企业自身信誉的“拿捏”，将评估点转向供应链核心企业的实力与信用水平，将导致可信赖中介垄断供应链金融风险。而区块链“点对点”技术为各机构进行业务联动提供技术支持，机构能在“去信任化”体系下除去信赖中介的优势地位，通过数据信息建立信息交互通道。

二、区块链金融风险与法律监管的必要性

经济发展至后工业化社会，植根经济秩序进行预测性探查，进而控制金融稳定的平稳运行状态发生转变，逐步向金融复杂化、风险致使的不确定性过渡。随着数字经济来临，数据化信息同计算机代码加速流动形成规模化运营，同时随之流动的还有未知的风险。游走于金融领域的风险速率极快，微小不可察觉的疏忽可能产生蝴蝶效应，致使无法预料的结果发生，进而发生金融系统性风险，这就要求对风险实行精准化、高效监管。

（一）区块链金融的技术风险

区块链金融应用至今已进入区块链 2.0 时代，现阶段，区块链技术在金融领域的运用主要在商业银行、保险、证券、供应链金融等方面，在各地推进区块链产业发展的同时，区块链金融仍以探索性实验为主。[①] 区块链在金融应用中的边界模糊，目前技术研发仍未达到成熟完备状态，因此当下区块链金融应用技术风险不容忽视，尤其要留意由于技术“漏洞”引发的金融犯罪问题。

---

① 王硕．区块链技术在金融领域的研究现状及创新趋势分析［J］．上海金融，2016（2）：26—29.

如前文所述，一是区块链金融立足“规模化”，现有区块链技术性能只能满足一定区域范围的支付要求，未来发展前景也需考虑规模化应用，主要从吞吐量、数据存储、计算机运算能力方面进行考量，在一定程度上对技术性能提出更高要求。现有比特币每秒交易量只在7—10笔，对于未来构建区块链金融产业网格一体化的目标而言远远不够。这是因为分布式总账本在处理来自各节点的交易生成入账时要进行确认，每增加一个节点就需要完成一次共识，各区块所需确认的时间就越长，理论上节点同确认量、系统安全性成正比，同区块链运算效率成反比，因此如何考虑区块链金融运行安全与效率是未来技术的痛点与难点。二是区块链依据计算机精密密码学技术对区块链金融系统安全进行保障，设置51%峰值，依少数节点服从多数节点的原则，防止技术篡改和伪造账单内数据内容。但技术难免存在漏洞，在区块链技术起步初期，即区块链金融融合试点小范围内，控制节点数量少，使得技术漏洞“有机可乘”。另外，51%的临界点也未必能避免技术篡改与伪造账单，只是同冒险相比需要付出更大的成本，在实际案例中，高利诱惑还是让不法分子铤而走险，国际上也出现了黑客组织专攻区块链金融技术数据。例如，黑客Lazarus长期对美国、韩国进行渗透攻击，也对全球涉及的创新技术如区块链技术平台进行攻击，从而寻求高利润回报，成为全球各大金融机构打击目标；新加坡交易平台——DragonEx平台成立于2017年，称为“龙网”，是虚拟货币交易平台，2019年遭黑客入侵，涉及超20种加密货币及用户数字资产被盗，损失初步统计超4000万元人民币，难以挽回。

（二）区块链金融的法律风险

在分析区块链金融法律风险时，先要找到会引发法律风险的主要因素，精确把控风险主体、风险行为和风险环境①，才能准确判断区块链金融中存在的法律风险，并做出科学合理的风险防范措施。一是风险主体，主要指的是区块链金融领域的经营者或者消费者，当这些经营者或消费者在区块链金融中的行为存在违法违规现象时，就会引发法律风险。目前，

① 刘飞宇．互联网金融法律风险防范与监管［M］．北京：中国人民大学出版社，2016.

区块链金融相关法律法规本身并不完善，未明确区分不同交易主体之间的权利和责任，一方面也会导致整个区块链金融的交易容易受到诸多不确定性因素的影响，另一方面也会导致我国司法机关往往很难认定金融科技类犯罪。经营者在区块链金融经营过程中，一方面要保证其经营行为的合法性，避免承担刑事责任或行政责任，另一方面需要确保不会侵犯金融消费者的合法权益。二是风险行为，主要指的是在区块链金融的法律环境中，交易主体做出的某种会违反相关法律法规的行为，会引发法律风险。例如基于区块链技术侵犯个人隐私信息、利用区块链金融中的数字货币交易洗钱、在区块链金融中集资诈骗等。三是风险环境，主要指的是国家专门针对区块链金融制定的法律法规及其执行机制，也包括社会公众关于区块链金融所形成的法治理念等。目前我国关于区块链金融还并未制定具有较高权威地位的上位法，只有部分行政部门发布的政策文件对区块链金融的发展进行规范，但这些政策性文件的法律地位较低，并不足以有效防范区块链金融的法律风险。

（三）区块链金融法律监管的必要性

区块链金融法律监管基于公共利益监管理论。公共利益论最早起源于20世纪30年代“大萧条”背景下的金融监管需求理论，又称市场调节失败论，如字面含义，其目的在于给予政府监管理论合理性分析，运用政府监管防止市场失灵现象，维稳市场秩序。从内容来看，主要包括以下三个方面：一是补强金融机构完全自律管理与自由竞争的无秩序管理状态，俗称负外部性效应，在此背景下界定政府须“出手”管制进行外部矫正。二是政府“出手”规避金融体系中独立金融机构冒险行为，主要通过公共产品的健康属性认证与持续健康供应，保障消费者利益，维护市场安全。三是从信息不对称角度入手，通过政府监管完善双方信息实时互通，降低金融风险，保障金融业产品与服务有序产出。公共利益监管需求给区块链金融监管提供法律体系构建思路，不能给予区块链金融行业完全自由的自律监管。在金融科技融合发展的今天，金融系统性风险加剧，政府站在维护公民公共利益角度能够有效对区块链金融实行外部监管，强调同行业自律监管的协调步调，进一步构建“自我监管”“自律监管”“政府监管”多重监管体系。

区块链金融法律监管也具有现实必要性。现阶段区块链金融融合拓深，致使风险呈加剧态势威胁金融系统性安全，在平衡风险与监管项下，法律作为平衡工具内含区块链新兴技术与金融监管体系的双重需求，急需做出现实回应。

一是区块链金融“规模化”运算能力运行风险与技术漏洞风险客观上需提前绸缪。正如前文提及未来区块链金融可能从吞吐量、数据存储、计算机运算能力等方面形成全方位“规模化”产业发展，这在一定程度对技术运算能力提出了更高的要求。随着区块链技术拓深发展，遵循计算机运行核心非对称性加密技术应用，以公钥和私钥保证区块链金融具有相对匿名性。然而，当遭遇恶性计算机技术侵害时，公钥与私钥的唯一认证属性则被打破，疏于监管则会侵害区块链金融消费者权利，更有甚者也可能为洗钱、走私等刑事犯罪行为披上“嫁衣”，危害区块链金融安全交易秩序。

二是区块链金融法律监管能有效防范消费者权益受损，急需呼应消费者以法律途径寻求保护的现实诉求。消费者在区块链金融发展过程中将很大程度上受限于新兴技术实力，在交易信息的时效性、真实性获取和具体区块链金融操作实践应用中，相较于区块链金融服务提供者都处于不利地位。涉及专业性技术问题导致的智能合同未能有效履行，或由于操作失误导致支付未能按时完成的权利纠纷，都需要法律监管与消费者保护对其进行救济保护，旨在提升区块链金融消费者的弱势地位，解决区块链金融“去中心化”特性对消费者知情权、信息安全权等合法性权益的保护问题。

三是着力推进金融法治建设，实现金融治理现代化蕴含对区块链金融法律监管的现实要求。区块链在金融领域的应用，冲击了传统金融监管体系，且基于创新技术发展初期，国家多采纳以鼓励创新为主的较为宽松的监管原则，如缺乏统一的技术标准与针对性的法律法规进行监管，则会导致用来承载高价值数字资产的区块链在金融领域的应用风险陡增，不利于建设高效、安全、稳定的区块链金融良性循环的环境。

三、区块链金融法律监管的理念与模式

（一）区块链金融法律监管的理念

1. 包容性监管。正如字面含义，包容性监管重在“包容”两字，包容绝非放任，而是在依法律制度及体系对区块链金融监管中，脱胎于对繁荣金融科技产业创新与金融监管权衡的理念，被称为金融监管辩证理论。作为金融监管效用理论之一的辩证理论，通过研究金融监管体系的正常运作突出监管的必要性。学者凯恩初创“规避管制”理论并从变量分析中搭建了一种动态博弈模型，深刻总结金融创新同法律监管的动态联系。[①] 本理论发展背景同现今区块链金融发展背景相仿，前者的背景为20世纪80年代，伴随多样金融衍生品产生并与发达信息网络相互连接，后者在区块链技术科技创新同金融领域融合项下，都是始于传统金融业与技术应用创新的时代召唤。在此背景下，激发一种由监管当局对创新从审慎态度的管制逐渐过渡到为促进创新而选择的放松监管政策，进而再通过创新寻找两者平衡的边界，这种辩证过程在金融监管体系中催生了一种平衡监管理念。包容性监管是金融监管辩证理论具体实施的理念探查，监管严厉必会击退金融创新积极性，监管放任则会加剧风险聚集，如何把握平衡关键点，要以包容性监管为度量。区块链金融法律监管也遵循这样的动态监管理念，权衡法律监管制度的设计在加强监管与鼓励创新中探寻边界，有效延长或放缓这种动态过程，促进金融稳定运行。

包容性监管内含以下几部分：一是适度监管。适度监管强调其度量价值，即如前文所述，在创新同监管天平之间的尺度衡量，需要在深入研究区块链内层技术及数字底层逻辑架构的基础上，最大程度给予创新空间，激励技术迸发创新力量，并筑起风险监管墙。二是柔性监管。柔性监管在参考巴塞尔协议体系框架下，慢慢发展成为金融科技等新兴科技创新的试

---

① 李成．金融监管理论的发展演进及其展望［J］．西安交通大学学报（社会科学版），2008（4）：22—29.

错机制理念。一方面，秉承消费者权益保护原则，在鼓励区块链金融平台或科技公司提供金融产品及服务时，落实权益保障机制筹备，把握可控风险；另一方面，通过监管部门从命令型严格监管转向引导型指导工作状态，适当进行权力收缩，激励各区块链金融企业创新联动，加强数据信息交流与金融要素高频流动，激发企业对法律监管合规的认知，主动、自发地注重风险的防范与化解。三是差异化监管。区块链金融由于应用场景广泛且流通性强，涉及节点及平台金融参与主体多元化，从而容易形成监管真空，差异化监管要求区块链金融运行中充分考虑各节点数据信息限制以及各领域金融服务资源差异，在监管目标、机构准入壁垒、监管激励措施等方面采取差异化管理，驱动区块链金融创新。

2. 智慧监管。所谓智慧监管，其内部依据强逻辑性寻求对监管对象的适度性监管，外部表现为兼具创新性与动态灵活性的应用特征，在传统政府命令控制型的监管项下寻求一条多元化智慧监管道路。智慧监管弥补了命令控制型监管存在的狭隘性，激发社会监管力量，给予创新技术一定活动空间，推进全球监管改革。更多学者开始探寻智慧监管深层含义，具体包含以下几个方面：

一是监管理念。同传统命令型监管不同，智慧监管为实现公平与效率之间的平衡，摒弃自上而下的控制，尤其是在包括区块链金融在内的金融科技领域。同时，智慧监管多在风险防范、消费者保护等价值追求间寻求建树，与传统命令型监管对于风险防范的单一价值追求相比，智慧监管显得更加宏观高效。

二是监管主体。命令型监管强调由国家和企业共同对行业进行监管，智慧监管则进一步扩大了监管主体的范畴，除了政府的强制性监管以外，还包括企业监管以及行业协会等第三方监管。智慧监管强调政府应当尽量加强企业监管和行业协会监管，同时要为企业监管和行业协会监管创造良好的政策环境，而不是由政府单一主体对行业市场予以宏观的强制干预。

三是监管规范。传统金融领域内的详细规则多基于政府命令型监管的刚性监管体系所订立。① 当刚性的详细规则制定于发展较快以及不断变化的区块链金融科技创新中，则有可能会抑制科技技术创新，主要表现在相关企业主体无法有效推进区块链金融的创新工作，以至于不能放开手脚进行革新。智慧监管为使监管策略具有技术创新的开放性与包容性，则更倾向于基于原则的规制，要求监管机构放弃对终局性和法律确定性的追求，转而采取应急的、灵活的、对创新持开放态度的原则性规范。

四是监管体系。智慧监管蕴含的监管体系不是单一或二维的，它是建立在多维度视角下的监管体系创新。在监管体系的具体搭建上，不局限于并列方式的一维监管，而是着力满足监管体系对层次性的要求，寻求各监管主体的协调配合。例如，把握政府在监管体系中的主体地位，突出行业协会的作用及自律监管等。在此基础上形成监管体系呈金字塔模式分布，明确落实各监管主体的监管内容，对监管对象运用分段渐进式监管，从金字塔底层无强制公权力干预的平台或技术的自我监管逐步推向至金字塔顶端的命令型监管，金字塔从下至上遵循监管原则的软性至刚性的监管力度提升，故而位于金字塔顶尖的监管对象较少而监管效力最强，多用于对违法犯罪行为实施的强制性惩罚手段。这在一定程度上能够弥补各监管主体的不足，将独立的监管主体同监管体系连接起来，进而补强弱点，实现强强联合。

3. 功能性监管。功能性金融监管由罗伯特·默顿最先提出，是指监管策略倾向金融体系基本功能，规划兼具一致性与连续性的监管。较之传统金融监管关注金融产品及服务的外在金融性功能，注重一种跨机构、跨市场的协调机制，从针对混业经营背景下监管归属问题，实现金融业全面监管的目的。它的优点主要有：一是主要把握金融体系基本功能的制度结构构建，在混业经营下注重金融机构及市场在技术环境影响下随经济的变化而变化，而非一味地维护现有监管体系框架，从这一意义上讲，功能性监管具备超前性；二是着力构建跨多产品、各行业的协调监管，将监管部门

① Di Ma. Taking A Byte out of Bitcoin Regulation [J]. Albany Law Journal of Science and Technology, 2017 (1): 1-31.

的权限按最具凸显效用的经济效用进行分配，减少职能冲突，避免监管交叉或真空现象，控制和防范在机构性监管体制下金融机构常见的“监管套利”行为，提高监管效率。

我国现今金融业监管还是在分业监管背景下实行机构性监管理念。传统的机构性监管理念将各金融机构通过业务范畴进行分类，使其能被对应的金融监管部门依职权进行规制。对金融流速要求较低、金融业务交叉性不明显的传统金融业发展来说，机构性监管理念能在金融机构进行合理明确划分的基础上加强对各金融业务活动的限制与监管。但在区块链金融冲击下，本就活跃的金融交易打破原先技术瓶颈，逐渐突破行业类别的清晰划分，将形成更具复杂性和挑战性的金融业务市场，客观上急需从机构性监管理念作出转变。在此基础上，功能性监管理念为区块链金融法律监管提供一条可行路径。

（二）区块链金融法律监管的模式

1. 测试型监管模式。2008 年金融危机爆发，致使国内外金融组织及监管机构反思监管治理框架是否出现错配。2016 年在保障消费者合法权益本位思想下，英国金融行为监管局（FCA）提出监管沙盒（Sandbox），对金融科技运行提出创新监管理念与模式追求，革新现有金融监管体制。沙盒原作为计算机中的安全应用机制，指在建立一堵安全“围墙”区域，在区域内运作相关金融产品或服务实况。实际操作中，英国提出在保障金融消费者基本权益下，事前明晰各企业准入审批程序，企业在符合相关资质后进入监管沙盒，给予科技企业在测试运行新产品及服务、创新科技商业模式、革新新兴支付机制中一定的安全测试环境，并实行放松监管。监管沙盒模式是区块链金融监管治理的有效试验范式。自监管沙盒模式应用后，各国及地区纷纷效仿建立。

2. 技术型监管模式。将技术赋能法律监管是区块链金融监管研究的新举措。当信息科技不断内化更新，计算机运算精确度与可追溯性等区块链技术特性将想象化为现实，不断创新金融发展形式，但大体量运算能力规模化、金融产品种类多样化、金融交易信息传送交叉化也对金融监管主体提出新要求。区块链技术同金融行业融合进而催生区块链金融产品大量涌入市场，这类金融产品依赖复杂的网络信息技术，使金融速率不断提升，在扩充金融产品或服务的基础上也增加了风险深度、广度的转移。

技术监管模式要求加大对区块链、大数据等新兴技术的研究投入，各国也需从原理理论和实践应用纵深分析技术之间的互补特性，在区块链金融发展与监管体系之间寻求“代码即法律”边界，力图展现未来以“技术监管技术”的创新监管模式。在先进技术能够对区块链金融交易市场中的分布式账本进行自动阅读与数据收集的基础上，形成一种内嵌型技术监管方式。内嵌型技术监管对监管技术要求较高，它要将区块链金融法律监管以风险防范为制度起点提前至基于金融行为实施为起点，也就是要求在区块链金融应用产业具体落地之前就拟好与之配套的技术监管，形成监管封套，落地应用开始实践，技术监管便启动。各国应致力新兴科技研发和使用的投入，拓展大数据、云计算等技术嵌入区块链智能合约进行技术监管的可能性，通过精准分析与合理嵌套，监管机构在推进技术监管的同时通过收集区块链金融应用实践大数据，对各产业应用中易出现的风险进行评估并及时做出调整，设置风险警戒线对区块链金融领域内出现的洗钱、诈骗等违法犯罪行为积极响应、实时监管。

第三节　我国区块链金融法律监管的现状及面临的问题

在深入剖析区块链金融法律监管理论的基础上将视线聚焦于我国。随着区块链金融的不断发展，国家将区块链技术抬高至战略技术层面，积极寻求区块链各领域场景的先期探索。但由于缺乏区块链专项法律规制，对于区块链金融的法律监管多以政策性文件推行。本部分重在梳理我国区块链金融监管具体法律法规的出台以及发展趋势，剖析我国区我国块链金融法律监管面临的问题。

一、我国区块链金融法律监管的现状

（一）区块链金融监管规范性文件梳理（见表4－2）

表4－2 区块链金融监管规范性文件规定内容

时间	主体	文件名称	文件内容	影响
2013年	中国人民银行、工业和信息化部、银监会、证监会、保监会	关于防范比特币风险的通知	1. 在比特币属性层面进行明确。因缺乏法偿性、强制性故视为虚拟商品。 2. 划定各金融机构和支付机构行为禁止范围并要求比特币平台备案	1. 割裂比特币交易同第三方支付间交易联络。 2. 严禁比特币交易，对比特币账户处以永久冻结
2017年	中国人民银行、中央网信办、工业和信息化部、工商总局、银监会、证监会、保监会	关于防范代币发行融资风险的公告	1. 明确代币发行融资活动本质是一种未经批准非法公开融资的行为。 2. 全面禁止境内代币融资活动，已完成代币发行融资的组织和个人应作出清退等安排	1. 阻断支付端同境内代币融资往来业务，为境内变相组织代币融资斩断后路。 2. 我国完全禁止境内代币融资活动。 3. 给予"币圈"一记"重拳"，业内惊呼遭遇"94惨案"
2018年	互联网金融风险专项整治办工作领导小组	互联网金融风险专项整治工作领导小组办公室文件	各地政府采取措施，引导辖区内比特币生产企业有序退出	比特币拓展业务监管趋严
2019年	国家互联网信息办公室	区块链信息服务管理规定	1. 划分两类主体：区块链提供者与区块链使用者。 2. 对区块链信息服务主体实行备案登记制。 3. 区块链提供者需承担安全运行责任，注重保护消费者个人信息并且注重创建应急处置的机制和能力	明确区块链提供者法律责任，为区块链金融应用提供法律支持

2013 年，在国内外比特币交易大潮涌进时刻，随之带来的金融风险为一系列洗钱、逃税等违法行为提供容纳之所，同时伴随暴仓金额加剧，致使比特币价格剧烈波动，对消费者进入比特币市场予以风险警示，对国家出台法令政策稳定金融秩序提出要求。2019 年以来，全国各地监管部门全面排查“炒币”活动，就涉及“虚拟货币”违法现象进行风险提示。同时，金融监管部门联合中国互联网金融协会，对新冒头的虚拟货币交易场所、ICO、境外交易货币平台及时处置①。经过对我国区块链金融相关文件梳理，发现近年来对区块链金融监管多采用行政命令方式，缺乏高层级法律规制，并且秉承依立法功能分析偏限制、禁止型规范的“一刀切”监管态度，对比特币及 ICO 呈严格监管态势。

（二）区块链金融监管政策的发展趋势

1. 正在逐步推进区块链技术标准走向统一。工信部于 2016 年 10 月正式颁布《中国区块链技术和应用发展白皮书（2016）》，在该文件中对于我国区块链的未来发展制订了规划，尤其重视加大力度研发新型的区块链技术，推动区块链金融的产业创新。工信部在 2018 年的白皮书中，设立了我国区块链标准化路线图，也就进一步指明了我国区块链技术的发展方向。央行在 2020 年先后颁布了多项关于推动区块链金融以及区块链技术发展的规范性文件，例如《金融分布式账本技术安全规范》《推动区块链技术规范应用的通知》及《区块链技术金融应用评估规则》等，这些文件为我国区块链技术有效应用于互联网金融提供了性能、安全等方面的统一标准，以推动区块链金融的稳定发展。成都于 2020 年 10 月召开了我国首届国际区块链产业博览会，博览会上发布了我国最新的区块链标准化成果，包括《区块链版权存证应用指南》《区块链企业级平台运维指南》《区块链供应链金融服务应用指南》。从现阶段关于区块链技术标准的规范来看，国家正促进区块链技术的标准化统一，标准化是区块链金融监管的重要抓手。

2. 短期内对数字货币及 ICO 进行严格监管。近几年，各地针对区块链

---

① 刘川，张庆君，桂杨．货币演进视角下的法定数字货币再认识[J/OL]．西南金融：1－10[2021－03－28]．http://kns.cnki.net/kcms/detail/51.1587.F.20210323.1724.004.html.

的产业发展政策层出不穷，随着央行数字货币试点工作的逐步展开，以央行为首的中央及地方监管部门也专门就数字货币出台了一系列监管机制，打击各类违法犯罪行为，希望能够为区块链产业发展营造健康良好的外部环境。2020 年，互联网金融协会正式公布《关于参与境外虚拟货币交易平台投机炒作的风险提示》，明确提出互联网金融必须严格遵守国家的相关法律法规，严令禁止在虚拟货币交易平台上以投机炒作的方式攫取资金，其中规定人民币包括实物形式和数字形式，这为中国发行数字人民币提供了坚实的法律依据。各省市在推行区块链金融产业发展地方性条例的同时，几个区块链试点地区也出台了对行业发展的合规性监管以及对技术和业务的规范化引导，对数字货币、ICO 监管依然呈高压态势，具体如表 4 – 3 所示。

表 4 – 3　　各地对区块链金融行业监管相关规定

地区	主体	文件名称	文件内容
北京	地方金融监督管理局	关于交易场所分支机构未经批准开展经营活动的风险提示	目前北京市未批准任何交易场所设立分支机构，如有金融资产交易所分支机构在京开展经营活动，属于违规经营行为
上海	上海市金融稳定联席办和中国人民银行上海总部	关于开展虚拟货币交易场所排摸整治的通知	开展对辖内虚拟货币交易所排摸整治
深圳	深圳互联网金融专项整治工作领导小组办公室	关于防范“虚拟货币”非法活动的风险提示	表示将对“虚拟货币”非法活动展开排查取证
香港特区	香港证监会	立场书：监管虚拟资产交易平台	将交易证券型代币平台纳入监管，平台安全门槛提高
澳门特区	澳门特别行政区金融管理局	关于 ICO 私募的警告	加密货币存在“欺诈和犯罪活动”的可能性，并确定加密货币是虚拟产品，但非法定货币或金融工具

二、我国区块链金融法律监管面临的问题

（一）区块链金融现有监管理念与模式同区块链特性不匹配

监管理念与模式的正确选择是确保区块链金融稳定的基石。区块链技术蕴含的科技性、创新性、可追溯性、虚拟性等特点拓展金融领域多样服务的同时也催生了技术风险与法律风险。因此，对区块链金融的法律监管是下一步国家技术战略中的关键一环，而法律监管中监管理念与模式的选择则为后续监管体系、监管制度的建设奠定方向与基础。

我国目前对区块链金融法律监管的理念存在反复性和不确定性。2015年是一个分界点，我国对区块链金融的监管理念在2015年前后截然相反，之前对区块链金融以鼓励的态度采取“自由放任”监管，对区块链产业发展给予较大活动空间，未把新兴科技产品纳入监管对象并进行明确性规定，使区块链赋能金融产业呈蓬勃发展的态势，但2015年之后，国家收紧对区块链金融的监管，由于新兴科技同金融业融合，极难把握发展空间与监管力度的平衡，则采用紧缩性政策对区块链金融予以规制。这样的监管不确定性便造成在“自由放任”的宽松监管与“一刀切”紧缩监管之间的循环往复，不利于区块链金融创新发展。

区块链金融法律监管理念应同区块链技术特性相符，对其“去中心化”“去信任化”特性在宏观上定位为强监管背景下的包容性监管，在加强区块链金融监管防范金融系统性风险的基础上给予新兴技术发展空间。在微观具体层面，我国目前的监管模式仍沿袭传统金融的机构性、制度化、单一中心监管，面对区块链金融跨行业、跨区域、跨技术特性，急需监管模式转变过渡，更新同区块链金融特性相匹配的监管模式。

（二）区块链金融法律监管主体不明确

区块链的本质是具有高透明度的分布式记账，在开放性的网格化管理中心，通过各节点实现信息互通与记账。“去中心化”的区块链没有统一的中心化监管机构，而是将数据分散至每一节点，利用哈希加密函数将节点数据的变动写入共享账本，实现每个节点的同步更新。区块链金融在具

备技术特性的同时应用于金融行业，造成监管责任主体的分散，并且难以依据机构性监管对节点或账本进行对应监管。

我国传统金融业监管主体为“一行三会”，自 2018 年金融机构改革后，将银监会和保监会进行职权整合。我国现今针对金融行业由“一行一委两会”进行监管，这表明我国仍然以机构监管为主约束金融行业的发展。机构性要求在分业监管背景下，各监管机构根据自身监管内容与经验通过制定机制与标准对监管对象进行监管。这在一定程度能有效减少由部门间的职权重复造成的监管冲突，但对快速发展的区块链金融而言，难以把握其监管动态，且区块链金融融合度强、交叉性高、交易速率快，如果无法对监管对象做出明确规定，则会加大监管主体监管难度，也会存在监管空白及机构间相互推诿的监管真空问题。区块链金融企业在发展过程中，极有可能会出现不同监管部门采取不同监管规则的情况，不利于监管工作的顺利开展。

2016 年 10 月，中国人民银行专门建立互联网金融风险专项整治工作领导小组，对互联网金融进行专项监管，但未将区块链金融纳入监管。在区块链同银行、证券、保险、票据等金融业融合发展时，也未明确各监管主体。区块链金融在技术内层有三种分类：一是建立私有链条件下，链上系统同属一个法律主体，法律关系较为单一，能准确把握区块链金融的监管主体。二是在联盟链和公有链中监管主体则较难把握，联盟链由于架靠在多个国家之间，存在跨地域、时空问题，对于监管主体的把握各国有不同的体制机制，较难达成统一。三是在公有链中，不同于前两者有节点的准入限制，公有链抛开对节点的规制，存在所有人都能进入的可能性，监管主体确认难度极大。当下我国区块链金融已暴露相关风险，应加快确立针对区块链金融法律监管的主体，明确其职能与责任，确保区块链金融稳定长效发展。

（三）区块链金融法律监管制度不完备

1. 缺乏区块链金融领域基础立法。创新技术的出现在技术发展初期易导致法律法规适用真空问题，在我国现阶段金融领域具体表现为没有任何基础性法律对区块链金融形成针对性监管。我国从 2017 年陆续出台关于虚拟货币、比特币、ICO 等领域的公告、办法等，对区块链金融领域内出现的金融风险给消费者以风险警示，至 2019 年网信办发布的《区块链信息服务管理规定》可以说是目前为止最新、最全的直接规范区块链的规则。但如今各国重点在对区块链金融监管以法律的价值进行规制，为我国区块链金融提出建立基础性法律的要求。

2. 现行金融立法内容亟待更新。以区块链 + 证券为例，证券的概念和权利范围来源于法律的授权，明确的法律规定保证会形成对监管对象的有效规制。随着证券区块链应用越来越广泛，各国着力针对 ICO 与区块链资产证券化相关内容进行研究。我国秉承严格监管态势对 ICO 加紧监管，但美国、日本等国家却给予了证券区块链一定的空间发展，可以在法律监管层面为我国提供先进经验。如现有金融立法无法对区块链金融在具体适用中的法律问题进行规制，则会造成监管无据，引发漏洞。我国《证券法》中现将证券以列举的方式进行明确，其中涉及运用区块链技术等高新技术形成的数字资产，不兼容至现有《证券法》之列，现实中也加大了将证券区块链监管主体纳入证券监管对象的法律依据难度。同时，区块链技术将各区块通过技术连接，达成共识机制在总账目中进行登记与记录，“一行两会”无法基于传统监管对证券业的涨跌幅度进行限制。此外，将区块链技术应用至证券领域，冲击证券发行与交易的集中性，特别是证券交易下，我国《证券法》只对间接交易进行法律约束，依分布式技术存在各区块的“点对点”交易极具分散性特征，亟待法律对其进行监管。

3. 专门领域法律规范缺失。目前我国相关监管部门在监管跨境支付时，已出台《人民币跨境支付系统运行规则》《人民币跨境支付系统操作指引》等，但是这些规范标准不一，无疑增加了适用的难度。《票据法》和《支付结算办法》是我国早期主要根据线下交易制定的监管规范，但其却无法有效监管电子支付，这就导致了我国在区块链应用至跨境支付结算领域监管方面面临着巨大挑战。①

---

① 张正平，宋芳萱．区块链票据业务发展特点的比较与启示［J］．财会月刊，2020（22）：73—78.

此外，监管立法在金融消费者权益保护方面存在不足。一是随着区块链技术同金融的深度融合，已经存在黑客入侵导致消费者数据信息和金融财产流失等技术风险。同时，区块链金融蕴含专业技术使金融消费者的弱势地位更加明显，基于此，消费者的知情权、求偿权、公平交易权等急需法律法规予以保障。目前我国仅对金融机构作出原则性要求，让金融机构保护金融消费者的各项权利，但具体针对区块链金融消费者未有法律法规出台，缺乏现实操作性。于 2020 年生效的《金融消费者权益保护实施办法》中也未提及区块链金融这一新金融生态的消费者保护问题。监管立法的缺失无疑让区块链金融消费者“望而却步”，而区块链金融的发展需要金融消费者为其注入新鲜血液。我国应加快区块链金融消费者保护规则的出台，或者寻求法律解释方法增订《消费者保护法》中区块链金融消费者的具体内容。二是消费者个人信息保护也急需法律具体落实。当区块链金融消费者进入金融交易时，交易数据账单上难免会出现消费者个人信息数据，加密数据只能保障基于不同数据信息的公私钥，但无法解决私钥丢失或技术破解下对个人信息的窥探。从《网络安全法》《电信条例》《信息安全技术个人信息安全规范》规定的具体内容也可看出国家对个人信息保护的重视。特别是《区块链信息服务管理规定》中首次明确区块链信息服务提供者有保障使用者个人信息权不受侵犯的责任。

最后，反洗钱监管立法缺失。近年来，在刑法领域通过毒品、恐怖组织等进行洗钱的行为五花八门，随着区块链创新技术不断革新，该领域内涉刑事问题也在实践中逐步显现，特别是通过区块链金融进行洗钱的犯罪活动需法律予以提前规制。我国目前未对区块链金融犯罪进行法律规定，仅有小部分可通过扩充司法解释将犯罪行为纳入监管项下，多数涉及金融数据领域还需同电子数据属性相互连接。当区块链金融犯罪行为不断扩大至满足集资类犯罪、非法经营罪等具体罪名时，我国金融管理秩序安全以及金融投资人的财产安全将面临巨大挑战。目前，《反洗钱法》只针对境内传统金融机构的货币支付行为进行法律规定，未对区块链技术的跨区域及联盟链跨境支付领域中的洗钱行为作出具体规定，当下有很多境外机构利用区块链技术将国内资金进行转移，从而完成洗钱等犯罪活动，侵害公民利益，对金融领域的法律监管提出了极大挑战。

（四）区块链金融法律监管体系不健全

区块链金融创新发展模式和特点决定监管部门必须通过系统体系构建以实现对区块链金融的长效监管。相较域外发达国家创新实践，我国现阶段区块链金融法律监管体系尚不健全。目前我国区块链平台还不完善，缺乏“去中心化”运行下的“自我监管”，同时虽在部分地区为迎合区块链金融产品适用增设金融改革试点，但是依托平台的准入要求、监管具体内容标准与规则缺乏创新性，一味沿用旧有的监管规则，不寻求与技术并行的监管体系很难对区块链金融主体的法律性质、权利义务进行甄别，达到保障金融消费者权益的目的。

1. 区块链金融平台缺乏“自我监管”。

一是区块链金融“去中心化”特性与金融法律监管矛盾冲突。区块链金融以分布式多中心平台交易进行推广，将区块构成的链式与外部互联网金融平台联络，统一更新账目交易数据，一般由有资质的企业与区块链科技应用技术企业作为平台中间商进行筹措。区块链平台是“去中心化”的设计，而法律监管是中心化的操作，“去中心化”的理念肯定会带来一些监管困境，摒弃中心化权威监管机构寻求“去中心化”监管理念的区块链金融平台有脱离现有司法框架运行的嫌疑。诚然，“运行去中心化、监管中心化”理论上缺乏协调逻辑，客观上存在矛盾，如何让平台在技术“去中心化”与中心监管寻求平衡，是区块链金融平台自我监管的理念重塑。①政策中虽然监管机构赋予区块链金融平台在金融交易运行中安全监管责任，但仅局限于对交易内容的形式审查，并未授权平台对区块链金融交易链上金融数据作明确监管责任规划以及具体的责任边界划分，这些都阻碍着区块链金融平台“自我监管”权能。

二是区块链金融平台技术规范同法律规范存在矛盾，加大监管难度。制定技术规范多用统一技术标准实现技术规范管控，对区块链技术进行标

---

① 赵磊，石佳．依法治链：区块链的技术应用与法律监管［J］．法律适用，2020（3）：33—49.

准化制定是区块链金融应用的“灯塔”。它包括两个维度层级：一种是由较高层级的具有国家公权力的监管机构作为制定主体，另一种则是由涉及的金融交易平台自己制定，有较大自由度，但也为各平台金融秩序保障提供协议办法或行业指导。区块链金融平台强化“自我监管”还需考量一个重要因素，即在高阶法律规范制定过程中，法律规范从制度层面对参与区块链金融平台的消费者予以保护，但规范的制定主体是否涉及技术领域则还有待商榷。学者在是以技术标准界定区块链金融平台准入还是以具体法律法规强制性要求各主体责任划分边界存在争议。

2. 区块链行业协会“自律监管”不到位。目前，我国区块链金融协会自律监管不到位。在以往监管体系中，政府监管往往居主导地位，以公权力对监管对象实行强有力监管，但区块链金融借助技术优化使“去中心化”监管明显，增强了金融业的离心力。在此基础上，将区块链协会扩展于传统金融协会（保监会、证监会）监管机构外的具有针对性监管职能的自律协会，加快建立“去中心化”组织及区块链金融行业协会，不能单单依靠政府实行行政监管。当区块链金融产品出现风险时，行业协会能利用自身金融机构属性对风险提出应对策略，并且在实践中调动内生动力对监管规则做到即时反馈。

第四节 代表性国家和地区区块链金融法律监管的考察与启示

区块链技术不断发展为全世界广泛应用的高新技术，在各国金融领域不断涉足实践。由于各国不同的金融监管环境与背景，对于区块链金融的监管措施也不尽相同且各具特性。本部分聚焦美国、英国、日本、欧盟四个代表性国家和地区进行考察，其对于区块链金融的法律监管各有侧重，有助于为我国区块链金融法律监管提供有益参考。

一、代表性国家和地区区块链金融法律监管的考察

（一）美国

从2018年2月开始，美国监管部门一直发布新的监管法则，在现有金融法律框架基础上拓宽区块链金融法律监管，批准合法合规证券代币上市。作为最早的虚拟货币与区块链应用发展国之一，美国市场给予了ICO较高的宽容度，各州也致力于补足现有法律监管漏洞，相继出台法令对监管对象进行扩充。

在监管理念与措施上，美国秉持鼓励创新发展产业目标，针对区块链金融的监管经历了从中立到支持的理念转化，目前采取包容性监管理念，秉持立法支持。包容性监管给予了区块链金融创新巨大的发展空间，美国联邦政府利用区块链平台ChainCore突破跨境支付的时空及地域限制，运用分布式、对称加密等技术核心完成多项支付交易，并进一步加强各平台之间互相合作，将花旗的区块链平台与纳斯达克的Linq平台联通，使跨境支付呈现“1+1>2”的速率翻倍。同时，包容性监管不等于“放任监管”，而是针对风险寻求监管的适时与适当，是一种弹性监管而非极端控制。美国证券交易委员会（SEC）承认区块链金融市场存在风险漏洞，对区块链金融平台予以技术监管模式探求，积极筹备通过智能合约特性对证券区块链进行业务运营的合规性监管。将区块链技术应用至证券市场本有的MIDAS（搜集市场信息进行大数据分析）系统和ARTEMIS（追溯调查市场交易信息）系统，依赖区块链信息处理与来源追踪可以观测证券市场多宗交易，如有违规行为发生，则会警示美国证券交易委员会跟进，必要时“出手”监管。

针对监管立法，美国联邦与各州立法相对独立。在区块链技术发展过程中，美国联邦立法和州在合规经营发展的前提下，鼓励技术创新发展。2019年，美国国会批准《区块链促进法案》，从法律制度层面要求在联邦政府成立区块链工作组，选择偏向技术应用的技术监管模式推进区块链概念的界定和统一，以及运行标准的统一规划，延展区块链金融应用。

在监管机构选择上，联邦要求商务部下设工作组，并给予商务部部长任命权，从来自不同的联邦机构与非政府利益机构代表中进行选择，扩容非政府利益机构代表两方面主体：一是来自互联网信息及通信技术制造商、供应服务商等企业；二是专攻区块链技术研发的个人与机构、金融科技非营利组织及金融消费者权益保护组织等。总体而言，《区块链促进法案》从联邦立法层级对区块链金融进行法律监管规制，指导各州相关立法跟进，打破区块链金融监管碎片化现状，通过奠定法律监管的地位为美国区块链金融革新发展助力（见表4－4）。

表4－4　　美国各州已出台的关于区块链金融监管法案

州名	法律法规	具体内容
亚利桑那州	Weninger 法案	1. 着重 ICO 法律监管框架制定，对虚拟货币作出监管规定，尤其是涉区块链证券和众筹。 2. 赋予虚拟货币数字价值，可以进行数字交易，作为交换媒介、记账单位和价值存储。 3. 在法律上承认了区块链的签名和智能合约技术
佛蒙特州	促进经济发展法案	1. 将证据范围扩大至区块链上有时间戳标记的文件的“应该被认定为常规业务的记录”。 2. 拓宽公司范围，确认数字货币有限公司界定，并提出对其征税
内华达州	区块链法案	1. 内华达州技术协会（NVTA）强调放松管制立法，推进协会同行业代表合作。 2. 通过商业和工业部的项目为新兴技术公司创建监管沙盒

在监管主体上，依托美国证券交易委员会（SEC）政府机构着重对区块链金融进行监管，同时商品期货交易委员会（CFTC）、美国国内税务局（IRS）等进行协同监管。美国联邦司法机构直属下的美国证券交易委员会主要负责证券业监管，类似中国证监会，联邦给予该机构明确的立法司法权。2018 年，美国证券交易委员会发布《关于对虚拟货币采取措施的联合声明》，在虚拟货币、代币、ICO 未有明确法律监管状态下，强调法律监管原则与模式的选取，对区块链金融进行穿透分析，判定各平台内部金融业

务实质，达到依法有效监管。2019 年，基于数字货币大幅涌进金融市场，美国证券交易委员会对数字资产的证券性特征作出指引，当数字资产能在中心化组织帮助下获利、进入二级市场流通转让和赋予数字资产持有人利润收益权或可通过资本增值变现三种情况时可视为证券进行管理，在监管层面明确区块链金融监管对象。同时，美国证券交易委员会多次在官方网站以科普形式加强对投资人的风险意识教育并针对 ICO 的注册和信息披露提出要求。美国商品期货交易委员会内部成立数字货币与区块链两个子委员会，关注各区域应用与监管。美国国内税务局针对区块链金融应用的主要场景虚拟货币提出征税，具体包含计税方法、计税内容等。

（二）英国

英国金融行为监管局（FCA）在金融科技创新对法律监管更高要求的形势下，创新法律监管模式，经过前期报告生成及制度规划可行性分析，2016 年监管沙盒在英国本土实践。监管沙盒旨在为金融科技提供安全测试防护罩，给予新兴科技充分的测试环境，在激励市场迸发强大活力的同时兼顾金融消费者保护，平衡前沿创新与滞后法律监管的矛盾，受到各国的广泛关注，越来越多的国家和地区随之效仿并付诸实践。

1. 对申请机构提出能力要求。监管沙盒为金融科技的实际运行提供了一个的宽松环境，各大高精尖互联网公司及金融科技公司纷纷踊跃参与第一轮测试，为技术创新产业谋福祉，实现区块链金融的创新应用。但监管沙盒对各个申请者提出了相关能力要求，如尊崇金融秩序、保障试验的有效性等。当申请企业需要合作时，可以自行同合作伙伴达成合作协议，但申请企业必须是在英国已注册或有授权的企业，并拥有英国银行账户。

2. 对监管沙盒准入标准予以明确。如果对新型模式创建施以严格监管理念则会丧失试验性监管目的，因此对于进入监管沙盒的各类企业和机构，英国金融行为监管局并未在业务类型和规模化方面作出严格限制，给予了各类金融科技企业应用公司前沿产品和服务的机遇，同时也对最低标准作出了相应的规定：一是进入监管沙盒测试的金融产品或服务应具原创性，不仅对创新技术做到革新，也能与市场上已有产品及服务相互区分；二是本着为金融消费者提供优质服务的原则进行价格调整，以最优价格进入测试；三是所有进入测试的企业须受英国金融行为监管局的监管；四是各机构完成五项资格标准测试，择优选取最适合进入监管沙盒的高新金融技术产业。

3. 以消费者权益保护为基础。在良好的消费者权益保护制度中，客户账户处理和维护以及对客户的隐私和数据保护占有一席之地。区块链金融作为金融科技最典型的金融创新方式，进入平台的消费者在交易、资产价值方面均需要监管保障，同时技术性风险对监管沙盒内金融消费者的隐私和数据保护提出了更高的要求，需要建立全面、严格、周密的计划防范出现的风险漏洞。为此，英国金融行为监管局对进入监管沙盒测试的企业作出如下要求：在确定沙盒内金融消费者同普通金融消费者共同法律地位的基础上，各企业有义务告知区块链金融消费者在消费金融产品或服务过程中的浅层风险及补偿机制。这也是为何对申请企业作出财力规模要求的原因，当出现侵犯金融消费者权益的情况时，相关企业应承担相应赔偿责任或进行补偿。

4. 建立和完善信息披露制度。英国监管沙盒根据阶段性对信息披露做了详细规划。在测试前，英国金融行为监管局规定，进入监管沙盒之后的企业有必须披露的信息内容，并对披露时间、流程进行详尽安的规定，在监管沙盒测试期间，企业要接受金融行为监管局的监管，定期向其汇报区块链金融等其他金融科技应用工作进程，并将测试中发现的问题和技术风险研究写入披露内容，提出相关完善建议，在测试完成后，企业要提交书面的完整报告，总结参与测试中出现的问题以及应对策略，为未来区块链金融监管提供思路。

英国的监管沙盒制度开创了金融科技监管的新制度，但英国在开展监管沙盒测试的过程中也暴露出一些问题。一是成功进入沙盒的企业缺乏资金支持，被选入的企业只有很少一部分能支付技术平台等巨大资金开销，仍有部分企业需要银行融资才能达到参与资质。在经历国际金融危机后，各国对于风险的监管不断强化，对于创新型企业，特别是区块链金融这类融合技术与金融强风险的新金融业态在获得资金的难度上不断加大。由于创新型企业普遍具有轻资产的特点，资金融通往往更难。① 二是由于区块链金融还处于技术初探阶段，在推进监管沙盒测试过程中，英国金融行为监管局同税务、银行等其他部门还没有建立起有效的合作机制，信息共享程度较低。当测试企业和机构需要从银行取得贷款担保时，银行难以及时、有效地获得诸如税收交纳等相关信息，只能更多依赖抵质押等传统贷款担保手段，这也一定程度上增加了金融风险，不利于相关企业进行区块链金融这种新金融的初创，从而影响监管沙盒测试效果。三是英国沙盒监管测试注重沙盒前期准入，关于各企业退出沙盒监管的机制还不够健全，主要表现为实际执行力欠缺，在各企业成功通过沙盒测试并有潜力推行至市场上市阶段的具体安排没有明确，导致企业金融创新科技产品后续乏力。

（三）日本

日本比特币交易所 Mt. GOX 于 2014 年遭黑客攻击，作为当时全球规模最大的比特币交易所损失约 4.7 亿美元，并导致交易平台业务全部被取缔，警醒各国防范比特币风险，并加强监管意识。日本也自此加强了对比特币市场的监管，拓深了对区块链金融业态的研究。笔者在整理日本关于区块链金融监管法律法规中，梳理了现阶段日本对区块链金融实行法律监管的部分依据与措施（见表 4－5）。

表 4－5　日本区块链金融法律监管依据及措施

监管领域	法律依据	监管措施
ICO	对 ICO 监管实行政策指引，缺乏法律及制度的出台与建设，多以金融部门的监管警示加强投资者的风险安全理念	日本金融厅 2017 年将监管对象扩充到 ICO，2018 年将虚拟货币纳入注册审查制度并提出协会自治章程

① 徐晓莉，杜青雨. 我国金融科技监管体系研究：来自国外的启示［J］. 新金融，2019（6）：42—46.

续表

监管领域	法律依据	监管措施
虚拟货币	修正《支付服务法案》，突出以确保消费者和投资者利益为重，监管核心是确保区块链金融的数据安全	对虚拟货币交易机构实行登记注册制，统一监管标准。未登记要受相应处罚，登记注册要有商号、营业范围、注册资本、高级管理人员与实际从事业务等
交易平台犯罪行为与认定责任的监管	运用了《支付服务法案》与《预防罪犯收益转移法案》	采取6项关于交易平台行为准则的方法，涉及信息安全处理、对债权人的保护、对交易相对人的权益保护以及达成协议
资产交易平台监管	确保投资者的资金安全，解决机构破产问题，遵守标准化交易规则	将投资者与机构的资金分离管理；为预防破产，每年都要对机构进行外部审察；认为虚拟交易机构拥有金融属性

（四）欧盟

欧盟议会于2016年以听证会形式讨论对数字货币的监管理念，会议最终选择了宽松型监管思路，以寻求数字货币的蓬勃发展，并于会后发布了对数字货币予以监管的法令草案。2017年，欧盟针对数字货币反洗钱领域提出对其进行规制的新立法草案。欧盟对区块链金融一直秉承宽松监管理念，2020年欧盟数字创新和区块链部门负责人 Pēteris Zilgalvis 发布文章称：确非有特定理由，否则欧盟委员会无意对区块链金融进行监管。2020年9月24日，欧盟委员会发布了关于数字经济的全新计划，名为《欧盟金融科技行动计划（2018）》（FinTech Action Plan of 2018），以欧盟议会、欧盟监管当局等机构在数字领域的工作为基础，拓宽至区块链金融战略、零售支付战略、加密资产立法建议和数字运营韧性相关立法建议四个方面。①

虽然欧盟明确对区块链金融采取宽松监管政策，但并不表示其忽略区块链金融中蕴含的风险进行提前防范。在区块链监管原则上，欧盟主要从创新性、技术中立性与商业模式中立性赋予原则导向，创新性已经从宽松

① 张婷．区块链时代信息服务提供者的责任建构：欧盟《一般数据保护条例》的启示［J］．法学杂志，2021（3）：87—97.

型监管模式显现，意在为技术革新腾出空间；技术中立性与商业模式中立性将技术好坏的评价权转交给客户和消费者，而非区块链金融平台或其他科技公司。在监管主体规划上，欧盟议会及其下设机构和欧洲证券及市场管理局（ESMA）承担对区块链金融风险的研究及后续监管责任。欧洲证券及市场管理局于2015年4月发布了关于使用虚拟货币或区块链技术进行投资的调查报告，并在该报告中提出针对区块链金融的交易特点，对使用虚拟货币及区块链技术进行投资或交易的金融资产采取差别监管的监管措施。

二、代表性国家和地区区块链金融法律监管的启示

随着全球数字经济和金融科技的发展，各国基于本国国情都在慢慢接受由区块链金融应用带来的改变，在探查各国区块链金融产业发展时，区块链技术蕴含的风险及监管研究也成为各国重点研究对象，在监管理念、监管模式、监管主体上都立足于本国的具体实践，区块链技术蓬勃发展促进了各国数字经济转型。根据上述各个国家及地区已出台法律法规及监管政策，总结出如下特性：

一是创新监管理念。欧盟和英国对区块链金融原则上予以一种鼓励的态度，对技术机制以创新激励，不过度监管予以包容性监管空间，不扼杀金融创新值得借鉴。在监管沙盒中秉持技术中立，即技术的好坏决定权在用户而非政府或企业，因此运用监管沙盒手段进行机制创新。总结而言，各国多以包容性监管为主，给予金融科技创新土壤，为区块链金融发展创造较为宽松的监管环境。

二是适当的监管模式应用。例如英国金融行为监管局提出的监管沙盒模式，也是在一定的限度范围之内豁免了部分法规的适用。监管模式的寻求实际上也是在有效把握金融科技创新与法律监管之间的平衡。

三是明确各监管主体。英国金融服务管理局（FSA）自2013年被金融行为监管局（FCA）和审慎监管局（PRA）取代之后，[①] 区块链金融的监

---

① 刘帆．沙盒监管：引入逻辑与本土构造［J］．西南金融，2019（3）：53—63.

管工作主要交由英国金融行为监管局。英国金融行为监管局在负责监管传统金融服务行业，例如银行、保险以及证券、期货在内的投资业等的基础上，对区块链金融采取监管措施，力求在保证金融市场持续稳定发展、维护安全竞争环境上做出贡献。在监管对象的确定问题上，美国政府虽持慎重态度，但未采取“一刀切”的政策，对ICO以及虚拟资产的内涵定义上做了严格划分，在一定程度上促进了区块链金融项下具体应用的定义标准化。

四是强调法律监管的重要性与可行性。代表性国家和地区多从数字货币领域出台法律法规对区块链金融进行监管。美国各州在联邦政府出台的《区块链促进法案》基础上再出台州法案对区块链金融进行监管，同时各议员也针对区块链金融不断提出创新法案，如《区块链创新法案》和部分《数字分类法》寻求对消费者的保护。日本通过《支付服务法案》中关于ICO及虚拟货币的法律规定明确监管对象，也成立相关行业协会隶属于日本金融厅，针对虚拟货币领域，加密货币交易所行业协会颁布《新币发售相关规则》及配套指导方针，同意新币公开发行和利用代币进行融资的合法性。欧盟在确认宽松型监管理念之后对数字货币予以法律规制，承认其法律地位的同时寻求对数字货币风险的监管，同时注重对金融消费者的权利保护。与之相比，我国的区块链金融法律监管体系尚不完备，区块链金融监管主体不明确以及监管手段还需创新与试点落实。各个国家和地区丰富的理论与实践经验有助于我国当前的区块链金融法律监管路径规划。

第五节 我国区块链金融法律监管的完善路径

区块链金融法律监管聚焦于突破金融效率与安全平衡难题。前文已分析我国区块链金融法律监管存在的问题，从对比视角吸收借鉴代表性国家和地区的先进经验，勾勒我国区块链金融法律监管未来蓝图。我国区块链金融监管模式急需从“机构性”“制度化”“单一中心”向“功能性”“技术化”“多中心”过渡转换，监管主体应进一步明确，避免监管落空，区块链金融法律监管制度理应不断细化、增加可操作性，同时突出行业自律，构建“自我监管”“自律监管”“政府监管”的多重监管体系。

一、转变区块链金融法律监管模式

（一）从“机构性”转向“功能性”

传统金融业基于本国经济发展与历史沿革，逐渐向“机构性”监管模式靠拢，相较于选取一个统一中心监管机构对全行业进行监督，“机构性”监管模式通过界定各金融机构性质、分析监管职能差异、明确监管范围与权责归属，在分业经营格局下突出监管的专业化优势。随着金融混业态势萌生，金融机构外部浅层的职能边界线被金融衍生品拓展的业务同类化所淡化，监管出现缺位和冲突。①

区块链技术同金融领域高度融合发展项下，为金融市场活跃运行注入新鲜血液，但是受到了以金融机构性质为基础的监管模式的局限，监管不协调现象频发。区块链金融为传统金融加入了创新技术特性，通过运用计算机密码技术将各数据交易信息在区块链链条上高速传送，加速了金融业混业经营格局形成。同时，我国未对区块链金融监管设置专门的金融监管机构，何谈根据机构业务性质提前划分监管。

“功能性”监管模式基于金融业务功能属性，脱胎于“功能性”监管理念，将关注点放至金融类产品的功能实现，据此在清晰划定金融产品边界基础上，明确监管机构主体并构建监管规则体系。如此一来，促进了监管标准统一与公平性实现，加之金融事权统一能有效避免金融监管机构监管缺位与企业的套利行为。然而，想一步形成由多机构分业监管向单一机构混业监管模式的转变并不容易，且在目前中心化机构监管背景下缺乏现实可行性，权衡后，分业的“功能性”监管成为可选择路径②。在此需明

---

① 常健，罗伟恒．论区块链技术下我国互联网金融法律的制度演化［J］．北京行政学院学报，2018（6）：75—83.

② 杨东．论金融领域的颠覆创新与监管重构［J］．人民论坛，2016（11）：30—39.

晰“机构性”监管与“功能性”监管非相悖对立，不是分业经营就一定择取“机构性”监管，也非混业经营要予以“功能性”监管嵌套。

（二）从“制度化”转向“技术化”

当前，强化新型金融业态监管需着力打造技术性驱动监管模式。传统的金融监管模式，只强调控制资产管理层风险，很难有效保护中小投资者的合法权益。相比于传统金融产品而言，区块链金融产品的技术含量更高，创新性更强，因此也需要采用新的科技手段，才能实现对区块链金融的有效监管，规避运行风险。面对新型金融科技业态的监管要求，我国传统的监管模式存在滞后性，不足以发挥预期中的监管作用，因此我国也需要寻求创新科技的力量应用于传统金融监管体制中。在未来的区块链金融监管工作中，可将大数据技术和人工智能技术嵌入监管机制，加强区块链金融监管体制的全面创新与改革，有效发挥法律监管和技术监管的协同作用，从投资端加强对金融资产的风险管控，对资金端和资产端实施实时化、动态化监管，帮助中小投资者有效识别区块链金融中的风险，避免其合法权益遭到侵害。

我国金融监管模式需要从“制度化”转向“技术化”模式，这也是新时期区块链金融对监管提出的更高要求——科技治理。科技治理赋予区块链金融监管智能化，加速动态，提升透明度和监管的有效性。“技术化”监管模式探寻是未来我国区块链金融科技治理的主要实践形式，以数据监管为核心，运用大数据算法收集分析报告数据进行流程管理，推进法律规则和原则的智能化监管，变被动监管为主动监管，着力探寻平等、动态、智慧、高效的区块链金融法律监管模式。

（三）从“单一中心”转向“多中心”

随着区块链金融市场拓宽，以政府部门为主体的“单一中心”监管格局同不断变化的金融科技创新领域市场已出现不适应的情况。一方面，区块链金融市场随着发展不断拓宽外延，针对区块链金融的业务容量与日俱增，在未有明确法律监管的前提下，存在监管压力过大的客观现实。但与之相反的则是区块链金融中存在着的各种金融风险，包括应用平台风险以及参与主体的行为不规范、自律能力差等，这些问题都对监管提出了更高的要求。另一方面，以政府为主体的监管模式，往往缺乏对于金融主体的有效约束和激励，主要采取政府强制性干预规范金融市场，对金融市场而言构成一种外部制约，虽然这种外部制约可以权力干预的方式对金融风险进行一定程度上的化解，却无法形成前置效应制约和防范金融风险。尤其是在当前的区块链金融市场中，金融业务不断进行交叉性创新，使得整个市场交易变得越来越复杂，由于我国目前监管法律中并未明确区块链金融监管主体，且现有混业模式中监管主体的职能未对区块链金融作出具体规划，容易造成监管真空。在区块链金融的现实交易中，依托于区块链技术提高了金融交易速度，因此更需要对交易对象进行穿透式监管，并进一步明晰、细化以及公示监管对象。但细化监管对象会极大地增加我国监管部门的监管压力，在这种现实背景下，需要更加协调高效的监管格局，“多中心”的监管格局将有助于区块链金融的监管。

金融行业中引入区块链技术以后，仅凭政府的力量不足以对整个区块链金融市场进行高效监管，因此还需要行业自律组织以及各金融科技企业等被监管主体充分发挥作用。为加强对我国区块链金融的有效监管，应建立“多中心”监管格局，打破完全以政府为主导的监管模式。如何更好促进并实现政府、市场与社会三者间的共同治理，强调基于“多中心”治理理论，寻求构建一种横向分阶段、纵向分级别、分层次的“多中心”监管模式。①“多中心”监管模式构建前期需要以大数据为基础，借助大数据技术手段对区块链金融发展规模及具体应用进行全方位把握，在数据整合层面进行深刻分析，能够精确把握现有产业发展进程，并能一定程度上预测未来区块链金融发展趋向。在此基础上，纵向强调现有各监管主体的级别和层次，其中涉及中央与地方关于区块链金融监管权的协调，同时也包含对区块链金融监管政府主体的原则指引和行业协会等的规则指引要求；横向阶段性则要求各监管主体密切关注区块链金融发展轨迹，摒弃监管同创新轨迹错峰现象。新兴科技创新大都经历发展初期、蓬勃扩张期、成熟定

---

① 索勒·欧玛洛娃．华尔街命运共同体：金融业自律之路［J］．宾国澍（译）．金融市场研究，2013（6）：84—91.

型期和迫切转型期四个时期，各监管主体要观测区块链金融在四个时期的特性及监管要求，打造动态监管机制，随着区块链金融发展阶段形成向“多中心”监管模式的过渡。区块链金融监管模式急需形成向“多中心”监管模式的过渡，这有利于了解实际监管主体，明晰各主体权责，进一步分散我国政府监管部门的监管压力，同时还能尽量减少监管真空的情况。

（四）明确区块链金融法律监管主体

一是数字货币监管层面关于是否发行法定数字货币及后续应用问题应由央行下发文件予以指示。近年来，央行在数字货币的研究和监管方面做出了很多贡献，自2014年央行行长周小川提出推进法定数字货币研发，央行对数字货币监管职能凸显，成为对区块链金融数字货币的主要监管主体。央行也在进一步探查更适合数字货币的监管模式，通过下设研究所对数字货币进行监管研究，使数字货币的监管更上一层楼。同时，央行作为监管数字货币的主体，在监管过程中也对比特币及数字货币领域风险进行文件公告警示，提醒投资者与消费者合理看待区块链金融产业发展，预防交易过程中产生的风险。

二是我国现阶段对区块链金融实行一步到位的功能性监管还需要一段过渡时期，在金融混业监管项下对区块链金融主要还以“机构性”监管为主。对证券区块链由证监会着力实行监管，对区块链技术应用保险需要银保监会加强监管，同时涉及区块链赋能供应链金融协同发展则需要人民银行进行针对性监管。在区块链同传统金融领域结合背景下，仍赋予中国人民银行、证监会、银保监会监管职能，横向拓深对区块链金融应用各场景实行监管，纵向加设区块链金融工作小组，与互联网金融工作小组的地位相同，或者将区块链金融监管具体权能分划至其项下，具体执行“一行两会”出台的监管措施。

三是区块链金融由于具备区块链技术特性，存在跨区域、跨地域的行业交叉性特征，蕴含金融系统性风险，在“多中心”监管格局下，注重采用多机构联合监管，完善监管机构协调机制。在具体风险事项讨论听证会中，金融监管机构、金融科技企业等不同领域的人员都可参与，共商解决方案，建立多机构参与、联合分析的监管会议制度。

三、完善区块链金融法律监管制度

（一）完善区块链金融监管相关法律

首先，完善现有基本法律法规。针对金融行业，对其相关的法规条例进行修正，通过基本法的形式，对区块链金融监管机制予以明确，包括具体的技术和合法地位，同时对数据资产、保险行业和支付结算，以及智能协议的性质和法律地位等提出具体的规定，并针对区块链金融机制，为其监管的适用提供相应的根据和判定标准。其次，健全法规规范的解释性条例，通过指导的形式，针对该机制的主体、行为和担责方面提出明确的要求。在《证券法》当中，加入数字证券，对其客体的存在形式予以确定，并通过陈述性的表达，对这一资产的逻辑和内涵进行详细阐述。最后，在《票据法》中，加入数字票据的理论内容，明确监管对象及主体，使数字票据的法律地位予以明确。

（二）出台针对区块链金融类型的专门法律

对于区块链金融涉及的其他法律关系，也应当出台专门法律对其进行调整。由于每种发展模式都有其各自特点，很难将区块链金融全部纳入一个统一的立法框架内，且我国仍在进一步研究金融领域区块链应用的方法与对策，未来区块链金融将出现更多变化，这就要求我国必须随时针对区块链金融的立法体系进行动态化调整。目前我国对具体区块链金融应用的研究尚处在探索阶段，可以借鉴针对互联网金融制定的《电子签名法》寻求区块链金融监管法律，它以立法的形式，详细规范了互联网数据制度、电子签名制度和电子认证制度，也明确了不同监管主体在互联网金融监管工作中的权利以及责任，是我国专门针对互联网金融制定的法规。

建立一部具体规制区块链金融的法律。首先，国务院应当和银保监会、证监会和人民银行合作，就区块链金融未来的具体应用场景展开分析，并提出具针对性的监管机制。另外，可以建立明确的区块链金融平台市场准入和退出机制、风险管控机制，明确区块链金融各项交易活动的合法范围和违法范围。在具体内容方面；一是尽快完善《区块链金融电子交易与支付规定》。二是关于区块链金融数据的安全问题，可以出台《区块链个人信息保护管理规定》。一方面，可以制定统一的金融数据安全标准；另一方面，还可以加大力度研发新型的金融数据加密解密技术，进而有效保证区块链金融中数据的安全性。三是全国人大还应当出台《金融消费者权益保护法》，在法规中要明确金融消费者在区块链金融领域中的法律地位和权利义务，以立法的形式充分保护金融消费者的合法权益，同时要通过立法形式明确区块链金融经营者的信息披露责任、风险告知义务等，帮助金融消费者掌握市场相关信息，达到对其权益合法保护的目的。综上，对区块链金融法律监管制度要从一般法领域到专门法领域进行全方位、具体化法律规范制定，旨在为区块链金融的创新发展奠定法律基础。

四、构建区块链金融法律监管体系

（一）建立区块链金融行业自律监管规则

对于区块链金融而言，其具有较为显著的数字化特点，如果只是依靠政府的监管力量，则会严重影响金融行业的创新，同时也会使监管成本大幅提升①。诸如行业协会等组织，它们可以借助于制定行业规范、构建自律性协议等方式，对政府监管中的不足进行有效补充，从而促进该机制监管方面不断完善。

银行业协会、证券业协会、保险业协会可以共同颁布相关的技术标准和业务指导。这种做法的主要目的是：针对区块链的产品，构建统一的规范和标准，进而促进其创新发展。2017 年，我国公布了第一个区块链标准——《区块链和分布式账本技术参考架构》，对区块链和分布式账本技术的概念、模式和使用情况的架构进行了详细阐述，并基于此提出应尽快制定相关的行业标准，从而推动区块链产业的全面发展，可是却并未提及具体应用实践中可能会出现的问题。因此，立足于我国金融市场的客观需

---

① 韩俊华，周全，王宏昌．大数据时代科技与金融融合风险及区块链技术监管［J］．科学管理研究，2019，37（1）：90—93.

要，行业协会也可以组建相应的金融联盟，如商业银行、保险和证券企业等，进而制定出适应于我国实际情况的标准。另外，可以针对一些方面制定出更为严格的自律规范，包括该技术的应用范围、准入条件和风控等，进而对这一市场的创新行为加以指导和规范。银行、保险和证券等行业协会，可以在其内部构建出需要成员普遍遵守的规范，也就是《区块链金融行业协会自律协议》。通过这样的规定，可以使协会拥有对成员的监管权利；要求会员按照协议中的有关规定，有序开展审批注册和强制退出等的活动；针对违反相关要求的会员，协会的监管机构可以呈报给主管部门，请求对其进行一定的处罚；针对交易行为违规的，可以按照严重程度的相关要求，对其进行通报、警告和责令退出等处理；对于严重违法行为，并对金融消费者的合法权益造成损害，蒙受无法挽回的重大损失的，则可以强制要求其退出协会，并向主管部门进行汇报，提出吊销其营业执照及移送司法机关的建议。

（二）构建“自我监管”“自律监管”“政府监管”多重监管体系

构建区块链金融监管体系应当是在国务院金稳会的指导协调下，发挥区块链金融平台“自我监管”、区块链自律组织“自律监管”，及中央和地方监管部门“政府监管”三者的作用。

首先，区块链本质是一个“去中心化”和分布式账本数据库，将技术嵌套至区块链金融平台，能利用区块链时间戳、加密算法等计算机技术运算内核，寻求“自我监管”可能性。一方面，通过区块组成的链式账目具有可追溯性，透过区块链金融平台能形成以点及面的高速透明账目追踪，保障数据信息防伪与技术篡改漏洞，做到实时监管。另一方面，可以利用智能合约提高监管规则的事中风险防控能力。在实践方面，我国央行于2018年正式上线数字票据交易平台实验性系统。应用同态加密等密码学算法同时实现隐私保护和票据交易的穿透式监测，并设计智能合约优化交易与结算流程。① 当监管机构和金融机构之间存在交叉机制运行时，区块链

---

① 李爱君. 区块链票据的本质、法律性质与特征［J］. 东方法学，2019（3）：64—71.

技术为区块链金融监管提供重要发展方向。利用区块链技术链上积累形成的大数据为监管提供底层数据支持，最大程度发挥区块链的技术特性，将区块链技术应用于区块链金融监管，可以更好地促进适应性监管和监管协调需求。

其次，重视区块链金融中行业协会、创新服务的企业等自律组织的作用。引入自律组织“自律监管”可以填补规范性法律的缺失，并且在区块链金融创新与区块链金融法律监管之间构建行业自律组织，可以发挥其“自我监管”的作用。具体可以通过以下方式进行优化：一是相互监督；二是制定具体行业监管规则。依照区块链技术的“去中心化”，创制区块链“去中心化”组织对其进行“自律监管”，参与其基础准则及核心准则内容的制定，以行业设计的监管规则监管区块链金融平台，行业自律组织能够有效弥补差距和提高公共监管监督质量，控制风险行为的发生。

最后，合理配置中央和地方区块链金融监管权力。有效协调中央政府和地方政府在监管区块链金融时的权限和责任。中央政府做好顶层设计，可以下发关于区块链金融监管的“指导意见”等相关的政策性指令，地方政府则主要响应中央政府号召，出台关于区块链金融的具体法律规范。一是对央地执法权限进行合理划分，为区块链金融监管打好基础。相对于中央政府而言，地方政府监管部门掌握的市场信息更加全面、及时，能够更好地开展区块链金融监管工作，在最短时间内有效预防和控制地方金融风险，将地方政府监管部门的监管效能充分发挥出来，才更有利于建立安全稳定的金融秩序。二是明确中央政府和地方政府的一体化监管体系，中央政府要加大力度向地方政府放权，由地方政府的监管部门进一步细化区块链金融规则。由银保监会负责制定金融监管制度，协调不同区域内的区块链金融监管工作。由地方金融部门负责对整个区块链金融行业进行规范，提高平台备案管理水平，有效防范地方金融风险。同时，要充分明确不同监管部门的监管职责和监管权利，避免在区块链金融监管工作中出现监管空白和监管交叉等问题。

第六节　结论与展望

区块链技术作为金融科技创新中极具代表性的技术创新，突破了互联网的信息传递的功能，赋予互联网以价值传递的意义，在技术飞跃的同时也冲击着传统的金融行业。伴随区块链技术应用与金融赋能隐藏风险的日渐显现，防范区块链金融风险成为各国金融监管的重点。

目前我国区块链金融法律监管还存在不足，代表性国家和地区区块链金融法律监管相对比较健全，在此基础上能带给我国很多监管方面的启示。美国监管主体证券交易委员会对区块链金融进行监管的制度原则、英国沙盒监管具体监管模式的展开、日本自律协会组织构建以及关于ICO的法律规定、欧盟对区块链金融法律监管的理念都对我国区块链金融法律监管予以启示。

相信我国能够把握好区块链创新技术革命的机遇，在不断总结现有金融监管经验和完善金融监管规则的基础上，建立起一套适合我国国情的、较为完善的区块链金融监管法制。一是完善针对区块链金融特点的金融法律监管，通过从“机构性”转向“功能性”、从“制度化”转向“技术化”、从“单一中心”转向“多中心”三个方面的模式转化，寻求适合我国现阶段区块链金融法律监管的创新模式。二是明确“多中心”监管格局下央行、证监会、银保监会的主体地位，避免监管空白。三是出台《区块链金融电子交易与支付规定》《区块链个人信息保护管理规定》，推进区块链金融法律监管制度建设。四是将区块链与大数据技术联合，寻求区块链平台“自我监管”的可能性；制定《区块链金融行业协会自律协议》，突出行业“自律监管”的重要性；合理配置央地区块链金融监管权，建立“自我监管”“自律监管”“政府监管”多重监管体系。

当前全球金融科技飞速发展，我国应大力促进区块链与金融产业的融合，同时对区块链金融监管积极反应以主动求变。但由于我国区块链技术起步较晚，法律监管制度跟进较慢，一定程度阻碍了区块链技术的创新发展。规范化是保障金融繁荣与稳定的重要基点，完善我国区块链金融法律监管是防范金融系统性风险的必然要求。

本章参考文献

[1] 邓建鹏. 互联网金融法律与风险控制［M］. 北京：机械工业出版社，2017.

[2] 杰伊·威尔逊. 金融科技——FinTech 定义未来商业价值［M］. 北京：人民邮电出版社，2018.

[3] 杜宁，王志峰，沈筱彦，孟庆顺. 监管科技——人工智能与区块链应用之大道［M］. 北京：中国金融出版社，2018.

[4] 王玉祥. 大数据区块链金融：贵阳的实践与思考［M］. 北京：中信出版集团，2018.

[5] 杨东. 区块链 + 监管 = 法链［M］. 北京：人民出版社，2018.

[6] 邓建鹏，孙鹏磊. 区块链监管与合规应对［M］. 北京：机械工业出版社，2019.

[7] 巴曙松. 区块链新时代：赋能金融场景［M］. 北京：科学出版社，2019.

[8]（法）普力马维拉·德·费里皮，（美）雅伦·赖特著，卫东亮译. 监管区块链：代码之治［M］. 北京：中信出版社，2019.

[9] 徐远，陈靖. 数字金融的底层逻辑［M］. 北京：中国人民大学出版社，2019.

[10] 孙天琦. 金融秩序与行为监管——构建金融业行为监管与消费者保护体系［M］. 北京：中国金融出版社，2019.

[11] 李爱君. 互联网金融的本质与监管［J］. 中国政法大学学报，2016（2）：51—64.

［12］王晟．区块链式法定货币体系研究［J］．经济学家，2016（9）：77—85.

［13］黄锐．金融区块链技术的监管研究［J］．学术论坛，2016（10）：53—59.

［14］王焯，汪川．区块链技术：内涵、应用及其对金融业的重塑［J］．新金融，2016（10）：57—62.

［15］蔡然．区块链金融的发展趋势研究［J］．金融发展研究，2017（1）：37—41.

［16］张荣．区块链金融：结构分析与前景展望［J］．南方金融，2017（2）：57—63.

［17］孙国茂．区块链技术的本质特征及其金融领域应用研究［J］．理论学刊，2017（2）：58—67.

［18］乔海曙，谢珊珊．区块链金融理论研究的最新进展［J］．金融理论与实践，2017（3）：75—79.

［19］张伟，丁开艳．区块链的本质特征［J］．中国金融，2017（18）：89—90.

［20］陈志峰，钱如锦．我国区块链金融监管机制研究［J］．上海金融，2018（1）：60—68.

［21］郑戈．区块链与未来法治［J］．东方法学，2018（3）：75—86.

［22］吴燕妮．金融科技前沿应用的法律挑战与监管——区块链和监管科技的视角［J］．大连理工大学学报（社会科学版），2018（5）：78—86.

［23］常建，罗伟恒．论区块链技术下我国互联网金融法律的制度演化［J］．北京行政学院学报，2018（6）：75—83.

［24］徐晓飞．区块链金融的风险评估与管理［J］．现代管理科学，2018（10）：33—35＋54.

［25］朱娟．我国区块链金融的法律规制——基于智慧监管的视角［J］．法学，2018（11）：129—138.

［26］吴桐，李家骐．区块链和金融的融合发展研究［J］．金融监管

研究，2018（12）：98—108.

［27］杨文尧天，何海锋．创新与监管：国内金融科技研究述评［J］．科技与法律，2019（1）：89—94.

［28］刘帆．沙盒监管：引入逻辑与本土构造［J］．西南金融，2019（3）：53—63.

［29］凯伦·杨，林少伟．区块链监管："法律"与"自律"之争［J］．东方法学，2019（3）：121—136.

［30］崔志伟．区块链金融：创新、风险及其法律规制［J］．东方法学，2019（3）：87—98.

［31］张夏恒．区块链引发的法律风险及其监管路径研究［J］．当代经济管理，2019（4）：79—83.

［32］华秀萍，夏舟波．如何破解对数字虚拟货币监管的难题［J］．金融监管研究，2019（11）：1—18.

［33］胡滨，杨涵．英国金融科技"监管沙盒"制度借鉴与我国现实选择［J］．经济纵横，2019（11）：103—114＋2.

［34］吴桐，李铭．区块链金融监管与治理新维度［J］．财经科学，2019（11）：1—11.

［35］张礼卿，吴桐．区块链在金融领域的应用：理论依据、现实困境与破解策略［J］．改革，2019（12）：65—75.

［36］陈思语．区块链应用于证券交易的法律风险及防范［J］．法律适用，2019（23）：58—66.

［37］崔宇琪，许霄腾．区块链金融监管沙盒制度探究［J］．太原学院学报（社会科学版），2019，20（1）：29—37.

［38］万国华，孙婷．证券区块链金融：市场变革、法律挑战与监管回应［J］．法学论坛，2019（23）：57—66.

［39］倪蕴帷．区块链技术下智能合约的民法分析、应用与启示［J］．重庆大学学报（社会科学版），2019（25）：170—181.

［40］盛安琪，耿献辉．基于区块链技术的金融科技监管路径研究［J］．科学管理研究，2019，37（5）：157—161.

［41］邓建鹏，李雪宁．监管沙盒的国际实践及其启示［J］．陕西师范大学学报（哲学社会科学版），2019，48（5）：62—76.

［42］陆璐．“FinTech”赋能：科技金融法律规制的范式转移［J］．政法论丛，2020（1）：137—148.

［43］李斌．我国区块链技术的风险、监管困境与战略路径——来自美国监管策略的启示［J］．技术经济与管理研究，2020（1）：18—22.

［44］邓建鹏．区块链法治化监管需要大智慧［J］．人民论坛，2020（2）：112—115.

［45］赵磊，石佳．依法治链：区块链的技术应用与法律监管［J］．法律适用，2020（3）：33—49.

［46］孟冠宇．数字货币法律问题研究［D］．北京邮电大学，2019.

［47］刘莹．我国区块链技术在金融应用中的法律问题研究［D］．河北经贸大学，2019.

［48］柴梦杰．我国区块链金融法律监管研究［D］．河北大学，2019.

［49］张雪．我国区块链平台的法律问题研究［D］．贵州大学，2019.

［50］汪阳汇知．区块链技术应用监管［D］．华东政法大学，2019.

［51］杨雨淋．区块链私募股权基金监管法律问题研究［D］．江西财经大学，2019.

［52］何倩．论我国金融科技沙盒监管法律制度构建［D］．华中科技大学，2019.

［53］吉喆．我国金融科技监管模式的选择［D］．华东政法大学，2019.

［54］李珊珊．区块链金融消费者权益保护法律问题研究［D］．兰州大学，2019.

［55］高伟．推动“区块链＋金融”研发［N］．学习时报，2016－08－29（4）.

［56］郭文栋．区块链技术下的金融监管［N］．金融时报，2017－08－07（12）.

［57］邵伟．数字金融发展与监管政策刍议［N］．上海金融报，2018－

11 -09 (A14).

[58] 吉嘉. 用好区块链技术　降低金融监管成本 [N]. 中国证券报, 2019 -11 -21.

[59] 中国区块链生态联盟, 青岛市崂山区人民政府, 赛迪 (青岛) 区块链研究院. 2018—2019 年中国区块链发展年度报告 (下) [N]. 中国计算报, 2019 -06 -17 (8).

[60] Helen Mccolm. Smart regulation: The European's Commission Updated Strategy [J]. European Journal of Risk Regulation, 2011 (2): 34 -56.

[61] Reuben. Bitcoin: An Innovative Alternative Digital Currency [J]. Science and technology Law Journal, 2012 (1): 1 -12.

[62] Mike Faden. Regulatory Sandboxes provide "Safe Space" For Fintech Payment Service Innovation [J]. Foreign Exchange Articles For Businesses, 2016 (8): 133 -145.

[63] Zetzsche Janos N, Barberis. Regulating A Revolution: From Regulatory Sandboxes to Smart Regulation [J]. The Fordham Journal of Corporate and Financial Law, 2017 (1).

[64] Reggie O'Shields, Smart Contracts: Legal Agreements for the Blockchain. 21 N. C. Banking Inst, 2017 (31): 146 -157.

[65] Vemuri. Blockchain: a practical guide to developing business, law, and technology solutions [J]. Journal of Information Technology Case and Application Research, 2018 (20).

[66] Kornbeck J. Blockchain and the Law: The Rule of Code [J]. Journal of Data Protection and Privacy, 2019 (3).

[67] Wright A, De Filippi P. Decentralized Blockchain Technology and the Rise of Lex Cryptographia [J]. Journal of Information Security, 2019 (1): 36 -40.

[68] Werbab K. Trust, but Verify: Why the Blockchain Needs the Law [J]. Berkeley Technology Law Journal, 2018, 33 (2): 487 -550.

第五章

我国保险资金运用监管法律问题研究

第一节　问题的提出

保险资金运用过程中往往伴随着金融风险，金融风险在金融系统中具有的传染性，会影响保险市场的稳定发展，因此加强对保险资金运用的监管可以适当防御金融风险，保证保险机构偿付能力的实现。

2018 年 1 月，保监会出台的《保险资金运用管理办法》，在健全保险资金运用监管制度与提高保险业服务经济实体能力等方面进行了调整。我国现阶段保险业发展迅速，主要表现为保险资金运用渠道拓宽、保险资金不断增加等特征，但同时有关的投资问题也不断显露。

随着资管新规①的出台，保险业发展面临许多新的问题。首先，对保险资金运用的安全性、流动性与收益性要求很高，投资型产品受到限制。其次，在保险产品优势凸显的情形下，如何根据客户需求开发有竞争优势的保险产品是保险业面临的难题。再次，被严厉约束的非标资产致使市场供应减少；资产管理产品打破刚兑、实行净值化管理，资产管理产品、非标资产的风险收益特点将被从基本上进行转换，对于以上改变，怎样做好大类资产优化配置是保险机构投资管理面临的问题。最后，如何更好管控非标资产风险是保险资产管理机构面临的挑战。

近年来，部分保险公司频频发生违反股权排斥性经营与比例限制规定

---

① 2018 年，中国人民银行、中国银行保险监督管理委员会、中国证券监督管理委员会、国家外汇管理局联合发布《关于规范金融机构资产管理业务的指导意见》，简称资管新规。数据来源：http：//www. pbc. gov. cn/goutongjiaoliu/113456/113469/3529600/index. html。初始日期：2018 年 4 月 27 日，最后访问日期：2021 年 8 月 17 日。

等案件，引发广泛关注。一类如“宝万之争”①，前海人寿违反股权排斥性经营，疯狂举牌上市公司，激进经营威胁到了资本市场的安全发展。2017 年 2 月，中国保监会针对“宝万之争”产生的风险问题，对前海人寿违法使用保险资金给予处罚，要求保险企业确保保险资金的安全运用，规避“冒险”行为。另一类如中融人寿、北大方正人寿和珠江人寿三家公司违反《关于加强和改进保险资金运用比例监管的通知》的有关规定，2019 年 11 月 22 日银保监会责令其实行整改。

金融风险的突发性、系统性和破坏性要求我们始终绷紧防范和化解金融风险这根弦，其中制度建设尤为重要。因此，如何通过法律制度建设，加强和改善我国保险资金运用监管是摆在我们面前的重大课题。笔者以我国保险资金运用监管法律问题为题目，从保险资金运用法律关系和监管思路，以及委托、信托和直接三种保险资金运用模式入手，分析了三种模式相对应的法律关系，并以保险资金运用监管的三种主要思路为立足点，具体探究保险资金运用监管存在的法律问题，并在借鉴保险业发达国家先进经验的基础上就完善相关法律制度提出了有益的意见建议。

第二节　保险资金运用监管的一般考察

保险资金运用作为保险机构增加投资收益的重要部分，为了确保保险资金运用的安全性，有效的监管至关重要。拟从保险资金运用特征、原则、发展历程、监管的必要性以及保险资金运用法律关系和监管思路为基

① “宝万之争”：2015 年 7 月，宝能系旗下前海人寿并非使用自有资金，而是实行杠杆融资多次向万科进行激进股权投资，持股比重远高于华润成为第一大股东；2015 年 12 月，万科申请停牌主要原因是制止宝能系继续增持；2016 年 3 月，“援军”深圳地铁购入万科股，双方实行交易对价的资产重组；2016 年 7 月，万科恢复交易后，宝能系又继续购买万科股，占比为 25%；2016 年 7 月，中国证监会对有关各方进行了严厉的指责。

础，阐述保险资金运用及其监管的内在关系。

一、保险资金运用特征和原则

《保险资金运用管理办法》第三条明确规定，保险资金是指保险集团（控股）公司、保险公司以本外币计价的资本金、公积金、未分配利润、各项准备金以及其他资金。由此可以看出，保险资金不仅指保险公司收到的保险费，也包含各类储备基金，这些资金必定被看作是保险机构的总资产。保险资金运用是指保险机构利用上述资金实行投资行为，主要目的是实现保险资金新价值的增加，也包括衍生性金融产品的交易活动、非纯营利性的活动等，也可以使用第三方资金或者将自有资金委托第三方进行运作。从这个意义上讲，保险资金运用的概念广于保险投资的概念，本书中两者意思表达相同，可替换使用。保险资金运用具有的特征包括：一是绝对的风险厌恶。传统的保险经营业务是对投保人的负债，投保人随时都有要求实现兑付的可能，因此保险机构的保险资金在日常的投资运用中要确保其有完成偿付的能力。绝对的风险厌恶需要以保险资金投资不受损失为首要目的，保险资金运用必须分散投资以规避风险且选择安全性较高的项目。二是具有保值增值的要求。保险资金的稳定增值是保险资金运用的动力，除面临的保险公司运营成本、通货膨胀等压力外，为了提高自身的经济效益以确保对投保人的经济赔偿，就需以保险机构的保险资金投资收益完成赔付，降低费率、扩大业务。三是时间的错配性、赔付的射幸性。保险资金运用的方式上有着特殊性，较低的保费、预先收入的不确定期限使保险资金可以在保险公司累积且是保险资金投资运用的基础，而各种不同的偶发因素引起保险资金的赔付具有射幸性，因此保险资金在返还时存在时间和数量差异为保险资金运用的增值提供了条件。

保险资金运用原则异于其他金融资金，因为来源和目标方面存在差异，主要包括安全性、流动性、收益性及多样性 4 项原则。

安全性原则。保险资金主要来自投保人交纳的保费，保险资金运用状况决定了保险公司的偿付能力和竞争力。由于保险公司的保险资金来源于被保险人，对保险公司而言是负债，保险资金从数目上看，其总数应该等于将来损失赔偿与给付的总数，若不能安全回到被保险人手中，必将对保险公司的经济补偿能力产生影响。保险公司为了保证保险资金运用不发生较大的风险，必须选取一些风险系数较低的项目进行投资，以数额较小、期限较短且多元的方式确保保险资金可以进行安全投资。

流动性原则。保险意外发生时间的不确定性，对保险资金流动性具有较高的条件要求，以实现被保险人赔偿申请。当然，财险对保险资金的流动性要求高于寿险，财险事件的发生具有巨大的偶发性，因此要保证可以随时赔偿被保险人遭遇的损失；有储存功能的寿险具有较低的流动性要求，缘于其积攒了许多的保险资金的寿险保单中，建立了退保提取现金与保单抵押贷款等选项。

收益性原则。保险机构利用保险资金投资的主要目的是增加收益，保证保险机构能够实现偿付能力，因此需要将保险资金投资于风险低、效益高的项目。保险资金受内在条件与外部经营情况的压迫，要达到保值与增资的功效。保险公司的收入主要来自保费收入和保险资金运用收入。因为外资保险公司的数量在我国逐渐增多，市场竞争力进一步增大，致使保险机构的保费收入逐渐被削减，甚至部分保险公司通过提升赔付率霸占市场占有率。如果遭遇灾祸之年，保险公司获得的承保收入很低，甚至会遭到数额较大的亏损，这时保险资金运用对于增加保险公司收益起关键作用，保险资金运用情况影响着保险公司的偿付能力与竞争能力，保险资金的良好运用是保险公司发展的支柱。

多样性原则。要高度重视投资操作时对于投资渠道的拓展，尽量形成分散投资组合使资产种类配置分散于多个方面以降低风险，诸多潜在风险存在于保险资金的运用过程中，不匹配的资产、负债情形将严重影响险企偿还债务的能力。

资金不发生危险是保险资金在投资过程中遵循的最重要的原则，然而从保险资金运用的现实状况而言，安全性原则的实施相对比较困难，在这样的状况下急需采用风险管控举措，如果风险管控方法是科学合理的，保险资金在不发生危险的状况下将会被高效运用，有利于推动保险公司具体风险管控体系的创建。

二、保险资金运用发展历程

保险业于 1979 年复业至今，我国保险资金运用主要经历以下 4 个重要发展阶段：1980—2003 年是探索起步阶段。保险资金运用在起步阶段分布于各总公司和分公司，单一的投资业务、良莠不齐的从业人员、无任何约束的投资范围导致混乱的市场秩序，进而积存了很多不良财产。2003—2012 年进入拓宽投资渠道和监管严格阶段。2003 年诞生了第一家保险资产管理公司，表明保险资金运用开始倾向于专业化的运转趋势，自此以后保险资金可以持续投资于债券、股票和不动产等领域。2008 年爆发的金融危机导致金融市场动荡不安，保险资金投资的安全性受到威胁，监管机构实行了相关措施进行严格监督管理。[①] 2012—2017 年进入市场化改革阶段。2012 年我国金融市场创新活力十足，但是保险公司由于自身缺乏发展动力使得市场竞争力减弱，保险资金运用收益率持续走低，在这样的背景之下保险资金运用开启了市场化改革拓宽投资领域，使更多的决策权、选择权与风险责任交到市场主体手中，行业规模在此阶段增速迅猛，为市场注入了活力，然而行业仍面临日渐复杂的内外部风险情形。2017 年以后，进入更规范的发展和严格监督管理阶段。深思之前部分保险公司的激进投资行为，实时弥补监管和风险防范的缺陷。把全国第五次工作会议精神落实到服务实体经济、防范金融风险与深化金融改革中，继续加强投资监管工作，推动保险公司稳健发展。

对我国保险资金运用现状分析如下：

一是资产管理主体不断强大。我国保险资金运用管理主体主要包括险企内部设立的投资部门和专业保险资产管理机构，其设立有助于保险资产管理行业进行专业化、透明化经营，是我国保险资金运用采用的主要方

---

① 邹永胜．我国保险资金参与另类投资的法律监管研究［D］．华东政法大学，2015：11.

式。2012 年我国颁布了《保险资金委托投资管理暂行办法》，险企可以把资产管理业务外委给其他投资公司而不直接参与资金运作，该办法除保险资产管理公司外，基金、证券和证券资产投资管理公司也可作为保险资金受托管理机构，其规模如图 5－1 所示。截至 2017 年年底，具备受托管理保险资金资格的业外管理机构总计 113 家，其中，公募基金 68 家、证券公司及证券资产管理公司 45 家。目前，保险资金委托给保险资产管理公司运营的占比约为 81%，委托给业外机构管理的占比约为 2.2%，如图 5－2 所示。

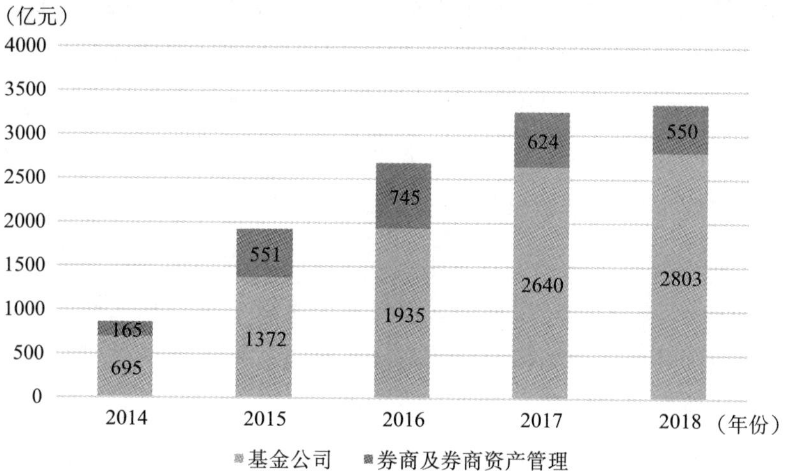

图 5－1　保险资金委外规模

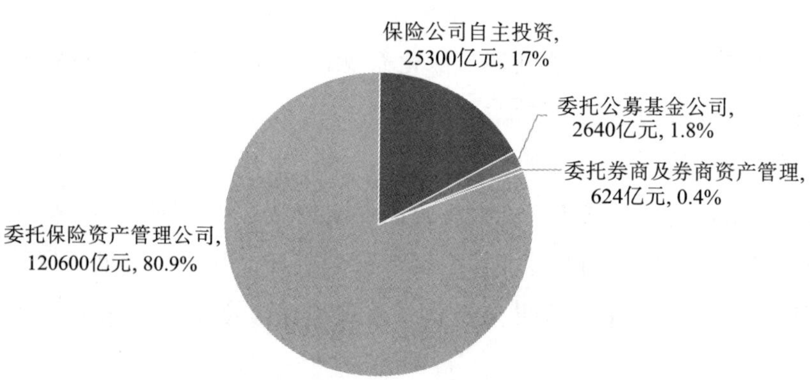

图 5－2　2017 年各主体保险资产管理规模

我国于2003年7月成立了第一家人保资产管理股份有限公司，此后保险资产管理公司逐步成为保险资金最主要的投资管理机构。截至2018年9月，保险业已成立27家综合性保险资产管理公司、14家专业保险资产管理公司、11家香港子公司、16家私募股权管理公司、9家养老管理公司、1家财富管理公司和8家保险系证券基金管理公司，以及170多家资产管理中心或资产管理部。我国保险资产管理行业的资产管理能力、专业服务能力、风险控制能力不断增强，部分综合性保险资产管理机构已经实现资产管理业务全牌照经营，工银安盛资产管理有限公司的设立申请于2018年5月获得批复，成为首家银行系合资保险资产管理公司。

二是保险资产管理规模不断增加。保险行业的总资产规模不断增加，相比2004年1.19万亿元，截至2018年年底保险行业总资产达18.3万亿元，年增速基本保持在20%左右的水平。随着保险总资产规模的不断增加，保险资金运用余额也同步攀升，截至2018年8月底，我国保险资金运用余额达15.7万亿元，是2004年1.1万亿元的15倍。

三是保险资金运用渠道不断拓宽。保险资金在1980—1985年的无投资阶段，基本上是将保险资金存入银行。保险资金在1986—1995年的有投资无监管阶段，开始投资于有价证券，但整体缺乏监管。1995—2003年的有投资有监管阶段，随着1995年出台的《保险法》及金融业严监管的开启，保险资金被禁止投资于股票。保险资金在2004—2010年的发展阶段，投资范围逐步放宽，允许保险资金入市，随后又放开基础设施、不动产投资等。2012年“投资新政十三条”出台，保险资金资产配置组合愈加丰富，理财产品、信贷资产支持证券、股指期货、海外资产等均被纳入可投资范围，投资标的从传统到另类、从公募到私募、从境内到境外全覆盖。

随着保险资金运用渠道的不断拓展，保险资金资产配置结构也有了明显的改善。从2013—2018年保险资金运用情况来看，银行存款余额变化不大，但投资资金增长较为迅猛，投资余额与银行存款余额的比从2013年年底的2.40∶1已增长至2018年的6.27∶1，另类投资配置比重从2013年不足

20%上升至接近40%，成为保险资金最大投向①。若按大类资产划分，固定收益类资产仍占保险资金运用大部分，稳定在70%左右，而风险较高的权益类资产配置占比不足20%。2018年7月我国境外保险资金运用总计774亿美元，其中，传统投资的比例为47%、另类投资的比例约为52%，如图5－3所示。

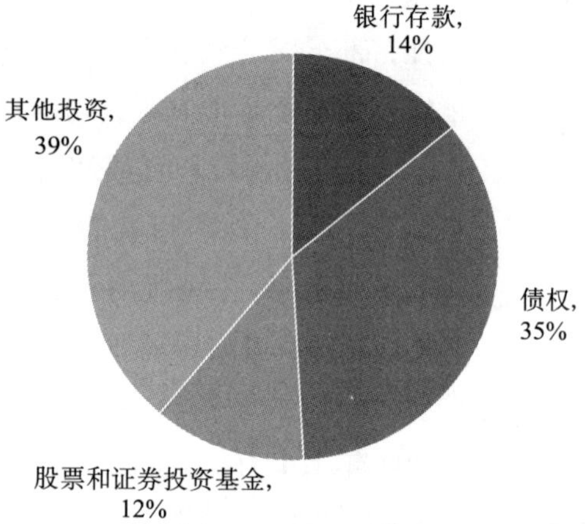

图5－3 2018年7月保险资金运用结构

四是保险资金管理业务模式日趋多样化。成立保险资产管理公司虽主要服务于保险资金管理，但随着其专业化、市场化、产品化运作模式的日益成熟，保险资产管理公司的受托资产已不仅来源于保险行业。截至2017年年底，我国保险资产管理机构受托管理保险资金12.06万亿元，占保险资产管理总规模的81%，管理业外资金2.65万亿元，占保险资产管理总规模的19%，如图5－4所示。

目前，保险资产管理机构主要覆盖16项业务资格，其中股票投资能力、债券投资能力、基础设施和不动产投资计划产品创新能力是投资管理机构较集中持有的能力牌照，而衍生品运营、境外投资以及一些跨市场业务还在逐步普及中。机构投资方式则主要可分为开展专户管理、发行资产

① 陈有棠：当前保险资产管理运行情况及发展建议。数据来源：https：//www.sohu.com/a/348787195_756396。初始日期：2019年10月22日，访问日期：2021年8月18日。

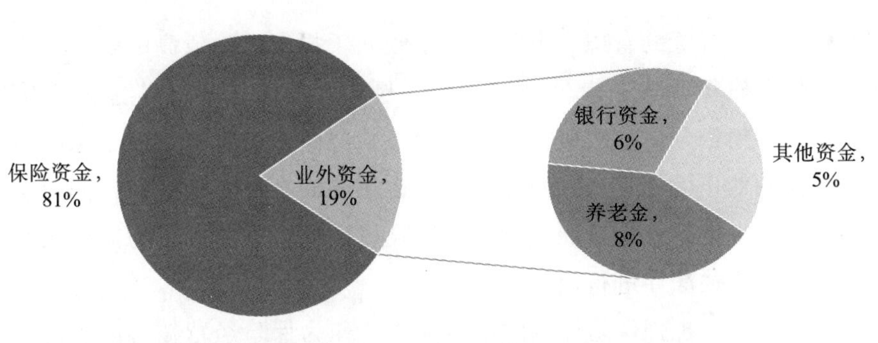

图 5-4　2019 年年底我国保险资产管理受托资金结构

管理产品、设立私募基金、发行公募基金等。①

三、保险资金运用监管的必要性

属于金融业的保险业中的保险资金运用监管包括狭义与广义两方面的含义。狭义的保险资金运用监管就是监管部门通过法律方式进行规范、约束保险机构的投资活动以确保保险资金运用的安全性及保险机构偿付能力的实现以维护被保险人的权益；广义的保险资金运用监管，指除狭义监管外包括的险企、保险资产管理机构对于保险资金运用中的监督管理等。笔者主要对后者进行分析，其内涵包括作为监管主体的保险监管机构、作为监管对象的保险机构和保险资产管理机构及监管内容，监管内容包括保险资金运用方式的限制、险资运用比例的限制与投资管理人员资格条件的限制等基本要素。

作为保险业两大支柱之一的保险资金运用对保险机构的发展起关键作用。由于保险机构业务具有很强的外部性，因此需要加强对保险资金运用的监管。

一是有利于规范险企激进投资行为。近年我国受经济下行的影响较明显，央行连续降息使得险企投资固定收益类资产收益未增加，保险资金面

---

① 刘丛："我国保险资金运用现状与政策梳理"，中国工商银行投资银行部研究中心，[2018-12-06]. http：//mp. weixin. qq. com/s/AWLf_jdF61xbalcvakapQ，2020 年 1 月6 日最后访问。

临没有地方可投资的窘境。由此，险企倾向于投资风险较高的资产，将容易引发险企疯狂举牌上市公司的现象。例如，备受瞩目的“宝万之争”，宝能系为筹集资金，使用股权质押行为巧妙避免了监管机构关于保险机构股权转让的禁止性规定，致使保险资金运用的安全性受到威胁，同时会影响整个金融市场的稳定发展。所以，保险机构的激进投资行为需要出台保险投资法等相关法律进行规范。

二是有利于加强保险机构的偿付能力。作为保险经营核心内容的保险资金运用的好与坏关乎着保险业的总体发展。如保险资金收益较高，险企偿还债务的能力将会进一步提高；如保险资金违法运用将不利于险企的经营。由此，确保保险资金运用的安全性是保险资金运用的核心。对保险资金运用实施监督管理，是规避风险最基本的方式之一，有利于规避由于保险资金运用高风险性而导致的投资失败。为了规范和协调保险投资市场秩序及险企投资关系，推动保险行业的良好发展，我国应增强对保险资金运用的监督管理。

三是有利于保护社会公众的利益。我国保险业与每个人相关联的同时牵涉着各行业的稳定发展，所以险企获得社会公众的充分信任将有利于推动保险业的发展。保险机构的收益主要源于保险资金的运用，其合法合规运用与社会公众的权益密切相关。若违法运用保险资金，保险机构的偿付能力就无法得到保障，在投保人遭受保险事件之后将无法获得相应的赔偿。另外，保险机构偿付能力与保险费呈反比，这就会压制社会公众对保险的需求，进而对其权益产生不利影响。① 所以，加强对保险资金运用的监督管理，有利于确保保险资金运用的安全性，推动保险业良好发展，进而保护社会公众的利益免受损失。

四、保险资金运用法律关系及监管思路

（一）保险资金运用法律关系

保险资金运用法律关系指在保险资金运用过程中委托人、管理人、托

---

① 姜淞源．我国保险资金运用监管的法律问题研究［D］．吉林大学，2015：4—6.

管人形成的一种权利义务关系，主要有：作为委托人的保险公司将保险资金委托给专业投资机构的管理人让其进行运作，两者之间形成一种委托关系；作为托管人的第三方管理机构对保险公司资金进行管理，两者之间形成一种托管关系；作为管理人的专业投资管理机构与第三方管理机构间构成的一种互相监督的关系。

一是保险资金委托运用模式。保险公司将保险资金委托给专业投资管理机构进行投资运作，并且让作为托管人的第三方管理机构对其保险资金实行管束。委托人与管理人间的委托关系、作为托管人的第三方管理机构对保险公司资金进行管理形成的托管关系以及专业投资机构与第三方管理机构间的合作监督关系构成保险资金委托运用法律关系。

二是保险资金信托运用模式。我国信托具有破产隔离的功效，缘于受托人死亡或依法解散、被撤销和宣告破产而终止，其遗产或清算财产未包含信托财产①，这就表现出了信托财产不同于委托人的所有财产，且信托关系不同于一般委托关系。保险资金信托运用关系，是指受托人将保险公司委托的资金以自己的名义按保险公司提出的条件，通过确立投资方案对保险资金进行管理运用，对资产根据受益人的利益或特定目的进行管理处分。

三是保险资金直接运用模式。其主要是指将保险资金直接运用于股票、基金、债券及其他等形式的投资，涉及保险公司与第三方管理机构两者间的托管法律关系。独立托管机制的设立，主要为了规避险企托管资金与内部投资部门重合可能带来的资产风险，在此情形下，委托人与托管人间的法律关系通过托管合同确立。②

相关法律关系分析如下：第一，委托人与管理人间的资金运用委托关系。保险资金运用委托关系是保险资金运用管理人对委托人不自己进行投资管理的保险资金，通过多样化的投资渠道进行投资运作，并向委托人收取管理费。保险机构通过与专业投资管理机构依法签订保险资金运用委托

① 资料来源：《信托法》第十五条和第十六条的规定。
② 傅廷中. 保险法学［M］. 清华大学出版社，2015：45.

合同后，两者的权利义务关系成立。第二，委托人与托管人之间的资金托管关系。保险资金运用托管关系是第三方管理机构依据双方签订的托管协议代管且独立于自身资产的委托人自有保险资金，其履行的是对委托人托管资金的保管清算义务。第三方管理机构通过托管委托人的保险资金是为了监督专业投资管理机构安全运用委托人委托其投资运作的保险资金，从而保障了投保人与被保险人的资金安全。第三，托管人与管理人之间的关系。托管人与管理人均通过合同与委托人建立委托投资关系和托管关系，并没有法律上的权利义务关系，受委托人的监督，托管人与管理人依据与保险机构签订的合同各自执行自己的任务。管理人依据与委托人签订的委托合同中的投资要求且在职责范围内对保险资金进行安全管理运用，并向委托人履行信息披露义务和保密义务。①

通过对三种保险资金运用模式法律关系的比较分析，以及与直接运用模式相比较，委托、信托运用模式中被委托人的资质与委托、信托投资合同的重要性不言而喻。一方面，监管部门要求受托人的资质符合相关规定，保险公司选择受托人主要考察的内容包括其保险资金运用的收益性、经验及诚信度。另一方面，交易结构层层嵌套的关系存在于委托或信托运用模式的情形下，因此其交易成本高于直接运用模式，而被专业化的保险资金运用收益可弥补较高的交易成本。

保险业发达的国家为了更好地获取保险资金投资收益，通常把保险资金通过委托方式委托给专业的投资管理机构让其对保险资金进行安全投资，保险机构在合法的领域内有权选择保险资金运用方式及投资与否。②同时，为保护相关主体的利益不受损害，委托人或管理人应注重对保险资金的安全运用。由于保险公司偿还债务的能力受其保险资金运用状况的影响，而保险公司偿还债务的能力是当代保险监管的重心，因此保险资金运用的方式、比例等应由相关法律法规约束，使保险公司偿还债务的能力得以实现。

---

① 岑虹瑾. 我国保险资金投资的法律监管研究［D］. 中国政法大学，2017：17—21.

② 陈文辉. 深化保险资金运用市场化改革［J］. 中国金融，2017（3）：24—25.

通过以上的分析，保险机构在保险资金直接运用模式下，担负着实现保险资金运用四原则的任务；保险资金委托运用模式对险企的条件要求是承担调整保险资金投资的比例、时限、投资计划，保险资金运用收益性的实现由受托方负责，受托方按照委托方的要求进行投资且负责具体的投资内容选择决策；保险资金信托运用模式，受托方有更大的自主决策权。我国当前保险资金运用监管的主要思路对权利义务关系起重要的保障作用。①

（二）保险资金运用监管思路

1. 机构监管过渡到功能监管和行为监管。以金融机构为监管重点的机构监管是我国传统的金融监管模式，各机构在自己的监管范围内按照分业经营与监管的要求履行自己的职责，金融机构自成立至终止的整个过程都受监管机构的监管，为确保整体金融体系稳定，就要实行全过程的审慎监管，保障金融机构的安全运行②，相关金融机构的业务活动都受此监管机构的约束，使金融机构各项经营行为符合监管部门的意图和政策要求。

随着混业经营的不断发展，原机构监管已无法适应和保障跨行业、跨市场的金融业发展趋势与金融安全。金融机构通过多种途径，使其内部合作进一步加强，逐渐打破传统金融机构之间的界限，各金融机构的业务融合发展。在混业经营中，金融系统性风险不断增强，且对机构监管制度下的金融监管合作提出了更高的要求，机构监管在此背景下的缺陷逐渐暴露。一是每一种类型的金融机构在机构监管模式下都有相对应的监管部门，但实质上存在一些嵌套式的产品，如非标等领域仍然存在监管空白。二是各机构在机构监管模式下割裂合作，难免会出现监管套利的空间。三是机构监管的重点是确保在各自职责范围内的金融安全，易出现忽略保护金融消费者的权益的情况。我国目前保险机构的混业经营体现在以下几种情形：一是如平安、安邦等保险公司开始向其他非保险金融业务延伸。二是如中信、光大等非保险机构也进军保险行业，进一步凸显混业经营的趋

① 江朝国. 保险业之资金运用［M］. 中国台北：财团法人保险事业发展中心，2003：37.

② 邓雄鹰. 普华永道：九成保险公司已初步建立风险管理框架［N］. 证券时报，2017-07-26.

向，使得“机构监管”模式的劣势进一步显现。同时我国一些保险机构凭借客户区分职能部门并提供其他金融服务，进而使保险业务和其他金融业务的密切度加深。此外，也要加强对金融消费者权益的保护，因此引入功能监管和行为监管的监管思路对于完善我国金融监管的法律体系至关重要。

2017 年，全国金融工作会议提出上述两种新的监管思路，这两种监管思路以金融监管为核心，重点防控金融风险，完善金融机构法人治理结构，增强宏观审慎管理规则的建立。金融机构从事的业务活动是功能监管关注的核心，而并非金融机构自身，其是使用相同标准监管类别不一的金融机构展开的相似业务，强调跨行业、跨市场、跨产品的监管。穿透式监管可穿透到嵌套式金融产品的本质，金融监管形式与功能间的制度适当性基于产品功效的视角来调解，规避监管灰色地带的出现，有利于完善金融监管体系，可全面监管混业经营形势下的交叉金融风险。行为监管的重点监管对象是开展经济活动的机构和个人。监管机构对金融机构进行监管是为了防止其出现欺骗消费者的行为、对消费者不进行信息公开以及为了注重对金融消费者合法权益的保护。对于跨产品而言，机构监管模式存在信息不对称的问题，而信息对于金融产品至关重要，在保险资金投资运用的整个交易过程中形成的以权利形式存在的产品的信息决定着投资人的投资决定。保险资金投资运用中，如果存在信息披露不充分的情况，则投资者很难做出投资决定。监管机构应完善信息披露制度，将有利于规避金融消费者权益遭受损害，由此引入功能监管和行为监管两种监管思路进行穿透式的监督管理，有益于信息披露制度的完善，保护金融消费者的合法权益。

机构监管存在的缺陷以及全国金融工作会议提出的上述两种监管思路逐渐得到了监管机构、学术界的肯定。但是，面对如非标资产的金融创新，应将这些监管思路落实到法律监管体系当中，有针对性地提出有普适性的监管原则与规制避免监管的割裂和滞后，这种监管思路的过渡有利于保护金融市场的有序发展和金融消费者的合法权益。

2. 风险导向为中心的偿付能力的审慎监管。我国经济体系的运转需要法律监管机制作为其法律环境基础，而不是将法律监管看作为对经济系统进行干预的外在因素。相比 2003 年建立的第一代偿付能力监管体系（以下简称“偿一代”），2012 年运行的第二代偿付能力关注的是以风险导向为中心的保险机构偿还债务的能力。企业在一定期限内经营活动的方向和所要达到的水平是第二代偿付能力重点关注的内容，主要是为了给企业增加效益。① 保险公司期限较短的保险产品比较少，其经营状况将关系到许多被保险人的利益。风险随着现阶段保险业的迅速发展呈现出复杂多样的特征。行业发展与风险变化是监管机构适时调节监管准则的依据，采用相关办法保证公司与行业层面的安全，强化对保险公司偿还债务能力的监管以维护金融消费者的利益。② 我国第二代偿付能力的建设表明了我国保险公司偿债能力的监督管理走向了新阶段，体现出我国保险监督管理取得了很大的进步，对于提高保险机构的效益与风险管控能力具有巨大的推动作用，同时有益于提升保险公司的吸资能力，积极促进保险行业的健康发展。监管机构通过建立以风险导向为中心的偿付能力监管，减小保险资金运用的风险、提升其变现能力，将会增强险企偿付能力，进而更好地维护相关参与者的利益。③ 同时，各参与者的权益通过保险相关监管法调解，规避个别机构的“冒险”行动，有利于达成保险公司和社会公众权益维护的良好局面。

3. “放开前端”与“管住后端”的监管。目前，我国对保险资金运用过程中的事中、事后监管重视度并不够，因此全面保障保险机构整体保险资金运用安全十分重要。“放开前端”④ 是指把保险资金运用的自主权、承担风险的责任交给市场主体，关于委托人、受托人与监督人资质的实质性审批被监管机构撤销，对于受托人的相关要求只要相符就赋予其开展特定

---

① 李致鸿. 3000 亿保险投资基金助力“一带一路” 保监会推进偿付能力监管国际合作［N］. 21 世纪经济报道，2017 - 09 - 08.

② 周瑾．“1 + 4”与“偿二代”：目标一致互为补充［N］. 金融时报，2017 - 07 - 26.

③ 胡良．偿付能力与保险资金运用监管［J］. 保险研究，2014（10）：178—179.

④ “放开前端”：指降低关于保险资金投资官方的约束，如行政审批等。

投资领域投资资格。“管住后端”是指保险资金运用过程中对于各种指标监测、运用方法的监督管理，进一步加强对保险资金运用的监管，实现保险资金运用的四原则。我国现阶段未放松“前端”的监督管理，对于事中、事后的“后端”监管需要加强，对事中的监督管理进行细化，加强承担保险资金投资运作的交流，在增强现场与非现场监督管理的基础上，不断丰富信息披露、分类监管、资产托管、偿付能力等事中、事后监管工具。有效的信息共享体制要在监管机构与保险行业间建立，保险资金运用监管的有关信息可通过会议方式沟通，对于存在的法律问题及时予以解决。出于长期考虑，对出现的风险问题，二者在信息共享的基础上可及时得到解决。通过创立科学适当的评价与责任追究体制进行事后监督管理，如设立科学的评价体制，保障保险资金安全运用于非标资产领域，并深入对风险识别与评估等技术方法进行探究，逐渐提高保险资金投资运作风险监督管理的水准。依据相关法律法规，暂停无法履行偿还债务且使用其他资金进行投资的保险公司的业务，并根据情节轻重采用可行举措将其划入要重点监管的目标或者实施接管，对于违反法律规定的保险公司与当事人，事后要加大处罚力度，后果严重的要承担相应的刑事责任。与此同时，实施行业自律以搭建监管与市场的纽带和桥梁，形成保险行业自律组织的多层监管体系，守住不发生系统性风险底线，为保险资金运用创造良好的发展环境。

第三节　保险资金运用监管存在的法律问题

保险资金运用活动密切关联着保险业蓬勃发展、金融市场稳定以及社会公众利益。在前文保险资金运用监管一般考察的基础上，就我国保险资金运用监管存在的具体法律问题进行了较详细的探析。

一、主体资格准入存在的法律问题

保险资金运用法律关系主体，是指依法享有权利并承担义务，参与保险资金运用法律关系的人。依据上述分析，保险资金运用法律关系的主体包括保险投资人或委托人、受托人及托管人。信托、证券、基金管理公司等受托人以及商业银行等资产托管人都属于保险资金运用商事法律关系的参与主体。我国虽已初步建立保险资金运用主体监管法律体系，但主体资格准入仍存在诸多法律问题，不同程度地影响了保险资金运用的秩序规范，导致保险资金运用效益低下。

（一）投资人或委托人资格准入过于严格

投资人或委托人是保险机构在保险资金运用法律关系中充当的角色，其在直接运用模式下是投资人，在委托、信托运用模式下则是委托人。规范保险公司主体资格，主要有商事主体组织法规制与相关领域的特别规制等法律法规。我国《保险法》规定，成立保险公司一定要满足的要求是具有主要出资人、章程、注册资本、相关董监高的资格、相关制度与经营场地等①，只有满足上述要求的保险公司，才能体现出其拥有了独立参与经济活动的能力，对外自负盈亏、自担责任，同时也具有了对保险业务进行经营的物质基础②。换言之，满足了《保险法》《公司法》规定的作为商事主体的保险公司的规则，也就具有了营业能力，保险公司具有了营业能力，则表明其可以开展保险营业活动，保险资金运用活动也包含在内。现行法律中有对保险公司资格的一般组织法，也有对保险资金投资主体资格，如《保险资金运用管理办法》、单项保险资金的投资规范。

国际上，在保险法、保险业法规中，关于投资人、委托人的资格要求没有进行特别规定，同时也很少规制保险资金运用的相关主体，有关保险

---

① 《保险法》第六十八条规定："重要股东具备收益能力，最近三年内没有不合法记录，权益资本高于二亿元；有符合本法注册资本和《公司法》规章；有董监高、组织机构与管理制度；有营业场地；法律法规规定的其他条件。"

② 金涛．保险资金运用的法律规制［M］．北京：法律出版社，2012：99.

资金运用的监管，大多是进行行为规制。

保险资金运用能力、对风险进行控制的能力作为投资人、委托人的核心准则。对于保险投资者资格的普遍性要求在《保险资金运用管理办法》中已对投资人、委托人要满足一般商事法律规制、金融市场法律监管等的能力条件进行了统一规制，因此应放松和减少对投资人、委托人资格准入的有关规定，增加投资收益的相关要求。保险公司只要具备营业能力，满足投资监管法的特别规定即可。对保险公司资格准入条件不进行严格限制，有利于推动保险业的发展，减少保险资金运用成本，提升保险资金运用效率。

（二）受托人资格准入标准不统一

作为商事主体的受托人在保险资金委托、信托运用模式中，通过经营活动和筹资活动创造现金净流量，可以满足投资行为的现金需要，这是其关键的运营能力，是直接利用保险资金实行投资的主体。投资能力的监管，是目前法律对受托人的资格规制。作为专业投资机构的受托人，同时受到《公司法》的组织规制、专业组织法的规制，例如：使用《公司法》、《中华人民共和国信托法》（以下简称《信托法》）、《信托公司管理办法》对信托公司进行规范；使用《公司法》《保险法》等规范保险资产管理公司。我国的保险资产管理公司、信托公司、产业投资基金管理公司或其他专业投资管理机构等都可作为主要的保险资金运用受托人。与此同时，相关的单行规定对受托人利用保险资金进行不同范围的投资运作资格进行了规制。但有的受托存在不公的受托人资格准入情况①，如对受托人在《保险资金委托投资管理暂行办法》中的限定，委托其利用险资运用于股票、债券领域存有不公，对保险资产管理公司的要求低于证券公司、基金管理公司②，这一规定的出现是因为保险资产管理公司通常是某些保险公司的控股或者联合控股子公司，其对保险公司资金运用的原则和特征更熟知，并且具有较低的沟通成本，但是受托人管理的是委托人委托其管理的资

---

① 王瑞武，王宇，邢诒俊．当前我国保险资金投资面临的主要挑战与应对之策［J］．时代金融，2017（12）：265.

② 中国保监会印发的《保险资金委托投资管理暂行办法》第七条至第九条。

金，并不是对自己拥有的资金进行管理，其与证券、基金公司并没有实质上的差异。实质上，证券公司、基金管理公司对于债券、股票投资相比保险资产管理公司更加专业。[①] 因此，公平的受托人资格准入标准，可以有效规避市场垄断现象，提高保险资金运用的效益，有益于受托人提升主动管理资产的能力。

（三）委托人和受托人资格重复规制

对委托人、受托人及高管资格规制在保险资金运用主体的法律法规中存在多次重复的现象，增加了法律适用冲突的风险和立法的成本。投资人自己投资股票时，除要具有独立的交易部、专业的投资分析与风险管理系统外，与委托给管理人进行投资股票相比，两者的资格规定一致。对各类保险资金投资主体资格的条件在《保险法》《保险公司管理规定》《保险资金运用管理办法》中都已经做了相关规定，在单行规范中再一次进行了规范略显频繁，此外，在不同的投资范围中，投资主体资格的条件并没有明显区分，不重复立法会使法律体系更加有序，也会降低法律适用冲突的风险且避免了规章间的法律重复现象，节约了立法成本。

二、保险资金运用非标资产监管存在的法律问题

相对成熟的行业标准已在标准资产领域产生，标准资产已具备相对健全的风险管理制度，交易场所的有关制度保障较健全，此种投资、融资过程都是在透明、规范及平等的体制下进行，也是在公开市场上进行交易的资产。与标准资产相对的就是非标资产。2013 年，银监发〔2013〕8 号文件对标准资产与非标资产进行了界定，同时也界定了后者的类别。[②] 2018 年，资管新规出台，对非标资产的界定市场有了更为清晰的界线，标准资产除外的就是非标资产。2018 年，保险资金在非标资产领域的运用出现放缓趋势，主要是由于资管新规出台导致非标资产供给下降，同时叠加原有

---

① 段鹏志．我国保险资金运用现存问题及建议［J］．现代营销，2016（1）：96—98.

② 中国银监会《关于规范商业银行理财业务投资运作有关问题的通知》（银监发〔2013〕8 号）第一条。

非标资产到期、保险公司严选优质项目等因素影响。但作为市场自发产生的中间业务形态，非标资产自诞生时便打上了形式灵活、监管空缺的标签，成为低资质客户融资的重要渠道。在保险资金运用非标资产监管存在的法律问题主要有非标资产缺失风险管控、期限较长增加流动性风险、缺乏有效信息披露机制，与此同时，整体行业资产管理能力低缘于其依靠商业银行、国有企业的信用担保作为其投资的信用增进措施。①

（一）非标资产缺失风险管控

信用增进措施很难改变非标资产高风险的特征。尽管诸多对接非标资产的信托产品对资质不好的公司都提出担保、抵质押的条件，抵质押只有在良好的经济发展情形下才不会发生大幅度贬值的风险，对于抵押财产只有在被低估的情况下才不会使这一风险增加。对于大多数抵质押物而言，再转让市场现阶段非常缺乏，抵质押物的变现能力不强，使得保险资金回笼的时间无法确定。只有在不会遭遇风险事件的情况下，才能确保资质水平良莠不齐的担保机构不会发生代偿违约风险。公开市场债券利率明显低于非标资产的收益率，且严重缺失风险管控。② 近年对接银行非标资产的信托类产品，一般是8%—10%的收益率，诸多上市公司委托贷款类的总计成本不少于20%，然而，2017年与其类似的AA级别3年期中期票据平均发行利率仅为5.73%。基于风险收益相配合的视角来看，风险不可控的项目融资利率比较高，较高利率的融资对于融资比较困难的中小型企业十分青睐。对于非标资产来说，其安全性较差，为了更好地预防高风险，应该配合较为严格的风险管控举措。

（二）非标资产期限较长增加流动性风险

如表5-1所示，不动产类资产中的基础设施投资计划和不动产投资计划及其他金融资产中的信投公司集合资金信托计划、保险资产管理公司项目资产支持计划最受投资者的青睐。非标资产项目的变现能力不强，深层的原因是回款周期不短，并且公允价值计量方法较欠缺，此外，由于其不

① 王晨．保险资金运用的法律监管制度研究［D］．山东大学，2018：24—26.
② 张杨．我国保险资金运用存在的问题及对策［J］．中国商论，2018（36）：21.

受监管，被称为不计提风险拨备的“类贷款”“影子银行”业务。资管新规出台之后，银行理财产品对接非标资产时流动性风控压力逐渐变低。

表 5－1　　　　保险资金可投资的非标资产

资产类别	名称	发起人
权益类	股权投资基金	保险资产管理公司
固定收益类	信贷资产支持证券	银行业金融机构
	银行理财产品	商业银行
不动产类	基础设施投资计划	保险资产管理公司
	不动产投资计划	专业投资机构
其他金融资产	专项资产管理计划	证券公司
	项目资产支持计划	保险资产管理公司
	集合信托计划	信托公司

资管新规出台之后，非标资产的流动性管理压力进一步上升，通过期限错配进行流动性管理的方式也行不通。一方面，在过渡期终结后，银行以前贮存的非标资产将要面对源于资金端的压力。另一方面，理财资金配置的新增加的非标资产也要符合到期兑付的变现条件。① 银行对于在过渡期完结后，依照资产管理新规的要求对依然处在存续状况的非标资产，不能创立新的资产管理产品与其匹配。

（三）非标资产缺乏有效信息披露机制

通过保险合同、缴纳保费，投保人与保险公司产生了权利义务关系，受益人有权在保险到期、发生保险事件时，要求保险机构履行相关的权利义务。在保险资金运用过程中，信息披露有益于维护相关投资主体的权益，也能推动资产管理主体对自身治理结构进行完善、对内控制度进一步强化以及增强经营能力。信息披露是保险资金投资监管的核心组成部分，包括对资产端、资金端的信息披露。

信息披露在资产端存在的问题。保险机构拥有保险资金的所有权，穿

① 石伟．保险资金投资组合管理研究——以中国太平保险为例［D］．武汉纺织大学，2018：27.

透式监管有利于维护保守或稳健型投资主体的合法权益。非标资产一出现就带有鲜明的非标准特征是因为其起源、兴盛于非公开市场，基于此特征，其定价不是市场的定价而是买卖双方通过协商而产生的，因此变现能力较弱，基于变现能力较弱致使其具有了较高的收益与持久性的特点，引发了一定的溢价效果。除此之外，为了节约税和实现套利，对一些资产设置了非常复杂的交易形式，使其具有了不易被发现的特点。繁复的法律关系存在于非标资产中，导致信息披露的难度加大。与此同时，对非标资产中存有多样的担保关系进行穿透式的信息披露，可降低保险资金运用的风险，对保险资金运用监管中的信息披露提出了更为严格的要求，这是因为非标资产风险具有交叉性与隐蔽性的特点。

信息披露在资金端存在的问题。繁复的权利义务关系出现在非标资产嵌套式的交易组织之中，致使风险具有不易被发现的特征。而保险资金主要源于投资收益，决定了其要保证保险资金投资符合安全、流动、收益和多样性原则，保险资金运用一旦在某个环节出现过失，保险机构将不能兑现偿债能力。在繁复的非标资产交易权利义务关系中，信托、委托模式权利义务关系都仅反映了相对人，资产管理计划的管理人对投资到一个资产管理计划之中的保险资金再次实行投资，若可以依据保险资金的需求实行投资，保险资金投资风险将会降低。繁复的权利义务关系存在于非标资产中，对资金端的最终投资主体、底层资产的穿透披露非常关键，否则就会产生资金承担风险的能力和资产自身风险程度无法匹配的弊端。因此，为确保保险资金运用安全性、流动性、收益性及多样性原则的实现，进而提高保险公司的偿付能力，只有通过信息披露以揭示可能存在的风险来规范保险投资行为。

（四）非标资产的增信过度依赖银行信用

监管部门为确保保险资金运用的安全性，必须对大部分非标资产融资项目实施有效的担保方法，避免非标资产融资项目出现无法还款的现象，此条件有其合理之处，然而此种高门槛的监督管理条件，表明了可以免去外部增信的偿债主体不多，存有相应的无理之处。现阶段，从我国的经济发展程度来看，符合上述条件的企业很少，这就体现出若放松保险资金的运用方向，将会明显减少融资的成本，并会保留一些资质良好的融资者。另外，由于能够满足要求的投资标的有限，作为专业资产管理机构的保险资产管理公司其配置资产的自由程度将被限制。此外，保险资金可运用的非标资产领域，若是符合监管要求的大多数机构，还款来源分散，则体现风险集中的危险不会增加，因风险同时源于投资人、管理人与商业银行。若融资主体未达到免于增信的要求，保险资金在投资非标资产的过程中就会更加青睐于有银行提供信用担保的资产。[①] 实践中，管理人在资产端大多是被动管理风险，主要缘于保险资金的资产配置总体上仍过度依赖商业银行及大型国有企业做信用担保。因此，监管部门应引导保险资产管理机构提高其主动管理能力以促进我国保险资金运用的良好发展。

三、比例监管存在的法律问题

2014 年 2 月 19 日，中国保监会通过出台《关于加强和改进保险资金运用比例监管的通知》对比例监管政策进一步整合，确立了以保险资产分类为基础，多层次比例监管为手段的新体系。作为独特商事主体的险企缘于其担负着社会功能，在符合商事主体的领域内能够进行相应的商事活动，监管机构对险企投资比例进行监管限制，进而规范其投资行为。对保险资金投资比例的监管，不同属性的自有和负债资金及不同来源的寿险和财险资金都未进行分类别监督管理。

（一）自有和负债资金缺乏分类比例监管

如表 5－2 所示，监管机构将保险公司除独立账户资产外的投资资产划分为五大类，对每大类资产、单一资产的风险集中度都同时限定了投资比例、风险监测比例，并进行监督管理，其中投资流动性资产、固定收益类资产无监管比例限制。现实中部分保险公司违反了五大类投资资产比例限制的规定，例如，2019 年 11 月 22 日，银保监会责令中融人寿、北大方正人寿和珠江人寿三家保险公司进行整改，这三家人寿保险公司都违背了

① 刘倩．保险资金股票投资的法律监管研究［D］．华东政法大学，2018：22—23.

《关于加强和改进保险资金运用比例监管的通知》的相关规则。2019 年第二季度末，中融人寿其他金融资产，占上季度末总资产的 25.03%；北大方正人寿其他金融资产，占上季度末总资产的 27.22%；珠江人寿不动产类资产，占上季度末总资产的 30.72%。因此，上述三家人寿保险公司的相关资产占比均超出了监管比例限制。

表 5－2　　保险资金大类投资比例限制的规定

资产类别	投资比例限制（均为账面余额占公司上季度末净资产的比例）
不动产类	合计低于 30% 自用不动产低于 50%
权益类	合计低于 30%
境外投资	合计低于 15%
其他金融资产	合计低于 25%

除此之外，2012 年保险投资新政实施后，我国的保险资金运用监管的提高表现在保险资金运用的比例监管由分类限制向大类投资转变，这样既能维持保险资金运用的自主性，也能对保险资金投资比例实行相应的监督管理。① 自有资金与保费收入构成保险资金，并且依据保费收入的不同，可分为寿险、财险两部分保费收入。保险资金根据其概念具有不同的来源、投资条件，因此关于投资的变现能力、限期及收益率的要求有差异。

目前，我国未对不同属性的自有和负债资金进行划分类别的监督管理及制定监管比例上限。根据笔者对保险资金概念的界定，保险公司可以运用于投资的是权益性资产、负债性资产及其能够占有、掌控的资金。权益性资金是保险公司享有所有权的资金，区别于保险公司享有所有权却在未来或确定的时间内要转让所有权的负债性资金。

保险业发达的国家对保险公司自有资本未有严格投资监管，只是对保费收入的负债端保险资金进行监管，而我国并未对自有资金和负债资金两种不同属性的资金进行分类监管，使保险公司在无分类比例监管上过于机

① 陶伟．浅析保险资金运用的风险防范［J］．现代工业经济和信息化，2015（9）：17—18.

械化，降低了积极进行投资的活力。借鉴证券行业的监督管理方式，证券机构对自营资金与受托资金进行了隔离，并分别立法和规制自营资金与受托资金。我国监管部门对大类资产进行比例限定的监督管理，表现了投资人、委托人可在合法的领域内进行自主投资。然而，因为不同的保险资金的本质决定着运用领域、比例限定的差别，目前我国关于保险资金运用比例的约束，保险资金投资缺少对自有和负债资金划分类别监督管理的有关规定，降低了保险资金运用的效益。

（二）寿险和财险资金缺乏分类比例监管

我国缺少对不同来源的寿险和财险资金的分类监督管理及制定监管比例上限。寿险与财险公司是保险机构的两种类型，不同资金来源的寿险、财险公司在保险资金运用方面的影响也存有较大区别。相对而言，寿险公司资金供应具有较强的持续性且资金渠道稳定。财险机构的资金来源相对变现能力强并且不以长期性为主。财险资金运用主要以短期投资为主，因为财险周期较短，不能长期运作。而寿险保险公司则不同，其保险资金的投资周期较长，既要保证保险资金较低的投资风险也要达到保值增值的效果。由此可知，财险机构不适合对非标资产进行投资。现行法律法规中，缺少对寿险和财险资金的区别监督管理，表明相关立法还不完善。若对寿险和财险资金实行了有区别的监督管理，将有益于提升保险资金运用的效益，也会使保险资金运用于非标资产时，提升有效应对投资风险的积极性。

四、排斥性经营存在的法律问题

备受关注的“宝万之争”案件中，保险资金投资流通市场的股权能否成为对公司进行经营管理的实际控股人，值得我们探析。[①] 依据现阶段的监管规定，在股权收购中，保险公司不能使用其他资金而应使用自有资

① 黄金曦，徐丹．不完全信息下上市公司股权反收购动态博弈——基于万科与宝能系的股权之争［J］．财会通讯，2016（3）：52.

金，从而有利于维护投资主体的权益。

（一）保险公司未使用自有资金进行股权收购

宝能系进行杠杆融资，利用435亿元购买万科股票约27亿股，然而，宝能系旗下的前海人寿通过出售非长期的万能险产品筹取保险资金82亿元。[①] 其中，“海利年年”的结算年利率为5.05%，“聚富产品”系列的结算年利率为4.5%—7.4%，使前海人寿背负了很大的压力，主要是因为非低额的投资回馈要求所引起的。前海人寿利用非长期万能险产品的意图是对万科进行非短期投资，引发了非长期负债和非短期资产期限错配的现象，进而致使公司经营需要的现金流具有不平稳性，给集中退保带来了一定的危险。[②] 但是，关于保险资金能否通过投资行为成为某一商事主体的实际控制者，并对其进行经营管理的保险资金运用经营问题，根据监管机构相关法律规定，排斥性经营指保险公司收购上市公司、非上市公司股权都应该使用自有资金，不能使用其他资金。对于保险资金收购公司股权要求必须使用自有资金的规定主要包括两方面的原因[③]：一是为确保负债性保险资金安全的投资运用；二是为规避被控股公司经营的波动[④]。因为射幸性是保险合同具有的特征，所以保险资金在一定的期间要确保具有较强的变现能力。若使用负债性资金进行投资既不利于公司股权的稳定也加剧了集中性风险，因此监管机构对保险公司的投资经营做出仅能使用自有资金收购公司股权的排斥性规定，对其进行控制、经营。[⑤] 作为商事主体的保险公司依据自身的商业判断在保险监管法律规定的范围内，利用其拥有所有权的资金在确保安全合法的范围内进行投资，增加保险资金运用的收益。监管机构要求必须使用自有资金进行投资的规定是因为我国目前资本

---

① 黎晓菲．万科控制权争夺案案例研究报告［D］．江西财经大学，2017：30.

② 詹昊．从法律角度分析前海人寿举牌万科［J］．中国保险报，2016（12）：33—34.

③ 华生．万科之争的公司治理和国企改革意义［J］．上海证券报，2016（9）：69.

④ 刘纪鹏，刘志强．厘清创新与监管边界规范险资举牌行为［J］．资本市场，2016（3）：135—136.

⑤ 游桂云，李敏，韦雪艳，窦海滨，陈洁．险资举牌资本市场的原因及其影响分析［J］．保险理论与实践，2016（9）：78.

市场尚不成熟，公司治理机制仍不完善①，基于这一现状，如果监管部门不对保险的投资经营行动进行细化，保险资金就不会实现增值这一目标。

（二）保险公司虚报保险资金性质进行股权投资

根据监管机构相关规定，“宝万之争”中保险资金的收购及增资行为均应该利用自有资金，而在 2015 年 11 月，前海人寿使用其他资金进行违法增资行为且未真实报告②，主要负责人因而被监管机构处以禁业十年③。

不真实的报告保险资金性质、未利用自有资金实行股权收购实质上就不合法④。依据《公司法》的相关法则，股东必须使用自有资金出资，若运用了负债性资金或其他独立账户，实质上就属于非法拆借行为。根据保险资金运用安全性原则，若使用其他资金投资股权必将增加集中性投资风险，使投保人或受益人的投资风险进一步加剧。⑤ 所以，应区分自有和其他资金的性质，规避二者混合运用，这就需要监管部门提升“管住后端”的能力，避免投资主体权益受损。

五、投资审批存在的法律问题

长期以来，保险公司作为金融机构，其审批登记比一般公司的审批登记要严格。《公司法》《保险法》虽然对保险公司的经营权没有进行严格的限制，但为了保护公共利益和弱势方权利，监管机构要对保险机构进行适当的监督管理。随着我国商事制度改革不断深化，行政许可将进一步简化，从审批制逐渐转为注册制，从“重审批轻监管”转变为“轻审批重监

① 涂成．金融监管的逻辑［J］．新理财，2017（6）：20—21.

② 前海人寿的不合法行为包括：一是并非使用自有资金实行股权投资，且提供不真实的报告；二是违法利用险资，即权益类投资超出比例限制、股权投资基金管理人资质违背监督管理的条件且没有进行披露。

③《中国保险监督管理委员会行政处罚决定书（保监罚〔2017〕13 号）》，http：//www. circ. gov. cn/web/site0/tab5240/info4060453. htm，2020 年 2 月 25 日最后访问。

④ 任明杰．“宝万之争”局面繁杂，险资杠杆举牌风险点在哪里［J］．中国证券报，2016（5）：101—102.

⑤ 张巍．“宝万之争”中的公司法问题［J］．中国社会科学报，2016（1）：39.

管”，不断激发企业创业发展的活力。

（一）行政许可过于繁复

在具体制度内容中商事活动审批是最关键的部分之一。保险公司在合法的范围内依据特定方式的商业判断作出相应决策，监管部门不能对自负盈亏、自担风险的保险机构进行过多干涉，否则，会因审批错误导致其自行承担不公平的损失。①

我国的保险投资行政审批虽从紧逐渐变松，但审批制度整体还存有很多约束。简化保险资金投资行政审批有利于避免行政资源的浪费、监督管理效力的低下。所以，在许多投资范围内，对审批程序进行简化②，使保险资金运用的竞争力、市场化改革不断得到提升。

（二）审批制不适合保险资金运用要求

《保险资金间接投资基础设施管理办法》从立法上促进了我国险资投资的监督管理，这一管理办法中省略了保险机构作为委托人的资质审批程序、对独立监督人的资质审批。监管部门已省略了对保险机构、专业投资管理机构与第三方管理机构的审批，给符合条件的受托人授予开展特定投资领域的投资资格，这一修订是对注册制操作实务的肯定，从立法层面进一步实践了“放开前端”的监管思路。

在被废止的《保险资金间接投资基础设施项目试点管理办法》中，要求保险机构、专业投资管理机构都必须向监管部门发出投资请求，在获得准许后进行投资，只要具备行为能力、权利能力，从《公司法》《保险法》上看其主体也就具备了经营资格，除对投资领域及投资比例进行监管外不应再实行额外的审批。监管机构对行政许可进行简化，奉行此种改革与经济发展的需要相符的原则，对保险资金运用的开展具有促进作用③，以后

① 朱南军，韩佳运．险资举牌的逻辑、特征与策略［J］．金融市场研究，2016（3）：45—46.

② 朱南军，韩佳运．险资举牌的逻辑、特征与策略［J］．金融市场研究，2016（4）：32—33.

③ 朱晓宁．保险资金运用监管机制探究［J］．现代商贸工业，2016（24）：107—108.

应将这一改革推向其他投资范围中，给予保险资金运用更多的抉择空间，增加投资收益，促进保险业发展。

第四节　代表性国家保险资金运用监管考察

中国保险业与美国、英国、德国、日本等发达国家相比，保险资金运用及监管领域起步晚，还存有诸多需要改进的地方。针对中国保险资金运用监管存在的法律问题主要选取美国、英国、德国、日本等发达国家保险资金运用监管现状进行探究，借鉴上述四个国家在险资投资监督管理方面的经验，为完善中国保险资金运用监管制度建设提供参考。

一、美国保险资金运用监管现状与启示

（一）美国保险资金运用监管现状

美国寿险公司近年来整体资金总量呈上升趋势，年均约5%的增长幅度，不低于同一时期的经济增长率。美国的监管部门，对源于投资主体的保险资金采用不一样的监督管理准则。从整体上看，对寿险的监管要严于财险，寿险可以投资的领域较窄且安全性较低。关于寿险的监管，分为一般账户、独立账户。从分账户来看，由于监管要求及保险产品性质不同，美国财险公司和寿险公司的一般账户、独立账户的资产配置情况存在较大差异。寿险公司相较于财险公司，一般账户中大多是固定收益类资产，独立账户将大部分财产配置于权益类资产，股权投资是保险资金的主要投资方式。① 美国寿险公司在抵押贷款投资方面也很成功，同时非寿险市场运行良好且资产质量高，依然是全球最重要的非寿险市场之一。

美国保险监督官协会（NAIC）、州立法机构和州保险局构成保险监管

---

① 张素敏．保险资金运用的国际经验及启示［J］．华北金融，2016（3）：76.

机构，占主导地位的是州一级的监管。美国主要以示范法为立法依据，并无全国统一法。其中，纽约保险监管是美国保险监管史的缩影，其保险资金运用监管的法律规定如下：一是项目投资的审批权由保险公司董事会、投资委员会核准，由董事会准许保险公司的投资指南。二是不同的投资方法、标准适用于人寿、财产保险公司。三是保险公司不能在违法的范围内进行投资。近年来，美国更加注重对偿付能力、保险资金管理等的监督管理，公司风险管理、资本要求及公司治理等成为关注的重点，促使美国保险市场形成兴盛的局面。

（二）美国保险资金运用监管启示

一是保证保险资金运用的安全性。在美国，投资途径基本涵盖了金融市场主流的投资范畴，然而固定收益类资产仍是首要投资选择。中国险企的资金投资可根据前文介绍的保险资金运用四项原则，依据金融市场成熟度、自身业务特点，选择不同投资工具进行多元化投资。在美国，非常追求金融革新，但债券类资产比重很高，表明了其追求保障资金无风险的倾向。与此同时，通过完善的监管体系，达到无风险性、收益性的目的。①

二是采用区分保险资金运用监管方式。美国的保险资金除了自己进行投资或者通过委外进行投资之外，其依据保险资金的来源和性质采取有区别的资金管理方式，这已是该国保险资金运用的新趋向。近年在保险资金运用方面，专业投资管理机构的专业程度较高，且大型保险公司所占比重逐步增长。现今我国保险公司大部分还由自己的资产管理机构进行投资，委外比重较低，依保险资金的来源和性质，我国今后也应探寻自己与委外投资相联结的模式。

二、英国保险资金运用监管现状与启示

（一）英国保险资金运用监管现状

作为现代保险业起源地、保险监管创始国的英国，投资人、委托人在

---

① 苗雨露．我国保险资金投资于股市引发的风险及法律监管研究［D］．山东大学，2018：33.

金融市场上十分灵活，保险资金可运用的范围比较广泛，主要是因为其使用自律监管的方式，所以投资人、委托人拥有更多的投资机遇。英国保险资金运用的特点主要表现在两个方面：一是具有较高的股权投资比例且政府债券处于较低水平，而股票占比在40%以上；二是海外投资的占比很高。

英国保险监管整体不是很严格，只要符合偿付能力的条件，保险机构就可依照自身状况决策投资品种、比例且对保险资金运用方式无具体限制，但在《保险公司条例》中规定要控制资产估值及货币匹配、本土化等方面的总数。同时，也要对第三方管理机构管理保险资金实施监督管理。但英国对偿付能力监管很严，目前英国实行的是以风险导向为中心的第二代偿付能力监管制度体系（以下简称“偿二代”）项目，对投资人、委托人偿还债务的能力实施动态监管。

（二）英国保险资金运用监管启示

一是建立完善的保险资金运用监管体系。混业经营已成为金融业的常态，可成立一个跨行业的保险资金运用监管部门，达到有效的监督管理。英国证券法中的相关条款也对保险资金运用起到了间接的约束效力，中国为健全保险资金运用监管体系应学习在《保险法》《保险资金运用管理办法》中，同样也设立一些对保险资金投资的规定。

二是逐渐放宽对保险资金投资形式的约束。英国法律对保险资金投资方式无具体限制，只要能满足偿付能力要求，保险监管较宽松，促使了英国保险业持续稳定的长期繁荣发展。如果对保险资金运用进行宽松的监督管理，就会促使保险机构进行多元投资，从而使投资收益增加，因此需为保险资金运用预留合理空间。随着中国保险行业逐渐兴盛，监管部门可逐渐减少对保险资金投资形式的约束，鼓励保险公司的保险资金运用方式的创新。

三是鼓励并购专业投资管理机构。在英国，很多保险公司通过并购一流专业资产管理机构进行资产管理，提高保险资金运用流动性和保险公司竞争力。中国保险公司在世界经济不稳定的情形下也可以通过并购重组国内先进资产管理机构提升保险资金运用的流动性及保险公司竞争力。

三、德国保险资金运用监管现状与启示

（一）德国保险资金运用监管现状

德国保险业十分发达，在全球保险业中一直处于领先地位。德国非常注重保险资金运用的安全性，保险产品中的投资型产品占比偏低，与非寿险公司相比，寿险公司将更多的保险资金运用于债券和抵押贷款，而在股票领域的投资则少于非寿险公司，这种保险金运用结构也保证了保险公司资金收益的稳定性，它的收益率浮动较低。

德国《保险法》在保险资金投资方面设定了相应的法律规定：一是对自有和负债资金进行了区别；二是有特殊用途和进行赔偿、给付的资金投资方式坚持多样化以确保保险资金运用的安全性和收益性；三是对保险公司的董事会、监事会组成人员、主代理人及清算人等违反保险资产投资规定的给予行政处罚。① 现行保险资金运用监管法——新《投资法令》很大程度上将保险资金投资监管向自由化过渡，其明显特征就是保险监管当局鼓励保险公司对保险资金运用渠道进一步革新。德国整体上对保险资金投资未进行宽松监管，关于保险资金投资途径也进行了严厉的比例约束，但其丰富的监管手段使其在保险业的发展过程中从未发生保险公司破产的案例，所以德国的监管方法和措施值得中国学习。

（二）德国保险资金运用监管启示

德国对保险资金运用的信息公示、信息披露制度建设非常注重，保险资金运用、公司经营的透明度得到了提升，重视对投保人利益的维护。中国保险资金运用监管的信息披露制度还不完善，涵盖的主体不全，缺少对投保人知情权的保护，应将作为弱势一方的投保人归到保险资金运用的信息化建设中，保护投保人的利益。

---

① 徐永春．国外保险资金运用经验与启示［J］．国际研究，2015（12）：233.

四、日本保险资金运用监管现状与启示

（一）日本保险资金运用监管现状

日本具有很高的保险业发展水平，是全球第二大寿险市场。在2000年左右，日本因为保险资金投资不合理导致许多机构破产，之后日本在很大程度上对保险资金投资倾向进行了调节，更倾向于海外投资。由投资资产可知，日本投资型产品占比非常低，寿险产品主要以稳健型产品居多，因此日本寿险公司的投资也是以安全、稳健为主，国内外债券投资比率大概为65%。①

监管政策和制度在日本保险业发展过程中发挥着重要作用，不同的政策在不同的经济发展阶段出台以保障保险公司、保险资金运用的安全性。为了适应混业监管的需求，审议统一配置了金融审议会担负考核审议相关的主要事件，包括金融机构、金融制度等。日本《保险业法》是保险资金投资监督管理的核心依据。《保险业法》对保险资金运用的准则、通告进行了规定，明确限制了保险资金投资途径、比例等。日本的保险资金投资只能是以各种股票、抵押放款等形式，保险法对此作出了明确规定。激烈的竞争环境导致保险行业面临危机、保险产品与经营营业约束减弱，致使保险机构的安全性受到了很大的威胁，保险监管机构开始引进保险资金偿付能力比率来衡量保险公司的风险情况。另外，《保险业法》还对保险公司的信息披露制度进行了规定，包含业务内容、财政以及经营状况等的披露内容，为投资主体查询、知晓险企投资状况及经营相关讯息提供了便利，有利于更好地保护金融消费者合法权益。②

（二）日本保险资金运用监管启示

一是保护金融消费者合法权益。保护好金融消费者的权益对金融监管具有重要意义，而中国保险监管机构现在缺乏对金融消费者权益的保护。在保险立法、执法、司法各方面，日本非常注重维护金融消费者的相关利

---

① 朱南军．保险资金运用风险管控研究［M］．北京大学出版社，2014：199—201.

② 刘政．保险资金运用监管法律问题研究［D］．吉林大学，2019：30.

益，因此日本对保险公司和保险监管机构十分重视，促使了保险业的良好发展。在 2009 年 9 月，日本建立了特定担负维护金融消费者利益的金融消费者厅，有利于避免金融消费者相关利益受到损失。

二是发挥保险业自律组织的效力。日本依照不同的保险业务类别创立了拥有不同特点的保险业协会。损害保险协会和生命保险业协会是保险资金投资有关的协会，主要职责是普及财险常识、对行业人员进行管束、辅助险企解决问题等，自律组织对保险普及率的提升及保险行业的发展发挥了积极的促进作用。①

三是增强风险应对能力。中国要吸取日本保险业的先进经验和教训，在各个国家经济发展相互关联的今日，国际金融市场稳定性、安全性相比之前较低，因此对监管部门的要求是要建立有效的应对保障措施，在对保险资金运用上加强周期性监管。保险公司要建立全面的风险管理系统，在保险资金运用时，要充分识别、有效预防风险带来的不利后果。

第五节　完善我国保险资金运用监管法律制度的建议

我国现阶段保险资金投资规模呈逐渐上升趋势。在经济高质量发展阶段，保险业在秉承安全、最优投资组合的前提下提高收益，完善我国保险资金运用监管法律问题以促进保险业蓬勃发展。面对我国保险资金运用监管存在的法律问题，通过学习借鉴美国、英国、德国、日本等代表性国家保险资金运用监管现状，为我国立法提供先进经验，以下将结合代表性国家的先进经验，就我国保险资金运用监管存有的法律问题提出可行性建议。

一、出台行之有效的单行法

保险业可以有效降低社会风险，减轻由各类不确定事件带来的损失，

① 白哲．中国保险产业资金运用安全研究［D］．北京交通大学，2016：32.

相对于经济体而言，具有区别于其他行业的特征，其自身具有的负债性特点要求保险在投资时要规避风险，同时要顾及变现能力与效益间的均衡。事实表明，如果在制度欠缺、不严格守法的情形下，投资人、委托人在市场准则下自身具有的效果就难以完全施展出来，因此法律的作用在保险范围内至关重要。若没有制定完善的监管体系，将不利于确保政府管制保险资金投资，同时在制度不完善的状况下险资投资也无法与市场运行模式相匹配，也就无法展现其调节市场的功效。

现阶段，监管部门出台的大多是一些管理办法、通知等政策，致使保险法律体系较为杂乱。传统《保险法》未对保险资金投资做出有关规定，而仅是对保险机构进行规范。因此，颁布有效的单行法调节保险资金投资，使其与保险法构成健全的监管体系。我国也可参照证券业与保险业发达国家的先进经验，例如我国证券业在已出台《证券法》的基础上还出台了《证券投资基金法》。美国在出台了《投资示范法》后，又出台了《保险投资法》单行法，有利于提升监管的有效性。因此，我国也应出台《保险投资法》单行法来规范保险资金运用，笔者试图从原则与内容方面提出建议。《保险投资法》应以审慎性投资原则为立法原则。采取此原则对投资行为、流程进行监督管理，同时投资决策者需具有理智决策的专业技能，保证其做出理智的决策，保险机构可根据此原则对特定投资决策实施全盘考量。《保险投资法》应包括以下内容：一是在完备的投资境况中尽可能使短期、长期与不定期金融投资工具相结合，利用保险资金运用安全性、流动性、收益性原则进行不同层次的匹配，同时确立如期权期货的避险工具配置于金融投资工具中，保障投资安全。二是对股东准入做出较为严格的规定，在其投资保险机构股票以前，应详尽考核险企主要股东财务状况的优良程度，保证其具备长久的、较强的持续资金输出能力。对于股东类型进行细致划分，并对各类型股东建立严格的限制规则，规避股东在投资保险公司时带有的不良目的，激励真正“懂、做、干保险”的股东进入保险市场，并以创立进入保险市场负面清单形式提升“股东入市”的资格，严格规范股东投资行为，若出现侵权行为第一时间对其进行侦察与追偿。三是关于容许投资的项目，财险投资额等同险企负债、最低资本金和剩余资金总数时，必须在规定的领域内实行投资，对于高出部分可根据谨慎规则、禁止投资项目表实行投资；寿险依照谨慎规则实施投资。《保险投资法》可较为有效地规范保险资金投资，并与《保险法》一同构成较为健全的监管体系，促进保险资金运用健康有序的发展。另外，英国，除保险监管法律法规外，其他法律法规中的相关条款对保险资金运用也起到了一定的间接限制作用，我国也可在《保险法》《保险资金运用管理办法》中设置一些对保险资金运用的规定以建立完善的保险资金运用监管体系，促使我国保险行业有序发展。

二、完善保险资金运用监管措施

（一）完善保险资金运用主体资格准入制度

保险公司重要的经营活动就是保险资金投资，保险资金投资的主体是保险资金投资行为的重要参与者。目前，严格的主体资格准入规则存在于作为保险机构的投资人、委托人中，投资人、委托人作为商事主体具有营业能力，因此在保险资金运用权利义务关系中，对保险机构进行保险资金运用时需满足的条件应包括以下内容：一是关于商事组织设立的规定要符合保险法和公司法。二是具有良好的偿付能力且能承担相应的保险资金运用风险。三是具有健全的风控体制与法人治理结构。具备了上述要求则体现出投资人、委托人拥有了营业能力，关于特定领域投资条件应尽可能减少或取消。应适当提高且统一规定受托人资格准入条件，此外，可促进受托人提升对资产的非被动管理能力、风控与投资管理能力，确保保险资金运用的安全性、流动性、收益性及多样性，增强保险资金的抗风险能力。①

（二）建立以风险导向为中心的动态监管体系

随着投资人、委托人投资途径逐渐多元化，相应的，投资安全也在逐渐降低。我国现阶段对各类别大类资产已经开始确立比例监管体制，运用

① 胡鹏．险资举牌上市公司法律监管规则的反思与完善［J］．商业研究，2017（9）：131—132.

形式的约束，为保险资金投资预留合理空间，更好地激励险企保险资金运用方式的创新性。此外，保险资金运用并非一个静态的运行进程，所以监管机构需要符合非常高的条件，才可以高效实施动态监管。

我国应借鉴英国等代表性国家的先进经验，如逐步放宽保险资金运用方式的限制，我国保险业随着各项制度的完善，监管机构也应逐步放松对保险资金运用方式的限制。我国已经初步建立起了以风险导向为监管核心的偿付能力监管系统，其最重要的目标是控制风险。依据我国的社会性质及社会发展阶段，以风险导向为监管中心的偿付能力监管系统建立的重心在实施中应继续完善，具体方式如下：一是在我国保险监管中要提升偿付能力监管的地位。监管机构、保险公司共同推动“偿二代”监管体系建设，监管机构出台各项配套举措解决实行中遭遇的问题，保险公司根据偿付能力监管规则提高自身抵抗风险的能力。[①] 二是加强对债务人偿还债务能力监管的管制。健全债务人偿还债务能力差异化监管体系，针对偿还债务能力居于不同范围的投资人、委托人制定且实行明晰的监督管理方法，不断完善市场退出途径，形成债务人偿还债务能力的硬性管束。三是采取措施调动各司其职的监管机构、保险公司、中介等各方面力量，积极听取广大不同利益群体的意见，确保科学决策。四是积极加入国际偿付能力监管准则制定当中。主动响应与尽力获取新兴市场的统一需求和益处，健全偿付能力监管沟通协作的体制，进一步推动保险业的有序发展，把偿付能力监管等评估指标渐渐引入新兴保险市场之中，避免降低监管效用与市场排斥力。[②] 由此我国应借鉴美国、英国、德国等代表性国家的先进经验，不断建立起以风险导向为中心的动态监管体系，还应借鉴日本等代表性国家的先进经验，增强风险应对能力。我国保险监管机构应建立有效的应对保障措施，在对保险资金运用上加强周期性监管，同时建立全面的风险管理系统，提升我国保险业监管的科学性及保险公司经营管理与风险防范

---

① 余龙华，陶羽琪．“偿二代”对保险公司经营管理的影响［J］．中国保险，2016（6）：45.

② 唐金成，胡珊珊．我国保险公司偿付能力及其监管研究——基于“偿二代”监管体系［J］．西南金融，2016（12）：39.

能力。

（三）实施穿透式监管以完善信息披露制度

将穿透式的监管思路应用于非标资产的信息披露之中，要对保险资金的来龙去脉及其中的担保关系有明确的了解，且要看到最终的投资者、融资者，有利于防范系统性风险。

美国最早出现穿透式监管。随着资产管理业务的发展，穿透监管逐渐被监管部门接受，主要应用于证券和其他金融产品中。穿透式监管更加注重实质监管，有利于增强市场透明度。穿透式监管与功能监管和行为监管相比，后两种监管很少触及除金融机构外的市场参与主体。对穿透式监管来讲，同时包含透过金融产品的表象看到其本质，与透过名义当事人的表象追究到最后当事人，并将应用于名义当事人的有关准则同样应用于最后当事人的主体穿透、对层层嵌套的交易结构不断剥离与穿透等，据此可知穿透式监管同时服务于机构监管、功能监管和行为监管。实施穿透式监管主要是为了防范向风险厌恶客户销售高风险产品、金融机构通过结构设计规避监管，从而规避监管不力导致的巨大投资风险。穿透式监管有利于金融消费信息的公示和提升监管活动的透明度。①

截至2018年年底，我国保险资金运用余额突破16.4万亿元，较年初增长9.97%。但目前监管机构对保险资金投资运用中规定的穿透式监管规则仅是原则性的规定，可操作性较弱，建议应完善如登记制度、备案制度等。借鉴德国等代表性国家的先进经验，如注重保险资金运用的信息公示、信息披露制度的建设，从而使保险资金投资、公司经营的透明度得到了提升。另外，我国应将作为弱势一方的投资者归到保险资金运用的信息化建设中，增强对投保人知情权的保护。借鉴日本等代表性国家的先进经验，我国应在立法、执法、司法各方面加强对金融消费者权益的重视，还应成立专门负责保护金融消费者权益的金融消费者厅以保护金融消费者合法权益。此外，重视机构监管的同时更加注重功能监管与行为监管的监管

---

① 郭金龙. 现代商业保险规范发展与金融稳定关系的综合研究［M］. 经济管理出版社，2014：221—222.

思路，真正将穿透式监管落到实处。保险资金承担着特殊的社会功能，所以把穿透式监管引入投资非标资产中，有利于保护金融消费者的合法权益。

（四）区分保险资金不同来源和性质分别进行监管

我国监管机构对保险公司投资监管过程中财险和寿险开始进行分类，也明确划分了保险公司的自有资产与负债资产，在监督管理的进程中制定了不同的实施准则，并且也存有不同的监督管理形式。然而，现阶段我国仅做了原则性的限定，必须按来源、性质的不同确立独立账户，分别实施投资管理。因此，在对寿险和财险资金实行比例监督管理时依照二者的各自特点制定各异的准则、比例条件①，实行差异化监管。从整体上看，我国创立的独立账户章程还较为笼统、模糊，险企有必要强化实施力度②。美国、英国等代表性国家已对自有和负债资金、寿险和财险资金进行了差异化的监管，我国要学习借鉴其监管经验，在对保险资金进行监管时，区分寿险资产与财险资产。寿险资产的投资比例、渠道等方面的监管相比财险资产更严厉，目的是保障投资人、委托人偿还债务的能力，有效地为保险金领取人履行职责并保障其合法权益。此外，应评估保险资金运用的风险，对保险资金运用风险进行划分，对保险资金运用进行动态监管，以确保寿险资金的安全性，代表性国家的保险法律在这方面有所体现，例如，美国纽约州《保险法》中寿险公司的投资法以谨慎标准为依据。同时，还应借鉴美国采取有区别的资金运用管理方式，即按照保险资金的不同来源和性质采取有区别的资金管理方式，将部分资产委托给资产管理公司进行投资管理，这也是保险资金运用的新趋势，应学习美国增加委托第三方进行投资的比例，我国保险公司也可以依据保险资金的来源和性质探索“自己投资＋委外投资”相结合的保险资金运用模式以更好地促进我国保险业的良好发展。

---

① 韩海梅．保险资金投资运作研究［J］．财讯，2017（4）：88—89.

② 李腾腾．我国保险资金投资资本市场监管研究［D］．兰州财经大学，2018（33）：34.

三、完善非标资产运用监管

资管新规出台后，保险机构面临变现能力的重压，一个比较务实的处理办法是经过周转非标资产来提升其变现能力，相关政府、监管机构近年为处理非标资产变现能力问题，设立了多样的交易平台供其周转，但是平台的产品设计、业务准则及清算体制存有很大区别，风险防范水平、运作规范程度各异，不利于保险市场的安全、高效运行，应借鉴英国等代表性国家的先进经验，如保险公司可经过兼并专业资产管理机构实施有效的资产管理，提升保险资金投资的流动性和保险公司竞争力。

保险资金运用于非标资产领域也存有一定的风险，应完善非标资产运用监管。一是非标资产的风险识别。应建立风险识别机制以区分潜在事项是机遇还是风险，明确风险预警准则。由于非标资产具有复杂性和非标准性，尤其是部分资产为规避监管或者满足客户需要，可能会设计较为复杂的结构和风险措施，这使得非标资产的风险识别更为重要，因为风险识别是度量风险、判断风险收益匹配度、进一步进行风险管控的基础。二是非标资产的风险评估。建立风险评估体系，充分调研投资目标所在国的金融市场环境、法律环境、经济环境等，对投资风险发生的概率以及进程实施评估，关注巨大危险并评估现存的内控程序对危险的实用性，是不是有必要实行追加程序等。三是非标资产启动之后的存续期管制。对存续的非标资产应该做好投后管理，按期追踪创办人的各种可能存在的风险，对照自营业务区分存续财产风险级别，对发觉可能发生风险的财产实施重点追踪且按期展开压力测试，检测其可能发生的风险率。① 在吸取日本保险业的惨痛教训和学习其带给我们的启示中得出强化风险管控和应对能力，进行充分的风险识别、风险评估及投后管理等措施有效预防风险、管控风险至关重要。

---

① 孟娜娜．非标资产的演化历程、积极作用与风险防控［J］．南方金融，2018（11）：98.

四、形成保险行业自律组织的多层监管制度

各个国家的保险市场都与自律组织相辅相成，共同协作推动市场发展，运用自律组织所具备的职责和功能规范保险资金投资，增加投资收益，有利于保险业的繁荣兴盛。以美国、英国、日本等代表性国家为例，美国的保险资金运用自律组织数量众多，全国性及各州的行业协会并存；市场化运营程度高，注重财务运营，甚至有些组织是营利性组织；两级机构并行的监管模式使得保险资金运用受到相对严格的监管，政策游说、提供技术服务、制定行业标准等职能分散于不同组织之中。英国的自律组织高度集中，英国保险业协会的会员单位占据了超过九成的英国保险市场，该协会的职能涵盖了行业的各方面需求和各环节，并为行业制定了很高的自律标准，协会在一定程度上起到了引导全行业发展和影响政府制定政策的作用。日本的保险行业协会类似于行业工会，代表行业的观点和利益，为行业说话，对外塑造行业的良好形象。另外，日本各保险协会为防范道德风险做了相当多的工作，与警方高度合作并建立了相当透明的信息系统，向公众宣传保险知识从而提高保险普及率、增加资金总量，这也是日本保险行业协会的一大工作重点。这些代表性国家保险资金运用行业协会都承担着与政府及监管部门沟通、反映行业呼声、制定行业标准、为会员单位提供各类服务等职能的共同特点，这也是一个成熟保险行业协会应具备的职能。[①] 因此，我国保险资产管理业协会的发展既要借鉴美国、英国、日本等代表性国家的经验，也要结合国情，在借鉴代表性国家保险行业协会发展经验的基础上，可以注重从行业自律组织、加强与监管部门和会员单位之间的沟通协调、增进服务行业和会员单位利益、建立透明的信息披露机制和信息交换平台等方面着手建设。一是应完善自律公约，狠抓监管落实，严惩违约行为，构建信息平台，维护公平公开的市场竞争秩序。二

---

① 陈文辉．新常态下的中国保险资金运用研究［M］．中国金融出版社，2016：233—234.

是应高度关注行业政策，及时了解监管动向，掌握监管信息，把握政策方向，做到及时、准确传达给会员单位，最大限度维护行业利益。三是对于会员单位的需求，应适时向监管机构汇报，形成良好的互动机制，搭建监管机构与会员单位之间有效的沟通平台。四是各项工作应紧密围绕会员单位的利益展开，积极为会员单位服务，切实为会员单位着想，提高行业教育研究水平，改善信息沟通渠道，使行业获得更大的发展空间。所以，应将保险资产管理业协会塑造成自律组织，发挥其市场与监管的桥梁纽带作用，形成有效的监管，增加保险资金投资收益，为保险业的发展提供良好契机。

第六节　结论与展望

2018 年，保监会出台的《保险资金运用管理办法》及资管新规使我国保险资金运用监管制度更加完善。但由于我国保险行业起步较晚与发达国家在保险资金配置方面及保险监管领域存在较大差异，加之近几年保险资金投资途径的扩大，如何在达到保险资金投资收益目标的同时确保其安全性，需要恰当的监管措施，既不能监管过严影响保险公司的主动性与创新性，也不能监管过松影响保险资金运用的安全性与偿付能力，这个问题值得研究。

笔者对保险资金运用监管的一般考察，包括对保险资金运用特征、原则、发展历程及监管的必要性进行了梳理与分析，在法律关系与监管思路的基础上引出我国保险资金运用监管存在的法律问题，比较保险业发达国家保险资金运用监管制度寻求我国可借鉴的先进经验，以期为解决我国保险资金运用监管存在的法律问题建言献策，为我国保险资金运用提供良好的法治环境，促进保险业更加规范发展。同时，也期望可以激发更多进行保险资金运用法律探究的学者的深思，期望更多的学者可以积极参与研究保险投资监管法领域中，做出更加专业的分析总结、提出可行性的建议，使得我国保险资金运用监管的道路越走越顺，提升我国保险资金投资效益、促进保险业良好有序的发展。

本章参考文献

［1］曹贵仁．保险资金运用与内控管理［M］．上海：格致出版社，2018.

［2］陈文辉．新常态下的中国保险资金运用研究［M］．北京：中国金融出版社，2016.

［3］熊海帆．"大资管"时代的保险资金运用监管创新［M］．北京：经济科学出版社，2015.

［4］傅廷中．保险法学［M］．北京：清华大学出版社，2015.

［5］朱南军．保险资金运用风险管控研究［M］．北京：北京大学出版社，2014.

［6］郭金龙．现代商业保险规范发展与金融稳定关系的综合研究［M］．北京：经济管理出版社，2014.

［7］刘喜华，杨攀勇，宋媛媛．保险资金运用的风险管理［M］．北京：中国社会科学出版社，2013.

［8］金涛．保险资金运用的法律规制［M］．北京：法律出版社，2012.

［9］孟昭亿．保险资金运用国际比较［M］．北京：中国金融出版社，2005.

［10］温世扬．保险法［M］．北京：法律出版社，2003.

［11］江朝国．保险业之资金运用［M］．中国台北：财团法人保险事业发展中心，2003.

［12］李敏．金融与实业分离原则下的保险资金运用监管［J］．暨南学报（哲学社会科学版），2019（242）.

［13］邓修英．关于我国保险监管发展的探究［J］．理论与实践，2019（59）.

[14] 尤冰宁．我国保险资金入市法律监管的完善［J］．政法学刊，2019（3）．

[15] 庄致朋．“宝万之争”背后引人深思的保险监管［J］．合作经济与科技，2019（1）．

[16] 张杨．我国保险资金运用存在的问题及对策［J］．中国商论，2018（36）．

[17] 孟娜娜．非标资产的演化历程、积极作用与风险防控［J］．南方金融，2018（11）．

[18] 郭艳芳．论“穿透式”监管原则在私募基金监管中的适用［J］．证券市场导报，2018（9）．

[19] 叶林，吴烨．金融市场的“穿透式”监管论纲［J］．法学，2017（12）．

[20] 陈文辉．深化保险资金运用市场化改革［J］．中国金融，2017（3）．

[21] 宋晓宇．我国保险资金运用监管研究［J］．现代商业，2017（4）．

[22] 胡鹏．险资举牌上市公司法律监管规则的反思与完善［J］．商业研究，2017（9）．

[23] 张雪薇．我国当今保险资金运用分析［J］．中国市场，2017（33）．PH

[24] 王瑞武，王宇，邢诒俊．当前我国保险资金投资面临的主要挑战与应对之策［J］．时代金融，2017（12）．

[25] 闫俊花，李亚光，于鑫．保险集团疯狂举牌的背景、动因与对策研究［J］．金融视线，2017（9）．

[26] 刘禹墨，倪书阳．浅谈我国保险资金运用现状及对策研究［J］．时代金融，2017（3）．

[27] 韩海梅．保险资金投资运作研究［J］．财讯，2017（4）．

[28] 涂成．金融监管的逻辑［J］．新理财，2017（6）．

[29] 张钰青．我国保险监管存在的问题及对策研究［J］．金融观察，

2017 (5).

[30] 朱南军，韩佳运. 险资举牌的逻辑、特征与策略 [J]. 金融市场研究，2016 (4).

[31] 詹昊. 从法律角度分析前海人寿举牌万科 [J]. 中国保险报，2016 (12).

[32] 任明杰. “宝万之争”局面繁杂，险资杠杆举牌风险点在哪里 [J]. 中国证券报，2016 (5).

[33] 华生. 万科之争的公司治理和国企改革意义 [J]. 上海证券报，2016 (9).

[34] 唐金成，胡珊珊. 我国保险公司偿付能力及其监管研究——基于“偿二代”监管体系 [J]. 西南金融，2016 (12).

[35] 余龙华，陶羽琪. “偿二代”对保险公司经营管理的影响 [J]. 中国保险，2016 (6).

[36] 张巍. “宝万之争”中的公司法问题 [J]. 中国社会科学报，2016 (1).

[37] 黄金曦，徐丹. 不完全信息下上市公司股权反收购动态博弈——基于万科与宝能系的股权之争 [J]. 财会通讯，2016 (3).

[38] 游桂云，李敏，韦雪艳，窦海滨，陈洁. 险资举牌资本市场的原因及其影响分析 [J]. 保险理论与实践，2016 (9).

[39] 张素敏. 保险资金运用的国际经验及启示 [J]. 华北金融，2016 (3).

[40] 刘纪鹏，刘志强. 厘清创新与监管边界规范险资举牌行为 [J]. 资本市场，2016 (3).

[41] 段鹏志. 我国保险资金运用现存问题及建议 [J]. 现代营销，2016 (1).

[42] 朱晓宁. 保险资金运用监管机制探究 [J]. 现代商贸工业，2016 (24).

[43] 徐永春. 国外保险资金运用经验与启示 [J]. 国际研究，2015 (12).

［44］陶伟．浅析保险资金运用的风险防范［J］．现代工业经济和信息化，2015（9）．

［45］胡良．偿付能力与保险资金运用监管［J］．保险研究，2014（10）．

［46］李致鸿．3000 亿保险投资基金助力“一带一路”　保监会推进偿付能力监管国际合作［N］．21 世纪经济报道，2017—09—08．

［47］周瑾．“1＋4”与“偿二代”：目标一致互为补充［N］．金融时报，2017—07—26．

［48］邓雄鹰．普华永道：九成保险公司已初步建立风险管理框架［N］．证券时报，2017—07—26．

［49］刘政．保险资金运用监管法律问题研究［D］．吉林大学，2019．

［50］刘倩．保险资金股票投资的法律监管研究［D］．华东政法大学，2018．

［51］王晨．保险资金运用的法律监管制度研究［D］．山东大学，2018．

［52］刘峰．保险资金运用的法律监管研究［D］．华东政法大学，2018．

［53］苗雨露．我国保险资金投资于股市引发的风险及法律监管研究［D］．山东大学，2018．

［54］石伟．保险资金投资组合管理研究——以中国太平保险为例［D］．武汉纺织大学，2018．

［55］李腾腾．我国保险资金投资资本市场监管研究［D］．兰州财经大学，2018．

［56］岑虹瑾．我国保险资金投资的法律监管研究［D］．中国政法大学，2017．

［57］黎晓菲．万科控制权争夺案案例研究报告［D］．江西财经大学，2017．

［58］白哲．中国保险产业资金运用安全研究［D］．北京交通大学，2016．

［59］邹永胜．我国保险资金参与另类投资的法律监管研究［D］．华

东政法大学，2015.

［60］姜淞源．我国保险资金运用监管的法律问题研究［D］．吉林大学，2015.

［61］Gunilla Löfvendahl and Jeffery Yong. Insurance supervisory strategies for a low interest rate environment. Bank for International Settlements，2017（10）：14－15.

［62］Kris De Frain. Insurance Group Supervisiont. The center for insurance policy and research ，2015（4）：5－7.

［63］Lawrence，J. D.. Investment Policies of Life Insurance Companies［M］. Cambridge：Harvard University，1968.

［64］Robert，K. E. The Federal Deposit Insurance Fund That Did Not Put A Bite on U. S. Taxpayers［J］. Journal of bank and finance，1996（8）.

［65］Harrington，S. E. and Nelson，J. M.. A Regression－Based Methodology for Solvency Surveillance in the Property－Liability Insurance Industry［J］. Journal of Risk and Insurance，1986（4）.

［66］Michaelsen，J. B. and Goshay，R. C.. Portfolio in Financial Intermediaries：A New Approach［J］. Journal of Financial and Quantitative Analysis，1967（3）.

［67］Mossin，J.. Equilibrium in a Capital Assets Market［J］. Econometrica，1966（4）.

［68］Treynor，J. L.. How to Rate Management of Investment Funds［J］. Harvard Business Review，1965（1）.

［69］Lintner，J.. The Valuation of Risk Assets and the Selection of Risky Investments in Stock Portolios and Capital Budgets［J］. The review of Economics and Statistics，1965（1）.

［70］Sharpe，W. F.. Capital Asset Prices：A Theory of Market Equilibrium under Conditions of Risk［J］. The Journal of Finance，1964（3）.

［71］Markowitz，H. Portfolio Selection［J］. The journal of Finance，1952（7）.

第六章

我国环境责任保险法律问题研究

第一节　问题的提出

我国第一次环境责任保险试点工作是从20世纪90年代开始的，主要是在本溪、吉林等城市，试点采取政府引导、机构参与等方式。由于存在保险费率过高、承保范围过窄、赔偿金额有限等问题，导致投保企业参与度不高。在对第一次试点总结的基础上，我国于2007年开始进行第二次试点工作。相较于第一次试点，第二次开展试点的城市已经遍及全国，同时也出现了积极的变化。如，投保企业数量增多、费率也有所下降等。但在实践中依然暴露出许多问题，如保险产品设计不合理、保费较高、存在不合理免责条款等，使得大多数企业兴趣不足。2015年1月1日，正式开始实施的《环境保护法》第五十二条明确规定“国家鼓励投保环境污染责任保险”；同年5月，国务院出台《加快推进生态文明建设的意见》，强调全国各省（直辖市、自治区），尽快落实环境责任保险试点工作；随后出台的《生态文明体制改革总体方案》，提出以资源的消耗情况、对环境带来的污染情况为依据，确定行业的风险等级，对于高风险行业推行环境强制责任保险制度，并将其纳入经济社会发展评价体系；2018年，生态环境部出台《环境污染强制责任保险管理办法》规定了投保企业的类型，对承保范围等内容加以明确，从而进一步完善了环境污染责任保险。

从第二次环境责任保险试点的情况看，环境责任保险逐渐得到了我国各级政府的重视，但仍然存在一些问题。针对我国环境责任保险试点中存在的问题，笔者提出了一些建议，希望可以为我国的环境责任保险制度的完善提供参考。

第二节　环境责任保险的一般考察

一、环境责任保险的内涵及分类

（一）环境责任保险的内涵

环境责任保险在国外又被称为“绿色保险”“环境污染责任保险”①，其设立的目的在于解决因环境侵权带来的赔偿难的问题。由于法律没有明确定义，对于环境责任保险概念的探讨仁者见仁，大体可以分为两种观点。第一种保险观点认为，环境损害责任保险是被保险人因事故造成周围环境严重污染，依照国家相关法律规定采取以应付的损害赔偿费用作为主要保险赔偿对象的责任保险。在这种观点理解下，环境污染责任保险的主要承保业务范围仅限于突发性的因素引起的各类环境资源污染事故，而对由于经济累积性因素导致的各类环境资源污染事件则未被完全囊括，这种观点未考虑到环境侵权的复杂性和持续性，因此笔者认为其不太全面。第二种观点认为，环境损害责任保险，仅指以赔偿被保险人因意外事故造成的国内环境污染，以自行承担的意外环境损害赔偿或污染治理损害责任等作为保险标的的环境责任保险。该观点的思想主要来源于环境正义论，符合“谁污染，谁治理”的原则。笔者比较赞同第二种观点。

（二）环境责任保险的分类

一是按照保险关系的建立是否尊重排污者的意愿，环境责任保险可分为两类，分别是为强制性环境责任保险和自愿性环境责任保险。强制性环境责任保险主要含义是指被保险人按照法律规定必须投保环境责任保险，

---

① 李萱，沈晓悦，原庆丹．我国环境污染强制责任保险试点改革思考与建议［M］．北京：中国环境科学出版社，2016.

这种保险是依据法律的特别规定实行强制投保，对承保范围、保险费率、免除责任等保险合同内容都做了明确性规定，很大程度上限制了合同自由，规定被投保人必须恪守，不得随意更改。这种投保模式有助于充分发挥政府的优势，逐渐成为世界各国在发展环境保险时的首要选择。自愿性环境责任保险主要指的是投保人与保险公司本着平等自愿的原则，在经过多次协商而使得双方的意思一致所签署的保险合同。投保企业有相当大的自主权，可以根据自己的真实意愿决定是否投保、选择承保机构和投保方式。至于保险合同具体的内容，双方按照自愿互惠的原则，经双方协商加以确定，以后还有权变更。这种模式主要代表国家是英国，这也符合英国崇尚自由的观念。这种模式虽然尊重了各方的真实意愿，却没办法克服市场自身的弊端。投保人作为追求盈利最大化的企业法人，主要考虑购买环境责任保险会给企业增加费用，同时由于环境事故具有偶发性，因此企业存有侥幸心理，不愿购买环境责任保险，这对环境保护是极为不利的，也不利于环境责任保险的推广。因此，各国在发展环境责任保险时，根据风险等级，对于从事高风险行业的企业一般要求强制投保环境责任保险，而对于从事一些低风险行业的企业则实行自愿性投保。这样做既有利于推广环境责任保险，保护环境，同时也在一定程度上尊重了当事人双方的真实意愿，符合契约自由的精神。

二是按照被保险人身份性质存在的差异，我们将环境责任保险划分为普通性质的环境责任保险和特殊性质的环境责任保险。前者是指其保险的内容已经被法律法规所限定的，一切都是以法律的规定为准，而后者是指由于投保主体和投保利益的特殊性，只靠市场进行调节无法发挥其效力，必须依靠政府的强制手段对其进行调节。

三是根据赔偿范围的差异，环境责任保险可分为场地修复责任保险和环境污染责任保险①。环境污染责任保险主要是指保险机构赔偿因被保险人的污染行为，使得受害人遭受到的所有损失，而场地修复责任保险是指保险人对于受环境污染区域予以赔偿，使原区域环境恢复到原状所产生的

---

① 张洪涛，郑功成．保险学［M］．北京：中国人民大学出版社，2010.

修复费用，但是一般在具体的赔偿数额会予以限制。

二、环境责任保险的特征

（一）侵权对象的复杂性

环境侵权在侵权对象上比较复杂。环境侵权对象不仅包括传统的财产权、人身权，一般还涉及环境权，这也是造成环境责任保险和其他财产保险相比，环境责任保险专业性更强的原因。传统的民法只是简单对人身权、财产权两方面进行保护，存在一定的局限性。如，空气、阳光等都不属于传统意义上的公民个人财产，不能成为所有权的客体，无法用其财产权作为对其进行救济的依据。而相邻权①的缺陷主要在于它的适用范围有限，它仅限于以不动产的相邻关系为前提的环境侵权。然而，环境侵权通常具备迁移性和远距离的特点。把环境权与财产权、人身权并列作为环境侵权的对象，既可以弥补我国传统民法的漏洞，也更有利于新型权利概念的形成，② 对人们的环境权利意识的提高有重要作用。

（二）环境责任保险目的的公益性

由于责任保险是为了更好保护受害人权益的而设立的保险，具有较强的公益性。环境责任保险作为一种特殊的责任保险，同样也具有公益性。环境责任保险的公益性，是指环境责任保险制度对维护企业、受害者以及其他公众的利益可以起到重要的作用，它不但可以维护社会公众现存的利益，而且也有利于保护后辈人的合法利益。环境责任保险的合同内容具有典型社会公益性。由于环境侵权行为涉及面广，对经济和稳定的社会秩序会产生直接的影响，环境责任保险制度不仅可以保护我国的环境，最重要

---

① 相邻权指不动产的所有人或使用人在处理相邻关系时享有的权利。具体来说，在相互毗邻的不动产的所有人或者使用人之间，任何一方为了合理行使其所有权或使用权，享有要求其他相邻方提供便利或是接受一定限制的权利。相邻权实质上是对所有权的限制和延伸。

② 孙勤，徐小明．论我国环境侵权因果关系的认定模式［J］．湖北警官学院学报，2015，28（06）：84—88.

的还可以减少纠纷，稳定社会秩序。环境侵权由于其具有的长期性和地域的广泛性，也造成其往往会带来巨大的影响，倘若处理不当则会引起社会的矛盾，不利于社会的和谐和稳定。环境责任保险设立的初衷就是维护受害者的合法权益，稳定社会秩序。要想实现经济和社会秩序的安全和稳定，就必须要求在制度设计上体现出社会公益性的特点，即通过运用大数法将巨额赔偿的风险放在同一类危险制造者之间，从而实现社会性的分散，就可以避免个别污染者因资金不足而无法予以赔偿，由此带来的赔偿纠纷等影响社会秩序情况的出现。

（三）环境责任保险承保范围的有限性

任何一种保险其承保的范围都有一定的局限性，不可能将所有的风险全部纳入保险人应承担的范围内，而且承担范围的扩大会增加保险人的经营风险，使得保险人的经营成本增加，这对保险人显然是不太公平的。现有承保范围只是针对突发性环境污染带来的损害，而对于持续性造成的环境污染则未包括在内。环境污染造成的损害范围较广，污染的区域具有不确定性，涉及的区域范围一般较广，受害者众多，一般需支付的损害赔偿金数额巨大，保险人为了减少机构经营风险，通常会对承保责任和其保险的承保范围在签订保险单时加以限定，以求保险人和被保险人之间达到利益的平衡。环境责任保险是比较特殊的责任保险，鉴于环境侵权具有的地域上的不确定性以及成因的复杂性，若由保险公司全部承担则会导致其经营风险的加大，成本上涨，这样将导致保险公司对经营环境责任保险的兴趣的递减，不利于环境责任保险的推广。目前在我国对环境责任保险的承保范围加以限制，当下只对由于投保人在经营中发生的突发性污染予以赔偿，而对于那些由于投保人故意性造成的污染及累积性污染则不在现有的承保范围，这也是由现阶段我国环境保险市场的实际情况所决定的。随着我国环境责任保险的进一步发展，环境保险的承保范围必将随之扩大，但考虑保险人的经营成本等因素，不可能将所有的风险都纳入承保范围。

（四）环境责任保险责任合同内容的特定性

环境责任保险的合同内容具有特定性，特定行业、特定企业订立特定的合同，而不是用统一格式的合同。不同行业的企业，由于本身在生产工艺技术方面具有差异，造成了其对可能出现的污染事故事先采取的相关防范措施以及其所投入的设备情况也不一样。保险机构可以依据这些实际情况，为其设计和定制出与其实际需求相适应的环保责任合约的内容。另外，环境责任保险事故带来的赔偿金额往往是十分庞大的，保险公司与企业签订保险合同的同时，要根据企业自身的生产状况和自身资金定制，毕竟保险公司不是慈善机构，[①] 不能要求保险公司为投保企业造成的环境损失“买单”，这也对保险公司提出了更高的要求。在制定环境责任保险合同时要视具体企业情况而定，以此最大程度上规避风险，保险公司要对投保企业的抗风险能力进行详细评估，以此确定保险费率。

三、环境责任保险的功能

（一）分散风险

保险吸引人们的主要原因在于其可以分散转移风险，实现企业自身风险的降低。分散风险是指承保前分散，主要通过承保前合理的划分危险单位，并使每一个危险单位都独立来达到其目的，但这需要足够多的企业投保，才能更好地实现风险的分散。在没有环境责任保险前，企业因生产活动带来的污染环境的风险，由企业独自承担，面对巨额的赔偿款，企业往往不堪重负。而企业投保环境责任保险后，将原来因经营活动产生的环境污染的风险，分散到其他投保企业承担，降低了企业承担的风险。

（二）减轻政府的财政压力

由于环境侵权具有的长期性和侵权对象的不确定性，使得环境侵权带来的损失往往是巨大的，环境事故带来的损害如果不能得到妥善解决，则会导致社会矛盾的产生，不利于和谐社会的构建。政府以往在社会生产活动中起着重要的保障作用，一切事情都要政府进行批准和审查，随着近些年人们对环境权利越来越重视，环境问题一旦处理不好，极易引发社会矛盾。政府为稳定社会秩序，不得不在环境侵权问题上放更多的精力，这样

---

① 张洪涛，郑功成. 保险学［M］. 北京：中国人民大学出版社，2010.

极大地分散了政府的精力，同时增加了政府的财政压力。近几年，发生的重大环境污染事件，给人民的健康和财产带来严重的损失，大多数企业因为自身资金实力有限，通常无力进行赔偿，使得受害者的权益无法得到保障，这时就产生了更多的纠纷，严重扰乱了社会秩序。政府为了减少人们因赔偿产生的矛盾，解决环境侵权纠纷，稳定当地的社会秩序，往往会选择自掏腰包进行赔偿。这种做法虽然在短期内给受害者赔偿了损失，化解了纠纷，但也增加了政府的财政压力，导致政府无力发展其他民生事业，长远来看，这种方式通常难以为继。由于政府的财政资金大多是来源于纳税人，用广大纳税人的钱去偿还因少数人的错误而导致的赔偿，这显然是不公平的。当前我们一直在强调市场在资源配置中起决定性作用，让市场发挥其该有的作用，政府负责最后的保障作用，让政府可以集中精力去干一些涉及民生的大事。环境责任保险则可以起到这个作用，企业只需要定期缴纳保险费，由保险公司负责对企业因生产经营造成的环境污染给受害者带来的损失进行赔偿，这就在一定程度上解决了之前的赔偿难问题。由保险公司负责对因投保人污染环境带来的损失进行赔偿，这就形成了长久的机制。让市场主体自己解决问题，让政府得以解脱，极大地舒缓了政府的财政压力。

（三）保护环境

保险人在与投保人签订投保合同前，通常要进行一定的评估，评估的内容包括企业的经营活动、自有资金以及自有排污设备等。保险人在对企业的评估完成之后，一般会给出风险承担的等级，保险人根据企业可以承担的风险等级决定保险的费率。2017 年 6 月，环境保护部和保监会联合研究制定了《环境污染强制责任保险管理办法（征求意见稿）》，根据其规定，环境责任保险实行的是浮动费率，而影响保险费率的是企业可以承担的风险等级。保险人为了降低自身承担的风险会对企业的费率进行调整，针对一些排污设备齐全以及排污管理较为严格的企业，可以给予它们降低保险费率的优惠，而对一些排污设备不齐全，排污管理不严格的企业应上调费率。企业是以盈利为目的组织，它的经营活动都是围绕着如何使盈利增长开展的，环境责任保险会额外增加企业的生产经营成本，而且短期无法以此获利，因此大多数企业都会想尽办法减少这一投入与产出比不高的费用。基于投入与产出的利益化考量，企业会采购齐全的排污设备，并加强对排污的管理，以提高自己的环境抗风险能力，使得保险机构能够及时地降低自己的投保费率，实现成本减少。这时，当企业为降低自己的费率购买齐全排污设备，实行严格的环境管理时，就提高了企业自身的环保意识，也在无形之中保护了当地的生态环境。

（四）降低企业损失

环境责任保险是以投保企业引发的环境污染造成的损失为保险赔偿的标的。由于环境污染事故影响范围广和损失数额巨大的特点，大多数企业资金实力有限，一般难以承受。在没有环境责任保险的情况下，发生环境事故时，由于环境侵权具有的特殊性和长期性，使得企业需要支付大额的赔偿金，而且由于环境污染的区域的不固定，使得企业需要面临的受害者也具有多变性，这些都将增加企业的成本，使得企业无法专注于生产活动，给企业带来巨大的损失。通过环境污染责任保险我们则可以很好地解决这一问题。环境责任保险使得原本由单个企业所需负担的风险转移到其他企业，实现风险的分散，这也符合保险的大数法则，而通过环境责任保险降低企业的损失①，也符合企业的长远利益，投保环境责任险给企业带来的直接好处是帮助投保人迅速恢复日常的经营生产活动，尽可能地减少由环境事故给企业带来的巨大损失。鉴于目前我国的大多数企业都是中小微型企业，融资能力比较弱，需要更多的资金进行生产经营活动，环境责任保险由于具备分散风险和经济补偿的功能，成为企业的优先选项。投保环境责任保险可以帮助中小企业有效地规避未来的风险，减少因环境污染带来的经济损失。

（五）快速获得补偿

环境污染事故一旦发生，人数众多的受害者往往处于弱势地位。其中的很多人不知道可以使用法律手段维护自己的合法权益，容易运用其他救

---

① 郭金龙，周小燕．对环境责任保险赔偿机制的思考［J］．环境保护，2017（10）：19.

济手段维权，甚至可能采用一些极端的方法。造成的结果可能是，不但难以达到维护自己权益的目的，还会产生极恶劣的社会影响。但如果选择使用法律手段维权，受害者所负担的费用也是一笔不小的数目，会加重其经济负担，另外，环境污染诉讼一般持续时间较长，耗时耗力不说，最后的结果也不一定如受害者所愿。很多企业即使败诉但也支付不起赔偿金，则受害者虽然胜诉，但企业因资金实力有限无法支付赔偿金，也是徒劳一场。经济补偿是环境责任保险的基本功能之一，在环境事故发生后，它可以迅速对受害者的损失进行经济补偿，很好地保护了受害者的合法权益，这也是环境责任保险为之努力的方向。通过环境责任保险制度，受害者在环境事故发生后，可以直接向承保该企业环境责任保险的保险机构进行索赔，拿到赔偿金，有效地保障了自己的合法权益，省去了大量的维权成本，避免了因企业倒闭无法获得赔偿，从而导致自己权益受损的情况。

四、环境责任保险的理论基础

（一）环境正义论

“环境正义”主要是指当今社会人们在认知如何处理与环境有关的具体事情或者如何处理实际的环境问题时，传达产生和表现出来的一种价值观，环境正义是以环境权利和环境义务的公平对等为其追求的目标，不仅充分体现了人与大自然之间的关系，还充分体现了开发利用自然资源和开展环境保护工作的关系①，它冲破了最初我们对于正义的定义，延伸了正义的概念。它要求人们的生产经营行为要和环境供给、恢复能力相适应；在开发和利用自然资源过程中的生产经营活动行为，应达到环境权利和环境义务的平衡，并且保证经济开发利用行为应当遵守法律相关规定。

（二）风险责任的分担理论

趋利避害是人们的天性，因此人们在面对风险时，都会想尽办法降低

① 秦宁．中国环境责任保险制度研究［M］．青岛：中国海洋大学出版社，2009，110—125.

自己所应承担的风险。人们为此创造了多种制度，保险制度正是其中之一。随着工业的快速发展，带来了环境事故频发，严重侵害了社会的经济和人们的健康，为此污染者通常需要支付巨额的赔偿金，导致企业背上严重的负担，无法继续进行正常的经营和管理活动，企业可能会在未来几年内面临破产的风险，因此企业急需减少自己承担的风险。环境责任保险正是在这种背景下应运而生的，环境责任保险的功能在于风险分散和经济补偿，它可以保障受害者在环境事故发生后，快速得到赔偿，保障了受害者的权益。环境责任保险是通过把污染企业的风险转嫁给社会承担的方式，极大地降低了企业的风险，避免了企业因为污染环境而需要支付巨额的赔偿金，导致企业濒临倒闭情况的出现。在有环境责任保险的情况下，提高了企业的偿付能力，不但使企业可以放心从事生产经营，也有利于减少社会矛盾，构建和谐社会。

（三）环境侵权责任理论

传统的侵权行为必须是法律明确禁止的行为，通常以侵权者的过错作为其责任的构成要件。在开展工业化进程中不可避免会产生一些环境污染，是符合人类经济发展规律的。由于环境污染是随着经济发展而自然产生的，阻止其发生，不但不符合历史发展规律，也会对我国经济的发展和社会的进步产生极为不利的影响，因此对环境侵权行为不以过错为责任的构成要件。

我国的侵权责任法通常采用“过错责任”，即如果行为人因自己的过错对他人的民事权利造成了损害，就应当对其造成的损失承担相应的责任，实行“谁主张，谁举证”，这使得受害人如果希望获得赔偿金，就必须找到证据证明侵权行为人存在过错。在环境侵权中，随着人类工业化的不断向前发展，环境事故逐渐体现出复杂性的特点，使行为人在实行侵权行为时，可能在主观上有过错，也可能没有过错，甚至即使行为人在尽了合理的注意义务之后，仍有可能导致损害后果的产生。这些都将导致我们对侵权行为人的过错认定存在障碍，增加了受害人举证的难度，造成了受害者遭受环境污染带来的伤害后，在要求赔偿时面临多重障碍的情形。环境侵权以侵权事实的存在为前提，因此特殊归责原则适应于环境侵权。环境侵权引起损失较为严重，并且带来的社会影响较深，但由于环境污染具有隐蔽性和累积性，使得了环境污染难以发现，这些原因使传统侵权责任理论难以适应环境侵权，我们必须结合环境侵权的特点进行创新，为环境侵权救济提供一种新的救济方式。

（四）最大诚信原则

在进行民事活动过程中，诚信原则是各方当事人都应当遵守的一项重要原则。保险合同关系属于民事法律关系，当然也应遵循诚信原则。然而，不同于其他民事活动，保险合同关系要求当事人具有最大诚信。最大诚信是指保险合同中双方在签订保险合同时，一定要以自己可以达到的最大诚意履行属于本方应尽的义务，双方当事人应该互不欺骗和隐瞒，遵守合同的确立与承诺，否则保险合同无效。根据《保险法》第五条规定："保险活动的当事人各方在行使权利和履行义务时，均应当遵从最大诚信原则。"

在环境责任保险中，投保人要比保险人更加清楚自身的排污管理和管理能力，这就导致双方了解的信息存在差异，在此时极易出现逆向选择，发生道德风险，因此环境责任保险对当事人最大诚信原则要求的更为严格，主要包括如实告知义务和保证义务。

（1）如实告知义务。如实告知义务要求投保人要如实告知保险人其在以前的生产经营中，是否有因为排污活动导致污染环境事件的发生，以及在生产活动中那些具有潜在高风险环节，以确保保险人能做出正确的风险评估。假如投保人未能及时履行其应负的如实告知义务，从而导致保险人做出了错误的判断，则保险人有权对合同进行变更或加以解除，并对因投保人隐瞒或者告知的事项不正确而发生的环境污染事件不承担原来的赔偿义务。

（2）保证义务。保证义务是最大诚信原则中另一项重大的内容，它是指保险人在签发保单之前要求投保人对某一事项的作为或不作为是订立保险合同的条件和基础，所以世界各国对于保证要求的事项非常严格，假如投保人要求反担保，保险人可以单方直接解除合同，而不用承担任何的责任。

坚持最大诚信原则的主要目的，就是为了确保环境责任保险合同能顺利实施，保障双方当事人的合法利益不受侵害。因此，最大诚信原则可以适用于双方当事人。这是因为投保人对于其合同的承保内容最为了解，对于自身的经营状况、排污管理等方面要比保险人更为清楚，其投保环境责任保险是为了转嫁风险。而对于保险人来说由于对投保人的过去是否具有排污造成的污染历史不了解，不清楚其在哪些生产环节中会导致环境污染，主要是以投保人提供的片面证据为依据进行评估，最终确定是否愿意承保。当投保人存在欺瞒行为不告知保险人真实的情况时，就会使得保险人的评估出现错误，损害保险人的利益，因此会特别强调投保人应遵循最大诚信原则。

第三节　我国环境责任保险的立法实践和存在问题

一、我国环境责任保险制度立法实践和试点情况

（一）立法实践

关于环境责任保险方面的立法，从国家层面来看，涉及法律、行政法规和规章，立法内容主要涉及海洋船舶油污、航运污染等仅有的几个方面，其中原则性条款太多，可操作性不高。

2014 年，我国修订通过的《环境保护法》于 2015 年正式实施，其中第五十二条规定："国家鼓励投保环境污染责任保险。"明确了环境责任保险的地位，对其推广予以鼓励，用以解决实际实施推广中"无法可依"的难题。

2011 年，国务院的《危险化学品管理条例》中规定了在我国内河航行的船舶需购置船舶污染损害责任险，并对于当违反该条款时所应负的法律责任予以规定。2014 年，国务院颁布《国务院关于加开发展现代保险服务

业的若干意见》，该意见指出要在全国探索环境强制责任保险试点，在一定程度上为我国环境责任保险的发展指出了方向。

2018 年，由生态环境部出台的《环境污染责任管理办法》明确规定从事环境高风险的企业必须强制投保环境责任险，此外该办法还对环境责任保险的费率、承保范围等做出了细致的规定。

在地方上，各级地方人大则根据当地实际情况推出法律规定。例如：福建省属于沿海地区，面对的多是海洋问题，针对这种情况，在 2002 年由福建省人大常委会通过了《海洋环境保护条例》，以专门负责海洋环境的保护；江西省作为内地省份，其所属地势环境较为复杂，考虑到实际情况，2008 年由当地人大常委会颁布施行的符合该省实际情况的《江西省环境污染防治条例》。各地方立法对于当地环境条件起到了重要保障作用。

（二）我国环境责任保险试点现状

近些年来，环境责任保险在我国的发展道路较为坎坷，一度陷入僵局，当前仍处于试点阶段，没有得到大范围推广。截至 2021 年，环境责任保险试点的发展经历了两个阶段：第一阶段是从 1991 年开始直到 2007 年结束，持续近 16 年时间。这一时期是我国环境责任保险开始试点时期，参与试点的区域很少。第二阶段为 2007 年至今，这一时期是我国环境责任保险的重点试点时期。① 第一阶段主要在本溪、沈阳、吉林等城市开展，但是这一时期存在试点城市较为少、赔付率低、保费过高等问题，最后导致试点不了了之。第二阶段是环境责任保险的全面开展阶段。2007 年，国家环保总局联合保监会发布了有关开展环境责任保险试点工作的意见和建议，要求全国所有省市都要开展环境责任保险试点，这也标志着新阶段环境责任保险试点工作的正式开始。从重点试点阶段的各地区的环境责任保险在实施过程中的情况进行分析，我国的环境责任保险工作逐渐从理论转向了实践。至 2020 年，全国绝大部分地区先后开展了环境责任保险参与试点工作，为环境责任保险的全面推广打下了基础。

总体来看，我国环境责任保险试点工作呈现出以下特点：

---

① 赵然．环境责任保险的法律问题研究［D］．河北经贸大学，2015.

一是保险产品费率逐渐降低。保险产品的费率是影响投保人购买保险的重要参考因素，我国第一次环境责任保险试点工作之所以开展缓慢，参与投保主体较少，很大程度上是由于环境责任保险的费率过高，经过发展，我国环境责任保险的费率大幅下降，从 2013 年的 1.4% 下降到 2017 年的 1.02%。

二是强制投保范围逐渐明确。在新一轮试点中，对于环境强制责任保险的投保范围各地均划定一定的行业，重点集中于石油加工、重金属、化工等潜在的对环境造成污染的高风险行业。

二、我国环境责任保险试点中存在的问题

（一）我国环境责任保险法律法规不健全

我国环境责任保险之所以开展较慢，很大程度上是由于法律制度不完善，缺少相关配套法律的指引和保障造成的，这使得环境责任保险推广面临阻碍。我国目前有关环境责任的立法仍存在局限性，这是一个难以被人忽视的问题，其主要体现在以下几个方面：

一是缺少专门的环境责任保险法律。我国现行立法并不完善，环境责任保险法律体系尚不健全。我国目前针对环境责任保险最高阶的法律是《环境保护法》，但其中只是提出国家鼓励开展环境责任保险，并未对环境责任保险的具体内容做出明确的规定。我国目前仅对涉及海洋船舶油污、油气勘探与开发等方面有相应的立法。我国目前环境责任保险缺乏系统性规范，缺乏专门的环境责任保险法律，使得环境责任保险发展缺少制度的保障。

二是我国当前环境责任保险的规范性法律文件位阶不高。我国当前关于环境责任保险有具体规定的只是一些部门规章和地方性法律。部门规章多以倡导性规定为主，实施的效力不高，针对性不强。地方性法规是各地方根据本地实际制定出的法律，难以在全国范围内推广实施。我们要想实现发展环境责任保险在全国范围的广泛推行，应制定出一部专门的环境责任保险法律，以保障环境责任保险的顺利实施。

我国2015年正式实施的《环境保护法》对于污染环境的后果做出了详细的规定，包括罚款惩戒、停薪离职等。虽然对环境污染明确规定了后果，但在环境责任保险的具体内容方面，如环境责任保险参保资格、责任的划分、环境责任的再保险等内容基本没有涉及，对于环境责任保险的发展模式仅仅是在法律规定中做了倡导性规定，显然是不够的，不足以为环境责任保险在我国的推广起到支撑作用。

（二）环境责任保险缺乏有效的监管

由于环境责任保险承保的风险较高，当涉及环境事故的赔付时，一般需要大量的资金。这就要求承保机构除具有较高的资质外，还需有充足的流动资金专门用于赔偿。保险公司是需要盈利的，因此如果没有严格的监管，保险公司基于盈利目的，会使保费收入流向其他高风险行业以实现收益。从我国当前的监管实际运行来看，存在以下方面几个方面的弊端：一是我国当前主要由银保监会负责保险机构的监管工作，其对保险机构的监管主要是靠行政命令完成的，具有执行效果强的特点。但也存在一些弊端，在严格的行政监管下，各家保险机构严格按照程序经营，遇到特殊情况时，缺少灵活的办法，不利于发挥市场的优势。二是监管不到位。现行监管制度下，依然存在大量的不公正条款、保险经营缺乏透明度、群众对保险公司缺少信任等问题。

（三）缺乏统一的环境污染评估体系和标准

对投保人的评估是签订保险合同前的重要步骤，保险人通过一系列事项对投保人进行专业评估，例如以投保人现有的条件为标准，判断其承受风险的等级，并以此作为保险费率的重要依据。和其他保险相比，环境责任保险专业性较强，涉及的学科较多，为保险的评估增加了难度，普通保险从业人员多是单一学科的，理论知识较为单一。因此，单靠保险机构难以对环境进行科学准确的评估。

风险评估标准不统一是在实际签订保险合同前面临的一大难题。在实际中，保险公司对于风险的评估更多的限于问卷调查，调查的主要内容也局限于公司的财务状况、生产中是否存在环境污染的风险等。在投保人填写完成、签字之后，合同生效，保险公司以此确定投保企业的保险费率，这显然是缺乏科学的调查，难以让人信服。考虑环境事故发生具有复杂性，单靠调查问卷的形式难以准确评估企业的风险，对保险公司是十分不利的。

我国现有统一的评估标准是生态环境部2019年下发的环境风险评估技术指南，其中为各行业的风险划分提供了参考。各家保险公司通过该指南确定投保企业的风险等级，从而确定投保企业的费率。至于各试点地方，都有自己的环境风险评估指南，各地方环境风险指南划定风险的等级有所差异，这也造成了相同行业环境保险费用在各地存在差异，亟待统一。

（四）执法力度不严

在我国目前环境责任险发展缓慢的另一大重要原因是企业违法成本过低。对于企业来说成本是制约其经营的一大因素，企业是追求以盈利最大化为目的的法人，作出的经营决策要以是否盈利为主要参考依据。违法代价过低造成企业可以选择忽略，继续其违法排污活动。依据环保法对于污染环境的规定，企业违法排污，生态环境部门罚款不多于10万元，且对于罚款次数也加以限定，规定每月只能罚款一次。这样一来，对于企业来说，一年下来的环境违法代价也不过百万元。如此低廉的违法成本，难以避免某些企业钻政策和法律的漏洞，进行违法排污活动，损害生态环境。也由于规定的罚款上限低，很难对企业违法排污行为造成实质性的威慑，导致一些企业片面追求经济利益最大化，违法开展排污活动，完全无视自身对于环境保护的责任。反观部分环境治理较为成功的国家和地区，在借鉴其成功的经验中，我们可以发现一个共同点，那就是其对环境污染的处罚措施非常严格，环境污染违法的成本相当高，对企业的违法排污行为形成威慑，让企业在排污时不得不考虑成本问题，从而有利于环境的保护。因此，为了震慑污染者，保护好我们的生态环境，我们应当借鉴国外的成功经验，对造成环境污染的企业，视其给环境造成的具体危害，处以不同的处罚，对于罚款具体数额实行上不封顶，加大企业的违法后果，提高企业的违法成本，间接增强企业的环境保护意识，从而长远推进我国的环境责任保险的健康实行。

（五）环境责任保险的司法救济存在短板

和其他侵权责任方式的不同在于，环境侵权有其特殊性，主要表现为从受害者到受影响区域都存在不确定性，因此对受害者维护自身合法权益提高了难度。由于司法救济作用存在局限性，使得环境责任保险问题无法通过司法诉讼得到妥善解决。当前环境责任保险在救济方面存在以下问题：一是环境责任保险缺乏专业法律法规支撑。在当前我国现行关于环境责任保险的相关立法缺失的大背景下，人民法院在审理与其有关的案件时存在较大障碍。一方面，因为一般法院缺少懂得环境方面知识的专业人士，造成了调查取证以及判断具体侵权的危害性比较难。因此，法院最后的审理和判决也就缺乏专业性。尤其是涉及赔偿金额问题之时，往往与受害者申请赔付的数额有较大的差距，各级法院审理的结果也会存在差异。另一方面，由于当前环境责任保险缺少上位法的指导，造成法官没有可依据的法律法规，使他们无法依据具体的法律规则进行审理。二是司法在具体操过程中达不到预期。司法救济作为最后的途径，在调节社会矛盾、稳定社会秩序方面起着无法替代的作用①，被老百姓视为救命的途径。由于环境侵权的复杂性，加之我国其他救济手段存在短板，这就使得诉讼成为解决环境侵权的首要选择。但是，由于环境侵权时间跨度较大，以及影响地域的广阔性，这些都使得取证难度较大，受害者的维权之路举步维艰，往往很难在第一时间获得赔偿。同时，由于环境侵权具有较强的专业性，所涉专业包括环境、医学、地理等学科，而在实际生活中法律专业人士一般知识面较窄，往往不具备这些方面的专业知识，这就加大了案件调查的难度。为了提取证据法律从业者往往需要去咨询相关领域的专家，向他们寻求帮助，这就使得案件的调查工作时间较长，拉长了案件的解决时间，环境案件迟迟得不到妥善的处理，受害者的合法权益得不到及时的维护。这些不但增加了诉讼的成本，还严重损害了司法在人们心目中的公信力，对社会秩序的稳定也带来了严重的挑战。

（六）我国公民和企业环境意识缺乏

我国目前环境责任保险推进迟缓的原因，还有一点不得不说，就是当前中小企业和公民环境保护意识的不足。一是企业环境责任保险意识淡

---

① 郝英青．对虚假新闻提起公益诉讼的应然性研究［D］．南京大学，2016.

薄。导致企业环境责任保险意识不足的原因主要有两方面。第一，由于环境事故具有漫长的时间性，环境污染往往需要几年甚至几十年的时间才会慢慢显现，导致企业产生了侥幸心理，认为缴不缴纳环境责任保险都无所谓。企业是以盈利最大化为目的的法人，非常注意自己当年实际的投入与产出的比，缺乏长远的眼光，加上我国现有的保险产品自身存在的缺陷，例如免责条款过多、费率过高、保险范围过窄等，让企业认为起买不买都无用处。以及解决纠纷，以及社会和谐和稳定社会秩序，最后造成的环境污染通常都是由政府赔偿买单。这就使企业没了心理负担，可以任意开展生产经营与污染物排放，不用考虑任何后果，反正最后都是由政府兜底。第二，我国对经济发展的过度重视，国家坚持以经济建设为中心，大力发展经济。虽然中央一直强调要注重保护生态环境，不能以牺牲环境为代价实现发展，但由于官员考核办法多是以经济发展速度为主要依据，因此造成地方官员错误的观念，只重视发展经济而忽视环境，甚至以牺牲环境为代价，只为追求高速的经济发展。地方政府只重视企业产生的经济效益，不管其可能对环境造成的污染。政府对于企业违规排放造成的污染一般会选择“暂时性失明”，政府的态度决定了企业和公众的态度，企业是以追求盈利最大化为目的的法人，使得企业在做决策时也只重视经济效益，而不管其违规偷排行为可能引发的环境污染，在企业看来只要能产生效益就已经足够，况且购买排放设备还需要花费相当大一笔资金，因此会选择减少一切不必要的生产成本。另外，由于环境事故的发生具有偶然性和时间积累性，这也在无形中助长了企业的侥幸心理。在现实生活中生态环境部门对于企业违规排放的处罚过低，企业违法成本过低，造成了企业认为其排污行为无关紧要，无法对企业形成足够的威慑力，过低的违法成本对于大多数企业来说无关痛痒，不会对其正常生产经营活动产生巨大的影响，因此企业通常会选择忽视这种处罚，造成小额惩罚不断上演的情形，企业也自然不会对环境保护问题上心，认为这是政府的事。二是我国公民对环境的保护意识不足。当前，我国民众整体法律意识淡薄，当发生的环境事故对自己的健康和财产造成损害之后，不懂得怎样维护自己的合法权益，一般认为要到法院，通过诉讼途径，以期望获得相应的赔偿。但考虑到诉讼通常会产生不小的诉讼成本，这对本来收入就不高的民众来说是一笔巨大的负担。因此，遇到自己合法权益受损问题后，大多会自认倒霉。由于环境侵权具有的累积性，使得公民一般无法辨别自己的身体健康的改变与环境的污染有多大关系，而且环境污染通常涉及的区域较广，公民无法确认是哪家企业对环境造成的污染与自己的身体健康状况有关。因此，当环境污染对自己身体造成危害后，当地居民无法确认污染企业，不知该告哪家企业。此类情况发生后，当地居民一般都会选择找当地人民政府解决此类问题，当地人民政府为了稳定社会秩序，解决矛盾，一般会选择自掏腰包，对身体受到损害的居民给予一定的经济补偿，以此息事宁人。

第四节　代表性国家环境责任保险制度分析与经验

一、代表性国家环境责任保险制度

（一）英国自由环境责任保险制度

英国作为世界工业强国、第一次工业革命的发起者、最初的世界制造中心，在世界经济中地位不言而喻，这些都是其大力发展工业带来的益处。但凡事都有两面性，英国发展工业在增强了本国经济实力的同时，也由此出现了大量的环境问题。如，20 世纪英国出现的著名的毒雾事件，就是工业化带来的负面性后果，这让以前忽略环境问题的英国人吃够了苦头，造成了严重的人员伤害和巨大的经济损失。这些由于环境污染带来的巨大代价使得英国人开始进行反思，从此英国开始制定环境法律，但英国对于环境责任保险规定比较宽。根据英国的法律，投保环境责任保险完全由个人决定，但法律规定的除外。英国于 1969 年加入《国际油污损害赔偿民事公约》，成为该公约的成员国之一。依据该条约的规定，在海洋油污造成的损害赔偿范围内，实行强制性的环境责任保险制度，进入英国领土范围内，所有从事运输油类及其相关的船舶必须投保环境责任保险。另外，英国还设立专项的赔偿基金，这项基金由参保企业根据一定的比例加以提取，当环境事故发生后，赔偿额较大，致使投保企业无法支付高额赔偿金时，则由专项基金负责偿还，这就给投保企业设立了最后的安全底线。在20世纪70年代英国推出了专门的环境损害责任保险，将持续性的环境污染纳入保险承保范围，但对于保险种类英国政府不会强制规定。

从英国在环境责任保险的实际做法来看，一方面，实行任意性责任保险体现了充分尊重当事人意愿的态度，给予了投保人和保险公司较大的自由权。在合同内容的制定上，对投保人而言，它可以根据自身的需要决定是否投保环境责任保险，减轻了企业的不必要成本，使企业能以充足的资金保障自身的生产活动，对于保险公司来说也是极为有利的，保险公司可以在自身愿意时根据审核的投保人的抗风险等级决定是否和该投保人签订承保合同，这样极大地降低了保险公司的经营风险，这也是符合市场规律的体现。另一方面，对于一些存在较高环境风险的行业，实行强制性责任投保制度，有利于环境的保护。英国对环境责任保险的做法体现了其严谨而又不失宽松的态度，但是这种做法是建立在市场没有失灵的前提下，才可发挥其应有的作用。在实际生活中，市场存在着自发性和盲目性等弊端，当出现市场失灵时，市场无法实现自我调节。按照世界各国对于环境责任险发展的态度来看，强制性的环境责任保险政策正在趋于主流。因为其有着无可比拟的优势，不但可以更好地保护受害者的合法权益，弥补受害者的损失，而且通过强制性提高了企业的环保意识，可以实现对环境的保护。

（二）美国强制环境责任保险制度

美国作为世界上最先开展环境责任保险的国家，拥有较为健全的法律体系，但它和英国等资本主义强国一样，走了“先污染，后治理”的老路。美国在开始时不注意环境问题，而是将主要重心放在了发展经济上，大力发展工业，促进美国经济高速发展。然而，在经济发展的同时，也带来了潜在的环境问题。当底特律等城市环境污染事故发生后，美国才逐渐意识到保护环境的重要性，并开始推出相应的措施。环境责任保险就是美国治理环境的一项重大举措。在环境保险尚未推行之前，该保险隶属于公众责任保险范畴，其设立目的主要在于弥补公众责任保险的不足，直到污染事故的频发与基于污染事故判定的特殊性，环境污染责任保险才慢慢独立出来并得到较大发展。美国的环境责任保险大致可以分为两类：一是环境损害责任保险；二是自由场地修复责任保险。环境损害责任保险主要是指能有效地保障投保人在财产、人身方面的合法权益，具体是指当被保险人因为自身生产行为对当地环境造成了损害，使周边区土地上任何的第三人的人身、财产出现损害，保险人会代替投保人承担补救和赔偿的责任。自由场地修复责任保险是指当被保险人在使用自有场地或者发生环境事故之后，所需要支付的相关修复费用。

20 世纪 80 年代后期，美国成立专门承保环境责任保险的公司，这家公司是以环境污染责任保险产品为主要业务，平常公司会派专业的工作人员负责销售保险产品，其保险产品的承保范围都是明确的，承保范围通常只包括一些突发性污染事件，或者是因生产中意外而发生的环境事故导致的第三人在人身和财产方面受到的损失。但是，对于一些由于污染者故意引起的环境污染，保险公司不予负责。

美国政府逐渐加强对环保方面的立法，使得其对于环境污染的追责和惩罚力度进一步提高，在实现环境条件改善的同时，也推动了美国环境责任保险制度的不断完善以及保险市场的不断壮大。美国的环境责任保险的发展之路从一般逐渐走向了特殊，环境责任保险的模式逐渐由任意性转向了强制性。这些制度相互配合，一起促进美国强制责任保险的形成与进步。

美国的环境责任保险之所以能够逐渐在市场中占据较大份额，并得到顺利推广，离不开以下两个因素：一是与它拥有较为完善的法律体系和完备的市场运行体制作为支撑有很大的关联，健全的法律体系为美国开展环境责任保险提供了强有力的法律支撑。二是美国为了解决市场对污染的多样化风险，成立了专门的环境责任保险企业。有了专门的承保公司，使得环境责任保险更加专业化，效率更加高效。

（三）德国混合环境责任保险制度

德国是世界上著名的制造业大国，以严谨而闻名，环境保护相关法律制度比较齐全。德国环境责任保险具有“长尾保险”性质，环境责任保险有效期多延长三年，其主要目的就是为了应对损害实际发生和发现之间存在的时间差而产生的，即在合同中止后三年内如果出现损失，保险人对该损失仍需负责。德国是一个将强制性环境责任保险与担保制度二者相结合的国家。在环境强制责任保险立法领域，除了《环境责任法》外，《环境损害赔偿法草案》同样也很重要，值得我们学习。德国于20世纪90年代推出的《环境责任法》中规定，不仅要求高风险企业强制投保，还要求各企业应提供相当资金的保障。总的来看，德国相较于其他国家有着更为严格的执法，立法也更为重视法律的完善。《环境责任法》中还规定，要求一些从事高风险行业的公司必须购置环境责任保险，并且根据行业划出涉及石油化工、采矿业、农渔业、航空等十大类，总共涉及设备多达96种的名单，强制要求它们必须投保环境责任保险或者是提供足够的资金来作为保证。其中，《环境责任法》第19条将企业设备种类予以详细罗列，其明确设备的所有人必须按照法律的相关规定采取相关的保障措施。其所列的保障措施主要包括以下两种：一是在法律覆盖范围内，向有环境责任保险经营权的保险机构投保环境责任保险，在发生环境污染责任时由保险人代替污染企业承担部分责任；二是通过由中央政府或地方政府给出相应证明对污染企业的责任加以缓解甚至免除，其中离不开政府发挥的重要作用。如果企业违反该法的规定，拒不履行或采取上述两种预先保障措施，相关政府的主管部门将依据法律相关规定对企业进行相应处罚。德国环境责任保险制度之所以比较完备，与其拥有健全的环境法律体系有很大的关系，其中对赔偿限额规定得很明确，根据投保人的过错程度规定各自的法律责任和后果，这在很大程度上保护了受害者的合法权益。德国之所以采取强制责任保险与财务担保相结合的模式，主要原因在于希望能充分利用财务担保的工具实现风险分散，但在实际应用中，财务担保和参与度并不高，使得金融机构参与度也不高。此外，为了更好地推广环境责任保险，德国对于自愿参加投保的企业都会在政策和税收方面给予适当优惠，从而激励更多的企业进行投保，以实现环境保险在本国的全覆盖。

二、代表性国家环境责任保险经验对我国的启示

随着环境对人类生活的影响越来越大，各国政府对环境问题也越来越重视。由于任意性环境责任保险难以克服市场的弊端，相比之下，强制性环境责任保险凭借其在保护环境上的优势开始占据主流，美国、德国等都采取了强制性投保的模式，主要是由于强制性投保模式有着不可替代的作用。强制性投保和任意性投保相比可以更加地充分发挥政府的力量，通过强制实行投保，带动环境责任保险市场的壮大，从而推动环境责任保险的发展。在任意性投保模式下，企业心存侥幸心理，不投保环境污染责任保险，当环境事故发生后，企业又无力对受害者进行赔偿，而强制责任投保则可以避免出现这种情况，在强制性责任保险模式下，环境责任保险承保范围、保费等都通过法律加以规定，企业只能选择投保，间接有利于环境的保护。在我国当前复杂的经济环境下，如果不采取强制性模式，单靠市场自觉性，将会对我国的生态环境造成无法挽回的损害。利润永远是企业努力的方向，正因如此，才发生了一系列的环境污染事件。若不针对违法排污的企业采取强制手段，放任其发展，我国生态环境一定会受到严重的损害，因而我国现阶段的环境政策应将重点放在防范上，在环境遭到无法修复的污染之前，就采取强制环境责任保险制度，在可以降低企业生产风险的同时，也能够对企业生产开展监管，防止企业违规排放。正是由于环境强制责任保险着无可比拟的优点，世界各国的环境责任保险模式也逐渐向其靠拢。虽然当前各国选择的环境责任保险模式存在差异，但随着环境污染事故的频发，严重威胁着人类的生存环境，越来越多的国家选择了强制性环境责任保险模式。各国应根据实际情况选择环境保险投保模式，我国应当立足于本国实际，不但要学习国外先进制度，也需要发展符合本国实际的投保模式。现阶段我国企业和公民的环境意识淡薄，企业因存有侥幸心理或因要追求利润最大化，但是不投保环境污染责任保险会造成环境污染，以及人们在财产和健康方面受到损害，从这些结果看，实施强制责任保险是符合我国当前实际国情的。但是，单一的强制责任保险会额外增

加企业负担，不利于发挥企业的活力。我国目前依然需要有较高的经济发展速度，加之企业是带动我国经济发展的主要动力，因此不应给企业增加额外的负担。如何能既保护环境又不增加企业的负担，这是一个关键性问题。而2018年《环境污染责任管理办法》的出台则很好地解决了这一问题，其中根据对环境有可能造成的损害，划分了不同的风险等级。所有从事高风险行业的企业必须投保环境责任保险，对于从事低风险行业的企业则没有强制要求。《环境污染责任管理办法》是以我国实际情况制定的，它的出台很好地打消了我国当前因保护环境而有可能造成经济发展速度下降的顾虑。针对不同行业的企业实行精准的投保要求，使得我们能在保护环境的同时又可保证经济发展。

（一）立法先行

无论是实行强制环境责任保险为主的美国，还是强制与财产担保并行的德国，以及采取任意性环境责任保险的英国，无一例外，都建立了强大的环境法律支撑本国环境责任保险发展，立法的规范化和层次化是欧美国家开展环境责任保险的基础和保障。环境立法并非越多越好，法律越多越有可能造成矛盾和冲突，因此需要建立系统的环境立法体系进行统一管理。只有在系统的环境法律管理下，明确法律之间的相互关系及其管理对象，才可以带动全社会成员的共同协作形成良性循环。因此，在推进我国环境责任保险发展的时候，我们应注意立法先行，要先建立完善的环境立法体系，以支撑环境责任保险的发展。

（二）科学的组建环保机构

由于环境问题牵涉的面较为复杂，其中牵涉到技术问题，加之保险机构缺乏专业技术人士和技术设施，使得传统保险机构无法第一时间对环境事故进行评估，增加了经营成本。因此，在外国尤其是美国是以组建专门的环境承保公司负责环境承保业务。我国国情较为复杂，这就要求我们做到因地制宜，根据不同地区制定不同的承保措施，对于发生污染频率较高的地区，我们可以组建专门的环境承保机构负责对环境事故进行科学评估和检验，对于环境污染发生频率较低的地区则仍有当地商业保险公司负责承保。尤其要指出的是，组建专业的承保机构需要来自政府的支持成立环境人才专业储备，当地要储备具有专业背景的专业人才。另外，政府还应给予财政的帮助，其专业的环境承保机构应受政府的监督和管理。

（三）合理延长追责期限

和其他侵权方式不同，环境侵权时间较长，具有累积性，对于人身体带来的损害并不是短期内可以看到的，环境对于人身体带来的影响通常是需要一定的时间才逐渐开始显现，因此传统的追溯期限难以满足其特殊需要。这种不确定性使得受害者无法确定其身体不适是否由环境事故引发，增加了受害者举证的难度，在这方面我们可以参考美国的部分规定。美国针对环境事故的累积性，为了保护受害者维护自己的合法权益，在索赔上采取日落条款加上了一定期限的延长，通过延长索赔时间，保护了受害者的合法权益。传统的保险条款中规定的期限是 3 年，但鉴于环境问题具有的特殊性 3 年期限显得太短，不利于受害者维护自身合法权益，因此我们可以适当延长索赔期限至 20 年。在此期限内被保险人发生的环境损害问题，可以进行索赔，充分地保护了受害者的合法权益。

（四）强制责任保险和任意责任保险并行

当前世界各国环境责任保险主要有两种模式：一是美国等国家实施的强制责任保险模式；二是英国等国家实施的任意责任保险模式。这两种保险模式可以说各有千秋。强制性环境责任保险可以充分地发挥保险的作用，任意性环境责任险是在充分尊重双方当事人真实意愿的基础上，投保企业根据自身需要选择合适的保险机构进行投保。这种投保方式，既有利于保护环境，又不会对企业造成额外的负担。但任意性投保方式存在一定的缺点，即无法克服市场的弊端，容易使企业产生侥幸心理，选择不投保环境责任保险，无法充分发挥保险的作用。结合当前世界环境责任保险发展趋势来看，强制性环境责任保险是一大发展趋势，主要是由于强制性责任保险相较于任意性责任保险具备无可比拟的优势，强制责任保险可以克服市场的自发性等弊端，更好地实现对环境的保护，世界各国的环境责任保险的发展趋势就是逐渐向强制性责任保险靠拢。针对我国企业环境保护意识缺乏的特点，不少专业人士提出实行强制性环境责任保险，他们是鉴于市场的弊端提出的，这种方式有可取之处，但是过于激进，因为我国经济仍处于追赶阶段，需要保持一定的发展速度。在我国经济发展中企业是经济发展的主要引擎，不区分对环境造成破坏的风险程度，统一对所有企行业实行强制性环境责任险会增加企业不必要的负担，影响其发展，也会对经济发展造成一定的影响，不太可取。我们应该实施精准的保险模式，针对不同行业的风险等级做出专业审核，对于从事高风险行业应强制投保责任保险，而对于从事于中低风险行业可以采取任意性责任保险。发展环境责任险的最终目的在于实现人与自然和谐共生，因此我们在现阶段的经济发展中应根据不同行业发生环境污染的风险性采取不同的环境责任保险模式，只有这样我们才能实现经济和生态保护协调发展。

（五）成熟的环境责任保险再保险制度

西方各国环境责任保险之所以发达，除了完善的法律制度、保险公司经营技术成熟等条件外，还有一点极为重要，即其成熟的环境责任保险再保险制度。我们都知道环境责任保险的目的是将投保人的风险转移到保险人身上，从而减少投保人承担的风险，最终减少因环境事故的发生导致投保人需要支付的赔偿金。而环境责任保险的再保险则是保险人将其承担的风险分散到其他保险人身上，减少了自身承担的风险。这也在一定程度上既提高了原保险人的经营能力，又增加了受害人在发生环境事故后得到赔偿的概率。环境事故一旦发生，其导致的经济损失一般是巨大的，倘若只由单个保险公司承担风险，如该保险公司实力不强，则很容易导致其经营失败甚至破产。这就在一定程度上为保险公司经营环境责任保险增加了障碍，为了解决这一困境，西方发达国家建立了环境责任保险再保险制度，允许保险人将其承担的风险按照一定比例分散转移到其他保险人身上，减少原承保人的风险，最大可能保障了受害人可以获得赔偿。我国现有的环境责任保险没有该项制度，所有的风险都是由保险人承担，这对保险人来说是不利的。因此，为了我国环境责任保险可以进一步得到推广，应当建立符合国情和实际需求的环境责任保险再保险制度，降低原保险人的风险，保障其随时有清偿能力，借以鼓励更多的保险人开展环境责任保险业务，形成良性的竞争，激发市场活力，从而更好地推进我国环境责任保险的健康发展。

第五节　完善我国环境责任保险制度的建议

一、完善我国环境责任保险的法律对策

（一）完善我国环境责任保险法律制度

建立以环保法、环境责任保险法、侵权责任法，以及其他法律相互配合的环境法律体系。我国现阶段环境责任保险主要是以环保法和各项单行法为主①，缺少专项的法律。法律之间缺少联系，各项法律基本是相互孤立的存在，无法形成一个统一的体系。法律并不是越多越好，法律过于冗杂就会有许多难以解决的矛盾。因此，当我们在制定环境责任保险法时应注意各法律之间的相互联系，要形成一个系统的观念。

我国目前尚没有形成系统的环境立法体系，没有专门的环境责任保险方面的法律，现有的法律多是以单行法为主，互相之间没有联系，法律比较杂乱，没有统一的管理，因此造成了目前的局面。各级立法机关应尽快制定和完善环境责任保险方面的法律法规，为我国的环境责任保险的健康发展提供法律依据。一是我国应继续完善相关单行法。环境责任保险法以《保险法》为基础，并且可以充分遵循《保险法》一般原则性的规定。②我们在不断完善《环境保护法》的同时，更要强化对《保险法》修订工作的重视。对现行《保险法》中不明确的规定，要不断加以补充和明确，以便于法律从业者在实践过程中找到依据。要以《环境保护法》为基础，完善或者修订有关生态保护方面的单行法律，制定与完善环境责任保险相关法律制度。在不同的法律条文中，要明确被保险人在环境责任保险所要承

① 郭毅玲．浅谈我国环境责任保险制度的完善［J］．时代经贸，2019（08）．

② 赵然．环境责任保险的法律问题研究［D］．河北经贸大学，2015．

担的不同法律责任。二是环境责任保险专门法律的制定。由于我国保险业发展起步较晚，目前环境责任保险仍处于初步发展阶段，一些专业的法律法规制定得比较粗糙，可操作性不强①，虽然在各省份试点的初期足以应付，但我国要想促进环境责任保险制度的长远推进，制定一部适合我国现阶段国情的《环境责任保险法》是至关重要的。但是，制定合适的法律还需较长时间，主要因为一部好法律的制定需要得到社会公众的一致认可。我们当前最重要的任务是构建环境责任保险的法律框架②，完善可以适应各种环境领域通用的主要制度，并对环境责任保险的法律配套制度不断优化。只有等到各方面条件都较成熟时，《环境责任保险法》的出台才会水到渠成。

（二）完善司法救济机制

一是在司法实践中，可以将受害人增加为诉讼参与人，简化其赔偿请求权的程序。让受害人可以通过法律手段维护自身合法利益，使得受害人在案发后能够及时得到帮助和救济，且能降低诉讼成本。由于环境侵权具有复杂性和潜伏性的特点，让保险人、被保险人和受害人都作为诉讼参与人参加诉讼，有利于查清案件事实。二是延长特殊诉讼时效，由于环境事故具有的特殊性和复杂性，环境事故对人身体的影响通常是需要较长时间才开始显现，因此传统的 3 年追责期限不足以让受害者发现身体出现的问题，3 年时效明显对受害人不利。因此，我们必须适当延长追责期限，以保护受害者的合法权益。

（三）健全环境责任保险监管体制

要使环境责任保险在我国得到良好的发展，一个好的监督管理体系必不可少。环境责任保险监管体系的建设，不但可以提高资金的使用效率和政府的监管效率，也能促使环境保险基金发挥更大的作用，从而提高保险公司的风险承担力度，以便更好地维护投保人的合法权益。

一是建立完善的政府环境责任保险监管体系。建立环境责任保险监管

---

① 赵然．环境责任保险的法律问题研究［D］．河北经贸大学，2015.

② 周媛．我国环境污染强制责任保险立法研究［D］．西南政法大学，2016.

体系应坚持两个原则，即要保护投保人的利益和维护好受害者的合法权益。另外，我们也应注意保护好保险人的合法利益不受侵犯，从我国监管现状来看，主要存在以下两处缺陷：（1）由于我国现行对于保险人的监管是由银保监会负责统一监管，所有业务严格按照程序办理，缺乏相应的变通，效率较低。（2）监管宽松，保险机构利用其优势，制订的合同条款对保险人有利，一些不公平条款层出不穷，严重损害了保险公司在百姓心中的形象，这对于环境责任保险的广泛开展是极为不利的

二是环境监管部门建立环境监管体系。首先，应明确责任，要根据实际情况在部门内部设置相应的科室，对各个科室的责任加以细化和规定，对现有的人力资源加以整合，加强责任管理防止出现监管漏洞、互相推诿、逃避责任情形的出现。其次，聘请专家任长期顾问，为部门监管和科学的决策建言，在最大程度上防止出现错误。最后，加强对保险人保险资金的监管，保险资金对于保险公司的经营来说有重大影响。考虑到保险赔付的概率较小，许多保险机构会借机挪用保险资金，资金不出问题则已，一出问题则会对受害者的保险金的赔付造成影响。

因此，应加强对保险机构拥有的保险资金的监管，防止保险机构为了追求利润而投资高风险产品。

（四）加强环境执法力度

法律要想达到最初的目的，不仅需要完善的立法，还需要有严格的执法，否则就成为空谈，无法达到预期效果。现有的执法还有一些漏洞，暴露出一些问题。要加强环境责任执法力度，应从以下几个方面着手：一是要健全机构设置，从中央到地方要健全生态环境部门内部的机构，明确各个部门的权利和责任，做到权责明晰，不留执法漏洞，防止各部门出现互相推诿的情况。二是要建立一支高水平的环境执法队伍，执法队成员应具备较高的知识素养，从而提高环境执法水平。当下我国环境执法过程中屡屡出现执法不严，尺度不一等情况，不仅使企业无法获取教训，还严重损害了政府的公信力，对政府在人民群众中的信誉造成了损伤，要想杜绝这种现象的存在，必须加大对环境污染的处罚力度。企业是以营利为目的的法人，要想杜绝企业污染环境事件的发生，最有效的方法就是提高企业的

环境污染违法成本，使得企业在做出相关决策时要慎重，环境执法队伍要没收其违法经营收入，根据企业的违法收入处相应的罚款。并要求企业缴纳环境污染损失治理费，等限期整改通过生态环境部门的验收和缴纳罚款到位后再退还。另外，在环境执法过程中，还需建立健全责任追究制度，使违法行为无藏身之处，为环境责任保险的推广营造良好的法律环境。

二、完善我国环境责任保险其他配套制度

（一）明确环境责任保险的限额制度

实行环境责任保险责任限额的主要目的在于减轻保险人的风险，促使保险人积极主动开展环境责任保险，这是以整个社会的利益为落脚点的。

采取环境责任保险责任限额制度是十分必要的，对于推广我国环境责任保险的发展有很大的益处，具体表现在以下两个方面：一是有利于增强投保人保护环境的意识。投保人在得知赔偿数额是有上限的，保险人不能无限制的赔偿后，就会主动采取措施防止赔偿数额过大，避免最后由自己赔偿的情况发生，因此会积极学习保护环境的知识。二是实施环境责任保险限额有利于保护保险人的合法利益。对于保险人来说，由于环境事故的不确定性和长期性，使得环境事故带来的损失也可能是巨大的，如不加以限制保险人的赔偿额度，就会加重保险人的负担，削弱了其经营环境责任保险的兴趣，不利于我国环境责任保险的推广。而实施环境责任保险限额后有利于保护保险人，对于保险人的赔偿数额予以明确有利于减少保险人的压力给保险人带来益处，以带动保险人发展环境责任保险的积极性。

（二）建立环境责任保险平稳基金

环境事故不发生则已，其一旦发生一般会面临巨大的赔偿金，这会对保险机构形成巨大的财务负担。单靠保险机构一方支付巨大的赔偿金不太合理，也不利于我国环境责任险的健康发展。因此，我们应建立环境责任保险基金，以保障在发生重大环境事故时所需的巨额赔偿金。环境责任保险平稳基金的使用须有一定限制。在环境责任保险签订时，由投保人和保险人约定承保区域，保险人只对约定区域内发生的环境污染进行赔偿，对

于超出约定环境责任保险区域发生的环境污染事故，可以通过使用环境责任保险平稳基金进行相关赔偿，这样既在一定上减轻了保险人的责任，又在一定程度上有利于受害者合法权益的保护。对于环境责任保险基金的提取，可以通过企业的税收加以解决，从企业每年上交给国家的相关税收中提取一定的比例作为其环境责任保险平稳基金的资金来源。

（三）建立环境责任再保险制度

和其他侵权不同的是，环境侵权面临的侵权人数和地域是不确定的，而且环境侵权还有累积性，这都使得其面临的赔偿数额可能是巨大的，在此时若仅有一家保险机构承保，其承担的风险会很大，将会加大保险机构的负担，从而增加保险机构破产的风险。因此，必须分散保险机构的风险，尽最大可能提高保险人的清偿能力，减少其破产风险，此时再保险就成了一个好的办法。在世界环境责任保险发展较为发达的国家和地区，大多建立了成熟的环境责任再保险制度，并收到了良好的实践效果。我们应借鉴国外先进的经验，并因地制宜，制定出符合我国实际的再保险制度，降低保险公司承担的风险，保障其拥有足够的清偿能力，推进再保险制度有利于我国环境责任保险的推广。

（四）加大政府对于环境责任保险的扶持力度

一是生态环境部出台相应的政策、对企业的成立规定环境市场准入条件，联合其他部门对企业的设立规定一定的条件，要求其环保设施须达到规定的标准。具体来讲，政府可以要求可能对环境造成污染的企业，在从事相关经营性活动前，事先提供一笔保证金作为获得经营许可的要件，这笔保证金用以处理该企业引发的环境事故。另外，也可以选择投保环境责任保险的方式，作为企业开展经营活动的条件，通过让企业投保环境责任保险的方式，减少企业承担的风险，保障企业在环境污染事故发生后面临赔偿时，拥有足够的资金。这样有一定的灵活性，便于企业做出选择，企业大多是逐利的，企业会选择相对代价最小的方式，环境责任保险由于会使企业负担的赔偿金额少，成为企业的首要选择，有助于提高企业投保的积极性。

二是建立严格的环境污染责任追责制度。环境污染事故发生后，如果不以法律追究污染者的责任，就会导致企业更加狂妄地偷污排污，造成更加严重的污染后果，使其更加不愿意投环境责任保险。因此，就需要建立严格的环境事故责任追责体制，采用无过错责任原则，即不论企业或政府是否犯错，只要发生了污染事件就必须按照规则追究企业和政府的责任。只有这样才能督促企业投保环境责任保险，提高企业自身的保护环境的意识，加强政府对于环境的监管力度。

三是政府在参与环境责任保险时，应当始终坚持以社会公益为本位，强化对环境风险的管理和控制。保险机构在提供环境责任保险服务时，政府应检查保险机构是否对投保人开展过风险评估，并按照企业自身可以承担的环境风险等级制定不同的保险费，使得保费的收取更加科学化，透明化。这样一来，使得企业根据自身的风险等级进行缴费，增强了企业投保环境责任保险的积极性。在保险机构对环境污染进行严格而又专业的评估之后，合理确定保费后，保险合同生效。同时，考虑到环境责任保险是一种社会公益险，政府为推广环境责任保险可以通过对一些不在强制缴纳环境责任保险名单里的企业，但又主动缴纳环境责任保险的，给予一定税收方面的减免优惠的方法，以鼓励全社会的企业都可以踊跃参与投保。同时，由于该保险属于社会公益险，对于保险公司基本没有任何盈利可言，为了鼓励更多保险公司开展环境责任保险业务，可以对经营环境责任险的保险公司予以资金等方面的支持，使保险公司能够更加积极地拓展环境责任保险业务。具体来说，财税部门对投保企业，应以企业自身的抗风险等级、赔偿能力为基础具体确定其应享受的税收优惠的额度，减免的内容包括增值税、印花税、所得税等，这样一方面可增强企业承保环境责任保险的积极性，另一方面可间接提高企业处理排污的能力，有利于保护环境。财政部门要从两个方面给予补贴：一是对保险公司承保的环境责任保险，当发生环境污染事件后，产生巨额赔偿，由政府从环境责任保险基金中提取一定金额，给予一定补贴，增强保险公司面对风险的信心。二是对于投保环境责任保险的中低风险行业的企业，要在税收方面给予适当的减免，激励其主动投保环境责任险，以推动我国环境责任保险的发展，建设美丽中国。

（五）建立科学的风险评估机制

建立科学的风险评估制度，统一环境风险评估的标准。由于环境污染事故的成因较复杂，一般具有污染的区域广、受害人数众多的特点。如果不能准确评估环境污染的风险，将使得保费的确定没有科学的依据，对双方保险合同的签订也将带来一定的障碍。建立客观公正的风险评估机制，需要做到以下几个方面：第一，要统一风险评估的标准和过程，可以使环境风险评估更加规范化，以往由于评估的标准不统一，缺乏规范的标准，没有一个科学的依据，主观性较强。这样严重损害了评估机构公信力，使投保人产生怀疑，降低了继续投保的兴趣。统一风险评估的标准，形成一套科学规范的评估制度，增加评估过程的透明性，按制度办事，让双方都信服，从而间接促进环境责任保险的发展。第二，最为重要的是建立客观而中立的风险评估机构。长期以来风险评估是由保险公司负责开展的，由于信息不透明，致使投保人不太相信其进行的评估，双方存在矛盾。而中立的风险评估机构的出现则较好地解决了这一问题，有利于减少保险机构和企业间的矛盾。第三，应当加强对具备环境知识的专业人才的培养力度，和其他责任险相比，环境责任保险专业性更强，要求从事该方面工作的人要具备一定的专业知识，可以通过公开招聘的方式，招募专业人士，以提供坚实的人力支持。政府应当在人才培养方面给予支持，组建人才储备库，定期对人才进行培训，提高其专业水准和业务能力。只有专业人才资源充足，这项工作才能长久地推进下去，从而建立科学的专业风险评估机构。

（六）合理确定承保范围

对于投保人来说，保险产品的吸引力不仅在于费用，投保人更为看重的是保险产品的承保范围。对于投保人来说自然希望承保范围越大越好，但对于保险人来说承保范围的扩大意味着其承担的风险也越大，同时，也对其经营技术提出了更高的要求。我国当前环境责任保险的发展之所以遇到阻碍，现有保险产品承保范围过窄是十分重要的原因。我国当前承保范围只包括突发性环境污染，未包括渐进性的环境污染，这也导致投保人对此缺乏兴趣，保险市场无法扩大，保险的作用自然无法得到显现。

开展环境责任保险较为早的国家，其承保范围普遍在逐步扩大，所承保的范围既包括因突发性造成的环境污染，也包括累积性等环境污染。环境责任保险承保范围逐渐扩大主要有以下两方面原因：一是为应对日益复杂的环境风险；二是保险公司提高自身的经营水平的需要。从主要发达国家在环境责任保险的历史和发展进程来看，其承保范围最初也只是将突发性的环境污染纳入承保范围，因为和渐进性污染相比，突发性环境污染在受害者人数的确定、赔偿范围的确定等方面较为简单。伴随着环境保险市场的不断成熟，环境责任保险的承保范围开始逐渐扩大。一国环境责任保险的承保范围和其国内环境责任保险市场的发展阶段以及保险人的经营技术等因素紧密相关。我国环境责任保险试点较迟，当前环境保险市场处于起步阶段，各方面机制不健全，当所需的条件成熟之后，我国才可将渐进性污染纳入承保范围。

（七）加强企业与社会公众的环保意识和法律意识

企业是以追求利润为目的的，其所有行为是为了满足其利润最大化，从而会减少生产和经营活动中的一切非必要成本。另外，环境污染的长期性，使得企业难免会产生侥幸心理，因此不会主动投保环境责任保险。此外，在现有环境下，各级人民政府先需要明确其职责，应该找准自己在环境保护领域工作中的基本定位，积极向社会宣传并引导污染企业主动履行自身在环境保护领域工作中所负的责任。在进行正面宣传教育的同时，加大对反面典型违法案件处罚和宣传的力度。生态环境部门要与保险机构在环保相关的科技资料、技术等信息方面加强共享，加强对投保环境责任保险的企业进行专项业务培训的力度，使企业可以了解最新的环保方面的知识，以便企业可以将更多的时间和资金用于正常的生产活动。只有当企业真正意识到环境责任保险对其生产经营具有重要作用，而不是无意义的，才能促使其积极主动投保，激发企业的内生动力。只有这样才能对试点工作的推广起到重要的促进作用。

我国是一个人口大国，因此针对我国的实际情况，应广泛吸收群众参与，提高社会大众的环保意识。当下，我国公众对法律知识了解不足，对于维护自身环境权利更是知之甚少。环境权利是公民享有的一项基本权利，要增强公民的环境权利须从以下两个方面入手：一是要鼓励广大公民参与环境事故的相关活动，并主动发表意见，从而维护公民的环境参与权。二是要畅通监督渠道，鼓励公民对环境污染事故进行举报，从而实现对污染企业进行有效的监管，以保障环境责任保险的顺利开展。

第六节　结论与展望

我国环境责任保险起步较晚，进展的比较缓慢，缺乏一套成熟的环境责任保险制度体系。在实践中，试点工作同样遭遇了一些困难，推广过程也很艰难。笔者从立法和试点情况两个方面分析环境责任保险在我国发展的现状，在此基础上分析我国环境责任保险在试点过程中遇到的问题。经过对我国现阶段环境责任保险实践过程中遇到的问题及成因的分析，有针对性地提出了相关建议和意见。环境责任保险制度体系的建立有利于减少因环境污染带来的一些矛盾纠纷，使环境事故引起的社会影响始终在可控范围内；同时可在环境污染事故发生后，做到有法可依，执法统一，公正的司法以及企业和公民自觉守法。

当前，我国首要的任务就是制定出专业的环境责任保险法律，以便为环境责任保险在我国的顺利推行提供法律依据。其次，要加强执法力度，提高违法者的违法成本，加大力度保护环境。再次，应加强对环境责任保险的监管，推动其向专业化发展。最后，要完善司法救济体系。另外，环境责任保险的推广还需要制定一些配套政策，包括限额制度、再保险制度等。对于一些低风险行业的企业投保环境责任保险要给予一定的激励政策，例如可以通过在税收等方面予以减免等以鼓励更多企业投保环境责任保险，以推进环境责任保险在我国的长远发展，从而更好地保护我们赖以生存的家园。

本章参考文献

[1] 曹明德，魏晓娟．中国环境法治［M］．北京：法律出版社，2017．

[2] 李萱，沈晓悦，原庆丹．我国环境污染强制责任保险试点改革思考与建议［M］．北京：中国环境科学出版社，2016.

[3] 李珍．社会保障理论［M］．北京：中国劳动社会保障出版社，2013.

[4] 吕忠梅．环境损害赔偿法的理论与实践［M］．北京：中国政法大学出版社，2013.

[5] 詹昊．新保险法实务热点详释与案例精解［M］．北京：法律出版社，2010．

[6] 贾爱玲．环境责任保险制度研究［M］．北京：中国环境出版社，2010．

[7] 韩长印．保险法新论［M］．北京：中国政法大学出版社，2010.

[8] 张洪涛，郑功成．保险学［M］．北京：中国人民大学出版社，2010.

[9] 秦宁．中国环境责任保险制度研究［M］．青岛：中国海洋大学出版社，2009．

[10] 胡海滨．逐步扩大强制保险范围的必要性探讨［M］．青岛：中国政法大学出版社，2007.

[11] 蔡守秋．环境资源法教程［M］．北京：高等教育出版社，2004.

[12] 郭毅玲．浅谈我国环境责任保险制度的完善［J］．时代经贸，2019（08）．

[13] 张瑞纲，倪兴芸．我国环境污染责任保险制度建设研究［J］．

南方金融，2019（09）.

[14] 欧阳丹丹．环境污染强制责任保险除外责任研究［J］．学习与实践，2018（08）.

[15] 李杭擎．应对环境污染强制责任保险挑战之探讨［J］．绵阳师范学报，2018（06）.

[16] 张兴伟．日本环境污染赔偿责任保险的实践与启示［J］．苏州大学学报（哲学社会科学版），2016（04）.

[17] 马宁．环境责任保险与环境风险控制的法律体系建构［J］．法学研究，2018（01）.

[18] 周龙．德国环境损害赔偿法律制度研究及对中国立法的启示［J］．环境科学与管理，2017（2）.

[19] 郭金龙，周小燕．对环境责任保险赔偿机制的思考［J］．环境保护，2017（10）.

[20] 吴文娟，闫瑞琼．环境污染责任保险在美国的发展情况及对我国的启示［J］．时代金融，2017（21）.

[21] 郭金龙，周小燕．对环境责任保险赔偿机制的思考［J］．环境保护，2017（10）.

[22] 王理万．商业性强制保险制度的合宪性分析［J］．法学家，2017（2）.

[23] 彭中遥．环境污染强制责任保险有关问题及法治策略［J］．湖南农业大学学报（社会科学版），2017.18（05）.

[24] 赵秉志．中国环境犯罪的立法演进及思考［J］．江海学刊，2017（1）.

[25] 夏晓宇．人寿保险合同故意犯罪条款检讨［J］．保险研究，2017（06）.

[26] 郑菲菲，贾爱玲．环境污染责任保险与侵权责任法关系探究［J］．中国环境管理干部学院学报，2016.26（05）.

[27] 蓝寿荣，刘宇．强制性环境责任保险的制度必然性［J］．甘肃理论刊，2016（1）.

[28] 陈冬梅．我国环境责任保险试点评析［J］．上海保险，2016 (1).

[29] 张兴伟．日本环境污染赔偿责任保险的实践与启示［J］．苏州大学学报（哲学社会科学版），2016（04）.

[30] 李萱，沈晓悦，黄炳昭，蔡飞．我国环境污染责任保险试点“双轨制”困境与解决方案．［J］．环境与可持续发展，2015（01）.

[31] 刘成．环境污染责任强制险再保险研究——以“11·22 青岛中石化输油管线爆炸事件”为例［J］．华北金融，2015（10）.

[32] 孙武军，顾久映：环境污染责任保险制度的国际借鉴［J］．经济纵横，2015（06）.

[33] 李金玉，金博，雷丽平等．环境污染强制责任保险制度发展的制约因素及策［J］．西安工业大学学报，2015（35）.

[34] 庞楷，毕莎莎．我国环境污染强制保险机制研究［J］．甘肃金融，2015（05）.

[35] 逄雪松，田宏．我国环境污染强制责任保险发展问题研究［J］．知识经济，2015（2）.

[36] 白江．论德国环境责任保险制度：传统、创新与发展［J］．东方法学，2015（02）.

[37] 孙勤，徐小明．论我国环境侵权因果关系的认定模式［J］．湖北警官学院报，2015（02）.

[38] 竺效．论环境侵权原因行为的立法拓展［J］．中国法学，2015 (2).

[39] 竺效．论环境污染责任保险法律体系的构建［J］．法学评论，2015（1）.

[40] 郑冬梅．海洋环境责任保险制度设计及其实现［J］．中共福建省委党校学报，2014（10）.

[41] 袁雪，葛丽娜．我国建立环境污染强制责任保险制度的可行性探析［J］．理论与现代化，2014（5）.

[42] 刘新文．加强我国环境污染责任保险工作的建议［J］．环境保

护，2013，41（06）.

［43］陈飞. 责任保险与侵权法立法［J］. 法学论坛，2009（1）.

［44］滕静，周跃. 强化环境风险等级制度推进重点行业环境风险评估［J］. 环境保护，2010（8）.

［45］毕思勇，张龙军. 进一步推广和完善我国环境污染责任保险的建议［J］. 宏观经济研究，2009（10）.

［46］周海华，赵云芬. 我国环境污染责任保险范围的比较考察［J］. 生态经济，2008（12）.

［47］安平. 我国环境责任保险承保范围研究［J］. 合作经济与科技，2008（04）.

［48］欧阳丹丹. 环境污染强制责任保险除外责任研究［J］. 学习与实践，2018（08）.

［49］申博楠. 环境责任保险制度研究［D］. 河北大学，2020.

［50］周媛. 我国环境污染强制责任保险立法研究［D］. 西南政法大学，2016.

［51］郑帅. 广西环境污染责任保险发展问题研究［D］. 广西大学，2015.

［52］吴莹. 我国环境责任保险承保范围研究［D］. 对外经济贸易大学，2015.

［53］张雷. 国内外环境责任保险比较研究［D］. 中国海洋大学，2015.

［54］曹夏天. 环境责任保险制度研究［D］. 南昌大学，2018.

［55］徐梦莹. 环境污染强制责任保险法律制度研究［D］. 山西财经大学，2016.

［56］赵然. 环境责任保险制度研究［D］. 河北经贸大学，2015.

［57］李国栋. 我国环境污染强制责任保险制度研究［D］. 苏州大学，2014.

［58］郝英青. 对虚假新闻提起公益诉讼的应然性研究［D］. 南京大学，2016.

[59] Private Environmental. VANDENBERGH. Cornell Law Review. 2013.

[60] Adam Whit more. Compulsory Environmental Liability Insurance as a Means of Dealing with Climate Change Risk [J]. Energy policy, Vol 28 (2000), pp. 739 – 746.

[61] Christina Ross Davis LLC. Limiting Liability in the Greenhouse: Insurance Risk – Management Strategies in the Context of Global Climate Change, Stanford Environmental.

[62] Wester – Ouisse V, Thiede T. Punitive Damages in France: A New Dea [J]. Journal of European Tort Law, 2012, 3: 115 – 122.

[63] Anna M. Smith, Environmental Cleanup and the Interpretation of Comprehensive General Liability Insurance Policies: A Lesson from Oregon Legislature [J] . Journal of Legislation, 2004.